O desafio da comunicação
caminhos e perspectivas

Mauro Maldonato

O desafio da comunicação
caminhos e perspectivas

Tradução de
Antonio Carlos Olivieri
e Silvia Laura Balzi

Editora Palas Athena

Copyright © 2003 by Mauro Maldonato

Coordenação editorial *Emilio Moufarrige*
Revisão técnica *Humberto Mariotti*
Revisão de provas *Adir de Lima*
Projeto gráfico *Maria do Carmo de Oliveira*
Capa *Mauricio Zabotto*
Impressão e acabamento *Gráfica Palas Athena*

Dados Internacionais de Catalogação na Publicação (CIP)
(Câmara Brasileira do Livro, SP, Brasil)

Maldonato, Mauro
   O desafio da comunicação : caminhos e perspectivas / Mauro Maldonato ; [traduzido por Antonio Carlos Olivieri, Silvia Laura Balzi]. -- São Paulo : Palas Athena, 2004.

   Título original: La sfida della comunicazione
   Bibliografia.
   232 págs. 16x23 cm
   ISBN 85-7242-049-5

   1. Cibernética 2. Ciência da informação 3. Comunicação - Aspectos sociais 4. Comunicação - Filosofia 5. Comunicação - Aspectos psicológicos 6. Sociedade da informação I. Título.

04-5923   CDD- 302.2

Índices para catálogo sistemático
1. Comunicação : Aspectos sociais : Psicologia social   302.2

Todos os direitos reservados e protegidos
pela Lei 9610 de 19 de fevereiro de 1998.
É proibida a reprodução total ou parcial, por quaisquer meios,
sem a autorização prévia, por escrito, da Editora.

Direitos adquiridos para a língua portuguesa por
EDITORA PALAS ATHENA
Rua Serra de Paracaina, 240 - Cambuci
01522-020 - São Paulo - SP - Brasil
fone: (11) 3209.6288 - fax: (11) 3277.8137
www.palasathena.org   editora@palasathena.org

2004

Índice

Agradecimentos 11
Introdução 13

Capítulo 1 – **Modelos e perspectivas** 19
    1. A teoria informacional 20
    2. A teoria da *Gestalt* 22
    3. A teoria semiótica 24
    4. A teoria interacionista 29
    5. A teoria pragmatista 31
    6. A teoria fenomenológica 36

Capítulo 2 – **O desenvolvimento da linguagem** 45
    1. As bases anatomofuncionais da linguagem 45
    2. O desenvolvimento da linguagem na criança 47

Capítulo 3 – **A aquisição da competência comunicativa** 53
    1. A competência comunicativa: um sistema integrado 53
    2. Os meios de sinalização: a comunicação sem palavras 54
    3. A psicolingüística 60
    4. Diferenças no aprendizado da linguagem 67
    5. A interação social da criança 68
    6. Ritmos de aquisição 71
    7. Estilos de aquisição 72
    8. O uso intencional do repertório comunicativo .. 73
    9. As habilidades comunicativas 74

Capítulo 4 – **A comunicação lingüística** 79
    1. A lingüística 81
    2. O debate Chomsky-Skinner 83
    3. O debate Chomsky-Piaget 85

    4. Linguagem e interação social 85
    5. Inato e adquirido no desenvolvimento da linguagem 86
    6. A teoria dos atos lingüísticos 87

Capítulo 5 – A comunicação não verbal 91
    1. Estrutura e funções 91
    2. A comunicação interindividual 93
    3. O comportamento espacial 96
    4. O comportamento motório-gestual 101
    5. O comportamento mímico do rosto 104
    6. O comportamento visual 105
    7. Os aspectos não verbais da fala 107
    8. O aspecto exterior 110
    9. Comunicação não verbal e diferenças de gênero 113
    10. O choro e o sorriso na interação mãe-filho 115

Capítulo 6 – Natureza e cultura das emoções 121
    1. Perspectivas teóricas 121
    2. A expressão das emoções 125
    3. Fisiologia das emoções 132
    4. Decodificação das emoções 133
    5. A inteligência emocional 136
    6. Emoções e interação social 138
    7. As emoções e a memória 139
    8. As emoções na idade evolutiva 141

Capítulo 7 – A comunicação intrapsíquica 143
    1. Psicodinâmica da comunicação 143
    2. Linguagem e inconsciente 146
    3. A elaboração secundária: por uma semiótica psicanalítica . 150

Capítulo 8 – A comunicação animal 153
    1. Os canais 155
    2. As funções 159
    3. A comunicação das abelhas 161
    4. A comunicação dos pássaros 163
    5. A comunicação dos golfinhos e das baleias 164
    6. A comunicação dos primatas 165

Capítulo 9 – **A comunicação persuasiva** 171
   1. Os fins da publicidade 172
   2. A comunicação publicitária 172
   3. Ineficácia da comunicação publicitária 173
   4. Comunicação e motivação 174
   5. A propaganda subliminar 177

Capítulo 10 – **Falar em público** 179
   1. Fenomenologia de um discurso 179
   2. A relação com o público 184
   3. Forma e conteúdo 184
   4. Tempos 186
   5. Preparação e conclusão 187

Capítulo 11 – **A comunicação teatral** 189
   1. Os elementos caracterizadores 189
   2. O modelo elementar 193
   3. A informação no teatro 195
   4. Espaço cênico e relações proxêmicas 195
   5. Os componentes cinésicos da atuação 197
   6. O trabalho do ator: do "ofício" ao "método" 198
   7. Os sinais do espectador 200
   8. O psicodrama: teoria e técnica 201

Bibliografia 205

Agradecimentos

Este livro surgiu de algumas reflexões desenvolvidas ao longo de minhas experiências como professor na Segunda Universidade de Nápoles, na Universidade da Basilicata e na Pontifícia Universidade Católica de São Paulo. As lições recolhidas aqui se originam de uma releitura da *psicologia da comunicação* à luz da teoria fenomenológica e da teoria da complexidade.

Foram essas perspectivas – logo unificadas em um método *teoricamente ateórico* – que orientaram o meu caminho e permitiram-me reconstruir, numa trama unitária, disciplinas tão diferentes quanto a cibernética, a etologia, a psicologia fenomenológica, a lingüística, a semiótica, a psicanálise, a comunicação persuasiva e várias outras. Assim, é imensa a minha dívida de reconhecimento aos mestres e amigos Bruno Callieri e Edgar Morin, que me fizeram ver, por ângulos teóricos diferentes, como o conhecimento se alimenta incessantemente de olhares livres e múltiplos.

Manifesto ainda minha maior gratidão a Daniela Cutino pela atenção, o cuidado e o rigor com que acompanhou a feitura deste livro. Também devo muito à paixão e à curiosidade dos meus alunos. Veio deles a motivação para dar forma editorial a essas experiências. Agradeço, em especial, a Antonella Radogna pelas tantas perguntas que me ajudaram a esclarecer algumas questões fundamentais.

Expresso, além disso, meu grande reconhecimento aos muitos amigos e colegas que, de variadas maneiras, melhoraram o projeto inicial do livro. Entre outros, Roberta Barni, Rosita Borriello, Paolo Broccoli, Antonio Cardellicchio, Francesco Cormino, Edgard de Assis Carvalho, Nurimar Maria Falci, Federico Leoni, Carlo Lottieri, Humberto Mariotti, Oscar Nicolaus, Sergio Petrosino, Dario Viganò e Alessandro Vitale; e ainda Mario Bologna e Luigi Vicinanza, que me ajudaram a atravessar – em uma já quase década de experiência jornalística – os territórios em geral longínquos e pouco familiares dos meios de comunicação de massa; *last but not least*, aos muitos amigos e colegas da Universidade da Basilicata – Aldo Corcella, Margherita Fasano, Michele Goffredo, Paolo Masullo, Ferdinando Mirizzi e outros – que, nestes anos, foram pródigos em conselhos preciosos para a minha experiência universitária na Basilicata.

Mauro Maldonato

Introdução

Comunicação é um conceito recente, ao menos no sentido em que ele é entendido hoje. Na verdade, o termo é usado há muito tempo com outras conotações. Porém, foi necessário chegar à metade do século 20 para sua extensão semântica atingir a amplitude em que atualmente é conhecida.

Até as primeiras realizações da cibernética, o termo-conceito comunicação permitiu conectar níveis de realidade, dinâmica e funções diversas e distantes entre si, que lhe conferiram progressivamente um papel mais geral, rapidamente identificado com a modernidade. A comunicação tornou-se, assim, o terreno de confluência dos estudos teóricos e empíricos de pressupostos filosóficos e epistemológicos muito diferentes entre si, como a semiótica, a cibernética, a lingüística, a sociologia, a psicologia, a etologia, etc.

Talvez seja plausível afirmar que o conjunto das práticas hoje denominadas "comunicação" tenha invariavelmente existido. De fato, o homem sempre se comunicou, assim como usou a linguagem ou as ferramentas (recursos essenciais para a própria sobrevivência do homem pré-histórico). Dessa maneira, a comunicação nasceu quando a linguagem e as ferramentas se integraram. De um lado, o desenvolvimento da capacidade cada vez mais sofisticada de se comunicar e, de outro, o crescimento do domínio sobre o ambiente permitiram – seja filogenética seja ontogeneticamente – a evolução humana ao longo dos milênios.

Logo, homem e comunicação desenvolveram-se ao mesmo tempo, porque a linguagem verbal, seu sistema gestual e suas práticas simbólicas também assim o fizeram. Embora não existam evidências indiscutíveis de quais foram os modos e as formas do comunicar-se do homem pré-histórico antes da escrita, é razoável supor que os signos, os gestos e os sons formassem a íntegra de seus atos de comunicação. Como esclareceu Darwin, a liberação das funções adaptativas fundamentais ocorreu devido à própria interação desses signos, gestos e sons, das expressões de medo, de agressividade e perigo, da confecção de ferramentas e da transmissão social das técnicas para fazê-las, etc.

Com o advento da linguagem e da necessidade de comunicar, o homem começou a elaborar produtos culturais e a afinar habilidades técnicas específicas que, com o passar do tempo, deram à linguagem um perfil característico e transformaram a comunicação num sistema complexo de símbolos. Isso teve efeitos formidáveis no plano evolutivo. Todo o sistema cognitivo foi influenciado, numa dinâmica circular em que a evolução biológica promoveu a evolução cultural e vice-versa. As capacidades comunicativas tornaram-se assim a causa e o efeito, a premissa e o resultado de uma competência comunicativa essencial à sobrevivência, num processo baseado na estreita interdependência de todas as esferas da atividade humana.

Mas como surgiu a noção moderna de comunicação? Se até quase a metade do século 20 essa noção era desconhecida fora dos âmbitos da linguagem e da técnica, entre os anos 40 e 50 vieram a público duas obras determinantes do desenvolvimento subseqüente das ciências da comunicação: *Cybernetics or Control and Communication in the Animal and the Machine* (Cibernética ou controle e comunicação no animal e na máquina), talvez a obra mais conhecida de Norbert Wiener (1948), e *Teoria Geral dos Sistemas*, de Von Bertanlaffy (1950). Na realidade, já em 1942, Wiener (ilustre matemático do MIT – *Massachussets Institute of Technology*) assinou junto com outros estudiosos o artigo *Behavior, Purpose and Teleology* (Comportamento, propósito e teleologia), que pode ser considerado o texto fundador da moderna teoria da comunicação.

Assim surgiu a cibernética. Pela primeira vez na história da modernidade, uma teoria científica tenta "federar" todas as leis gerais que governam as relações entre os fenômenos naturais e aquelas que se referem aos fenômenos culturais. Comprometidos com a produção de resultados cientificamente mensuráveis e com a definição das dinâmicas gerais dos fenômenos propriamente humanos, os cientistas da cibernética – estudo matemático dos códigos que definem analogias entre fenômenos de diferente natureza (o mundo da vida, natural ou artificial) – propõem elevar a comunicação a valor central e paradigma unificador do "grande livro do universo".

Como ciência das relações entre sistemas naturais e culturais, a cibernética logo se tornou – com a contribuição de antropólogos como Bateson, de neurofisiologistas como McCulloch e Ashby, de lógicos como Pitts, de físicos e matemáticos como Neumann, Turing e Von Bertanlaffy, de psiquiatras como Watzlawick, de cientistas políticos como Elazar e outros – a disciplina fundamental de todo o conceito moderno de comunicação: uma visão que colocará em questão os paradigmas e as concepções clássicas da ciência e, ao mesmo tempo, inaugurará uma das mais prodigiosas revoluções científicas de todos os tempos.

Apesar disso e ainda que profundamente insatisfeitos com o "método" das ciências clássicas, esses pesquisadores não estavam nada interessados em fundar um novo "método" científico. Ao contrário, estavam muito mais interessados numa nova definição do homem e da realidade e em renovar o conjunto das disciplinas científicas (e as suas respectivas especialidades), cujos limites consideravam estreitos e inadequados. Exatamente a partir de Wiener, eles passarão a rejeitar sempre uma delimitação das fronteiras da nova ciência.

Ao lado da cibernética, uma grande tentativa de integração das ciências naturais e humanas foi realizada por Bertanlaffy com a sua *Teoria Geral dos Sistemas*. Por volta de 1947, o estudioso vienense tornou conhecidas no *British Journal of Philosophy of Science* (com os apontamentos de uma série de conferências) suas idéias sobre os "sistemas", que seriam publicadas mais tarde na sua obra acima mencionada, de 1950. Alguns anos mais tarde, em 1954, do encontro entre Bertanlaffy, Boulding (economista), Rapaport (biomatemático) e Gerard (fisiologista) nasceu a Sociedade para a Pesquisa Geral sobre Sistemas, cuja finalidade era a de encorajar o desenvolvimento de modelos teóricos aplicáveis a vários setores do conhecimento.

Com os conceitos de *complexidade* ou complexo de elementos interagentes, Bertanlaffy (o principal teórico da teoria dos sistemas que foi fortemente influenciado pelo gestaltismo e pela psicologia fenomenológica) tentou individualizar os princípios invariantes de um sistema qualquer – seja físico, biológico, psíquico ou social –, individualizando em cada um deles analogias estruturais ou isomorfismos.

Naturalmente, individualizar analogias entre as estruturas de um sistema (ou de sistemas) não significa identificar a natureza de seus elementos. Para Bertanlaffy, o fato de a lei da gravidade de Newton representar o denominador comum entre uma maçã, o sistema planetário e o fenômeno das marés não significa efetivamente que entre a maçã, os planetas e os oceanos exista algo de semelhante. Não é procedendo a uma *reductio ad unun* da multiplicidade do real aos casualismos das *hard sciences* que se atinge uma concepção unitária do mundo. Mesmo admitindo que jamais se atinja essa concepção, o único caminho possível é o da busca e da individualização de um isomorfismo das leis nos diversos campos de pesquisa. É claro que a tentativa de unificação do saber acarreta o risco de se assumir a linguagem lógico-matemática como única linguagem possível: risco válido mais para os *sistemas fechados* da física convencional do que para os *sistemas abertos* da biologia, que trocam continuamente energia, matéria e informações com o meio.

De fato, um organismo vivo é um sistema aberto fundado num equilíbrio dinâmico de fluxos de entrada e saída. Exatamente o oposto de um sistema fechado, em que o estado final é determinado por condições invariantes nas premissas e nos resultados, um sistema aberto rege-se por um equilíbrio instável que pode ser obtido de vários modos e a partir de diversas condições iniciais.

Esta nova visão da ciência (e, de modo geral, do conhecimento) influenciará profundamente a psicologia, já fortemente pressionada pela psicanálise, a abrir-se a planos teóricos e empíricos diversos, e a afastar-se das derivações dos reducionismos cognitivistas e biologicistas da mente. Além disso, as contribuições dos teóricos da *Gestalt*, da psicanálise (Lacan dirá que "o inconsciente está estruturado como uma linguagem"), da etologia, da antropologia, da semiótica, das técnicas da comunicação persuasiva e outras levarão não só ao aumento da complexidade (cf. Morin) do comportamento comunicativo, mas também à verdadeira supressão das barreiras que sempre separaram as *ciências da natureza* das *ciências do espírito*, trazendo uma grande contribuição na desbiologização do estudo da inteligência e da mente.

Mas ao que nos referimos hoje com a definição "psicologia da comunicação"? A partir de que teorias e de que práticas falamos sobre ela? É claro que uma resposta a essas questões exige não só uma descrição preliminar das complexas dinâmicas em jogo no comportamento humano, mas também um afastamento daqueles modelos mecanicistas que a definem como troca de informações, a exemplo dos processos de codificação e decodificação.

Como veremos a seguir, uma interação comunicativa entre duas pessoas não é somente a codificação de uma mensagem em signos e comportamentos que as suas experiências e capacidades põem à disposição delas, mas uma troca recíproca de intenções comunicativas entre indivíduos movidos por tensões, necessidades e expectativas, isto é, um ato interpretativo das intenções recíprocas de um ou mais sujeitos.

Naturalmente, a mensagem emitida e as intenções do emissor não são coincidentes. Esta é no mais das vezes um conjunto de signos que pode aparentemente provocar uma resposta desejada. A mensagem pode ser codificada em palavras escritas ou faladas, gestos, expressões faciais, imagens, música ou qualquer outro conjunto de signos interpretáveis por um receptor. Ora, no intervalo de tempo entre a codificação e a emissão, a mensagem independe do emissor ou do receptor. Quer se trate de escrita, de ondas eletromagnéticas, dos efeitos de qualquer fonte luminosa ou de qualquer outro conjunto de signos, este se encontra desligado de qualquer informação. Se ninguém lesse nele um significado, permaneceria somente um fenômeno físico.

Todavia, quando os signos codificados atingem um receptor, este os assume e os decodifica com os ferramentas teóricas e empíricas que tem à disposição. Tais dinâmicas são absolutamente individuais. Não existem dois indivíduos que tenham a mesma experiência, assim como não existem indivíduos que possam extrair um mesmo significado de um conjunto de signos. Em todo caso, se a mensagem foi codificada com habilidade suficiente e, principalmente, se os sujeitos interagentes têm experiências semelhantes, é provável que parte do significado transmitido pelo emissor possa atingir o receptor.

Nesse ponto, porém, algumas seqüências talvez não se completem. E a mensagem pode não ser percebida pelo receptor (é possível que uma interferência, um ruído ou qualquer outra coisa determinem erros na percepção da mensagem), ou ser considerada de pequena importância em relação a outros estímulos existentes, ou ainda acabar distorcida pela diferença de experiências e de visões entre o emissor e o receptor.

À percepção e decodificação da mensagem segue a interpretação, de acordo com o que ela evocar no receptor, que pode refutá-la, memorizá-la, interpretá-la em um sentido oposto às intenções do emissor (especialmente se tal mensagem questiona crenças arraigadas ou atitudes), pode codificar uma mensagem em resposta à recebida, ou ainda fazer qualquer outra coisa que tenha sido estimulada pela comunicação.

Aqui é necessário fazer algumas observações. Embora por décadas se tenha considerado que só o emissor fosse um ente ativo e que o receptor tivesse um papel tendencialmente passivo (e que, por força disso, o receptor estivesse em geral indefeso diante de um emissor esperto e competente no plano comunicativo), a orientação atual é a de considerar que a comunicação entre dois indivíduos é um processo extraordinariamente ativo, que vê o receptor intervir ativamente no conteúdo da mensagem, procurando nela estímulos que selecionará, reinterpretará e, enfim, utilizará do modo que melhor lhe convier.

Mas nada desse processo passa diretamente do emissor ao receptor. Se até alguns anos atrás era óbvio comparar o processo comunicativo à passagem da eletricidade através dos fios, de uma fonte de energia a uma lâmpada elétrica (o processo de iluminação), hoje isso não pode mais ser considerado verdadeiro. Uma mensagem gerada pelo sistema nervoso de um indivíduo não se transfere *fisicamente* ao sistema nervoso central de outro indivíduo. Não há nenhum efeito mecânico nesse processo.

Mais do que de energia, que siga linearmente de um ponto a outro, é mais correto falar de uma troca de intencionalidades cuja meta (o diálogo, a persuasão, o encontro) não está necessariamente garantida. Com efeito, a comunicação é uma atividade de dois ou mais indivíduos que se relacionam ou, caso se prefira, a relação que estes indivíduos estabelecem mediante a elaboração de conteúdos reciprocamente trocados. É certo que cada mensagem é codificada pelo emissor com base no seu conhecimento do receptor e, vice-versa, é interpretada (ao menos em parte) com base no conhecimento que o receptor tem do emissor.

Em definitivo, uma mensagem é uma atividade extremamente complexa. E não utilizamos o termo atividade por acaso, porque esta nunca consiste de um único tipo de signos. Como veremos, um indivíduo que fala não comunica somente por meio das palavras, mas também por intermédio do tom e das diversas modulações da voz, da velocidade da elocução, da mímica facial, da posição do corpo, dos gestos e até das roupas que está usando.

De resto, para comunicar, um jornal não utiliza somente as palavras que imprime, mas também o corpo dos caracteres utilizados, a posição de uma notícia ou de um artigo na página, o título, a presença ou ausência de ilustrações ou fotografias, a colocação de algumas notícias nessa ou naquela página. Todas essas características estão consideradas na sua complexidade.

Concluindo, a comunicação entre dois indivíduos jamais é simples. Eles podem se conhecer bem, podem ter estabelecido modos eficazes de comunicação, podem eventualmente, conhecendo-se menos, mostrar uma grande competência comunicativa. Apesar disso tudo, a comunicação continuará sendo uma sinfonia inacabada.

Capítulo 1

Modelos e perspectivas

As primeiras tentativas de definir a comunicação aconteceram no âmbito matemático. Os modelos predominantes representavam a passagem de um sinal de um emissor para um destinatário através de um canal (Fig. 1). Nessa seqüência, derivada do modelo de funcionamento da comunicação entre máquina e máquina, o sinal não apresenta nenhum poder de significação.

Ao contrário, na interação humana, os pensamentos e emoções entre um ou mais sujeitos interagentes tornam o processo muito mais articulado; a comunicação torna-se um prisma que se decompõe numa multiplicidade de níveis: lingüísticos, semióticos, intrapsíquicos e de comunicação não-verbal. Um ato comunicativo expressa-se por meio de movimentos complexos, em que a emissão, a transmissão e a recepção da mensagem entremeiam-se com determinadas dinâmicas dos contextos social, cultural e ambiental, mediados por códigos específicos lingüísticos, fotográficos, gráficos, etc.

A definição e a análise dos elementos de base da comunicação favoreceram a elaboração de abordagens conceituais diversificadas. Partindo de premissas filosóficas e epistemológicas diversas, as várias disciplinas puseram em destaque diferentes momentos do processo comunicativo de modo a fornecer um quadro explicativo da comunicação humana.

A seguir, vamos considerar algumas teorias que, de maneira direta ou indireta, têm importância para uma abordagem das diversas tendências da psicologia da comunicação.

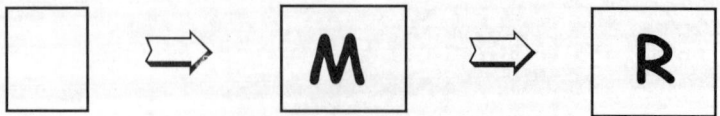

Fig. 1 – Os elementos de base do processo de comunicação

1. A TEORIA INFORMACIONAL

A primeira teoria da comunicação, inspirada num modelo matemático da informação, foi formulada em 1949 por Shannon e Weaver, engenheiros da Bell Laboratories nos Estados Unidos. Surgida com o objetivo de melhorar a eficiência e a eficácia da comunicação telefônica, seu modelo foi aplicado, posteriormente, à comunicação humana interpessoal e em outros campos. Segundo essa teoria é possível considerar a comunicação como um fenômeno imaterial (desligado dos meios de transporte) que se refere a "todos os procedimentos mediante os quais um pensamento pode influenciar outro".

Desse ponto de vista, muito marcado por uma epistemologia que se funda sobre a causalidade linear, o ato comunicativo é um processo de transmissão de informações baseado na passagem de mensagens entre sujeitos interagentes. O modelo predominante é o da interação máquina-máquina e homem-máquina.

No primeiro caso, isto é, quando se considera a transmissão máquina-máquina (como na transmissão entre dois aparelhos telefônicos), a fonte de informação F envia a um destinatário D uma mensagem M que está codificada pelo transmissor T num sinal S através de um canal C. O sinal S, junto ao receptor R, será decodificado em uma mensagem para chegar ao destinatário D. Evidentemente, aqui se tem como pressuposto um código comum entre o emitente e o destinatário.

A seqüência pode ser representada pelo seguinte esquema:

F (fonte) → M (mensagem) → T (transmissor) → S (sinal) → C (canal) → S (sinal) → R (receptor) → M (mensagem) → D (destinatário)

No caso da comunicação humana, os fatores em jogo na ação comunicativa estão definidos na figura 2: a *fonte de informação* S é o sujeito que produz a mensagem, o *transmissor* T (o meio fônico, mímico ou gestual por meio do qual a mensagem é transmitida), o *sinal* S1 (a informação enviada), o *canal* C (o meio físico-ambiental que favorece a transmissão da mensagem), o *destinatário* D (o indivíduo que recebe) e, por fim, o receptor R (os órgãos do sentido e da percepção do indivíduo que recebe).

Aqui, a mensagem é codificada pelo transmissor (o pensamento é transformado num código transmissível) e decodificada pelo destinatário (a operação de recepção e transformação dos significantes em pensamentos) com base em suas próprias capacidades de decifrar. Naturalmente, a transmissão da informação tem uma escala de possibilidades prefixadas.

Seja dito que o modelo de Shannon e Weaver (em que o transmissor e o receptor não têm nenhuma possibilidade de modificar a natureza da mensagem) não exclui a presença de uma fonte de ruído no contexto ambiental que pode interferir com a transmissão do sinal.

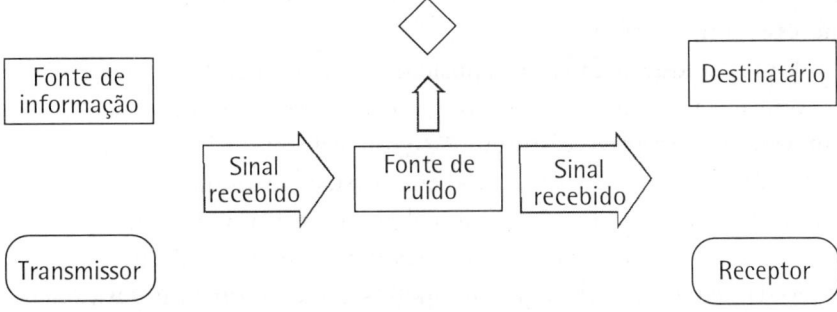

Fig. 2 – O modelo informacional de Shannon e Weaver (1949)

Mesmo que esse modelo tenha grande importância do ponto de vista histórico, ele tem seus próprios limites. Porque, um modelo como esses, não contempla nenhuma forma de *feedback*. Além disso, sua aplicação à comunicação humana comporta muitas dificuldades no que toca ao processo de codificação do pensamento pré-verbal no pensamento verbalizado: como é evidente, isso é decisivo para qualquer forma de comunicação.

A distinção entre esses dois momentos esclarece como, entre a mensagem codificada pelo emissor e a mensagem decodificada pelo receptor, não existe necessariamente coincidência. Isso significa que a comunicação pode ocorrer apenas parcialmente, ou de maneira errada, ou ainda não acontecer realmente.

2. A TEORIA DA GESTALT

Foi Ehrenfels, em 1890, com as observações sobre as "qualidades gestálticas", quem estabeleceu as bases da *teoria da Gestalt*.

Ao promover uma crítica cerrada ao *atomismo* e ao *conexionismo* da psicologia do século 19, o estudioso alemão sustentou que a percepção realiza-se pela integração de conteúdos de consciência associados a complexos perceptivos constituídos por elementos dissociáveis e que, por conseguinte, é impossível reunir essas qualidades recompondo as afinidades entre os elementos, as partes ou as posições que constituem o todo. Nem, por outro lado, estas podem se identificar na soma das relações entre os seus elementos.

Segundo Ehrenfels, um fenômeno possui "qualidades gestálticas" se for determinado por conjuntos espaciais, temporais (ou espaço-temporais) que excedem a representação de seus elementos isoladamente. Deve ser possível distinguir esses complexos em posições diferentes, mas não necessariamente em várias partes.

É preciso que as diferentes posições tenham qualidades elementares reconhecíveis, ainda que não obrigatoriamente distintas. Todavia, para um campo perceptivo distinguir-se e tomar forma, é indispensável que entre algumas posições do campo em questão e o ambiente adjacente – isto é, entre figura e fundo – exista alguma diferença qualitativa.

Para o surgimento da *teoria da Gestalt*, teve um papel decisivo o princípio da *não somatividade* de Ehrenfels, segundo o qual muitas características que parecem ser próprias dos elementos singulares do sistema são, ao contrário, pertencentes ao "todo". Como veremos mais à frente, esse princípio terá um papel decisivo no estudo e na teoria das dinâmicas familiares, em que uma abordagem e uma análise somatória das características e dos comportamentos individuais dos componentes não é metodologicamente plausível.

Desse princípio alimentaram-se três teorias fundamentais: a *teoria da produção*, que teve na "Escola de Granz" sua representação máxima (Meinong, Witasek, Höfler); a *psicologia da totalidade*, representada fundamentalmente pela "Escola de Lipsia" (Krueger, Sander, Rudert, Wellek e outros); e finalmente a *teoria da forma*, cuja maior expressão foi a "Escola de Berlim" (Wertheimer, Köhler, Koffka, Lewin e outros).

Para os estudiosos da *teoria da forma* – certamente a mais relevante para a "psicologia da comunicação" – é possível estender as evidências que derivam do estudo da percepção ao âmbito completo da psicologia. Em linhas gerais, pode-se afirmar que cada ação parcial é a conseqüência do nexo entre todas as posições de um todo (que se transmite por meio do todo), o qual se reorganiza segundo a natureza do lugar e a extensão das interferências (quando são de entidade significativa).

Em princípio, se é verdade que numa "forma" as dinâmicas individuais são determinadas por fatores não particulares, não é menos verdade que estas contribuem influenciando as dinâmicas circunstantes. Tais eventos tendem a introduzir elementos positivos no sistema, embora não possam produzir regularidades precisas em todos os campos psíquicos. Ao contrário, estes introduzem uma concordância interna na qual cada parte reclama a outra, assim como estas são reclamadas pelo todo. Em tal equilíbrio não se admite nenhuma variação. Qualquer perturbação teria o efeito de introduzir no sistema discordâncias internas, assimetrias, distorções ou contradições.

Para os teóricos da Gestalt, a vida psíquica é determinada, em seu conjunto, por uma hierarquia articulada em diversos níveis que se entrecruzam e se condicionam, com tendência, contudo, ao equilíbrio. Entre os diversos níveis há interações rapidíssimas que variam continuamente de acordo com os casos, até atingir o melhor equilíbrio final. A realização da integração perceptiva baseia-se na distribuição do estímulo e do estado do sujeito, cujo contato recíproco atinge instantaneamente o estado ótimo nas *formas fortes*.

Há, depois, processos que se desenvolvem muito lentamente. Em alguns casos, as dinâmicas em jogo em determinados âmbitos – como o científico, o organizativo, o social e o artístico – podem ser muito lentas, durando meses ou anos. Também nas *formas fracas* as dinâmicas não mudam. Estas não são determinadas por um sistema de diretrizes, de prescrições, de regras ou de indicações operacionais, mas por dinâmicas que – após a manifestação de um novo problema ou de uma nova idéia – impelem em direção à meta (ainda desconhecida) da solução: em outras palavras, para manter vivo um determinado processo, encontram-se os mesmos vetores que o criaram e sustentaram. As leis da forma determinam as dinâmicas globais da vida psíquica, seja quando estas fluem do interior para o exterior ou vice-versa.

3. A TEORIA SEMIÓTICA

> O signo do mundo é o nosso discurso do mundo.
>
> Segre

Uma contribuição fundamental para o esclarecimento das instâncias em jogo no processo comunicativo apareceu com o *modelo semiótico informacional* (Eco, 1975), que surgiu da intersecção do modelo semiótico da comunicação com o modelo informacional conhecido como "teoria de Shannon e Weaver". Segundo essa teoria o emissor e o destinatário (o primeiro ao produzir e transmitir a mensagem e o segundo decodificando-a) são titulares de competências lingüístico-comunicativas diferentes, mas têm em comum a capacidade, por meio de códigos denotativos, de produzir significação e, portanto, sentido.

Nessa perspectiva, em que a comunicação é o resultado de um processo de negociação e de cooperação (mas também de recusa e de indiferença), o emissor e o destinatário não são máquinas de codificar e decodificar, mas sujeitos ativos de uma relação que se enriquece com um conjunto de valores lingüístico-comunicativos, *intersubjetivamente vinculantes,* internos a um contexto análogo de referência.

Segundo esse modelo, portanto, o emissor – isto é, aquele que inaugura a comunicação – codifica uma mensagem (substância material, sinal gráfico, som ou imagem, em uma combinação de informações estruturadas segundo regras que variam de código para código) e a envia para o destinatário, que a recebe e decodifica. Esta última, referenciada num determinado contexto (verbal ou suscetível de verbalização), vem expressa em um código, isto é, num conjunto de elementos dotados de sentido.

Por sua vez, a mensagem é percebida pelo destinatário como um conjunto de partes, de frases e palavras, escolhidas no interior do continente-código. O exemplo mais comum do código é a língua – comum ao codificador e ao decodificador da mensagem (emissor e destinatário) – que se estrutura e se realiza mediante um contato, um canal físico ou ainda uma conexão psicológica que consente a própria comunicação.

Em 1979, Eco introduziu na literatura – com o *leitor modelo* – uma categoria que esclarece bem os assuntos precedentes. *Leitor modelo* é o destinatário ideal de um processo de comunicação que consegue interpretar um texto exatamente no sentido desejado pelo emissor. De sua parte, o emissor terá explícita, no momento em que deverá produzir qualquer forma de comunicação, a figura ideal que precisará compreender a sua mensagem e também o conjunto de referentes e dos subcódigos nele implícitos ou pressupostos (como veremos adiante, esse modelo terá grande importância na comunicação publicitária).

Para o grande filólogo e lingüista russo Roman Jakobson (1966), o que estrutura um sistema comunicativo são os seguintes elementos: um *emissor*, um *destinatário*, um *código* comum e um mesmo *contexto* referencial. Esse modelo, que enfatiza o papel de um dos elementos do esquema, permite individualizar as diferentes abordagens possíveis. O processo comunicativo concentra-se, então, em um ou outro dos fatores que o constituem, assumindo funções específicas.

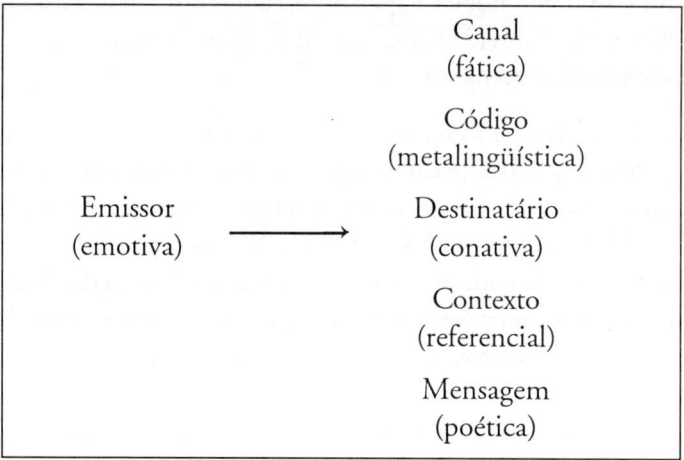

Fig. 3 – O modelo de Jakobson (1966)

Essas funções do esquema de Jakobson podem ser assim sintetizadas:

— *Função referencial*: a atenção está focalizada no contexto físico ou cultural dos sujeitos da comunicação. Por exemplo: "A estação é muito grande";
— *Função emotiva* ou *expressiva*: a atenção está focalizada no emissor, isto é, o falante faz referência a ele mesmo, expressando a própria subjetividade (emoções, atitudes, avaliações, etc.). Por exemplo: "Estou muito abalado com o que aconteceu";
— *Função conativa:* o interesse se concentra no destinatário. O objetivo é modificar as convicções do destinatário e influenciar seu comportamento. Por exemplo: "Você fará um ótimo negócio comprando esse computador";

- *Função fática:* a atenção está centrada no canal. Não se trata de transmitir um conteúdo, mas de verificar se a comunicação entre emissor e destinatário está acontecendo. Um exemplo de função fática são as saudações, que têm o objetivo de confirmar as relações entre as pessoas.
- *Função poética:* o interesse está na mensagem, em particular na construção do discurso, a fim de se obter maior sugestividade. A função poética caracteriza os textos literários;
- *Função metalingüística:* a atenção concentra-se no código. É o que acontece quando explicamos uma expressão ou falamos do sistema lingüístico. Durante uma conversação, o emissor e o destinatário querem verificar se o código usado é o mesmo: um signo enviado pode não ser compreendido, ou apenas parcialmente. Nesse caso, o emissor eliminaria a dúvida substituindo o signo ambíguo para tornar a mensagem compreensível.

Como é evidente, embora as semelhanças com o modelo de Shannon e Weaver não sejam irrelevantes, aqui são introduzidos dois novos elementos: o contexto e o processo interpretativo, ou seja, a *decodificação*. Coloca-se o papel (ativo) representado pelo destinatário, que se realiza numa complexa atividade de elaboração e transformação do dado para a decodificação e a compreensão da mensagem. É importante destacar aqui essa participação ativa do destinatário, antítese do sujeito de recepção passiva.

Nessa perspectiva, distinguem-se dois tipos de intenção:

1) A *intenção primária* do emissor nos confrontos com o destinatário;
2) A *intenção secundária* do destinatário que decodifica a mensagem.

É supérfluo afirmar que a mensagem nunca poderá ser compreendida completamente: seja porque o emissor não está apto a transmitir precisamente (mesmo querendo) tudo o que deseja; seja porque o destinatário poderá captar, inevitavelmente, apenas parte da mensagem. É como se este último excluísse um determinado evento do universo de mensagens que percebe e que qualifica como signos, reestruturando-o em seus elementos fundamentais.

Essa operação não é arbitrária: em primeiro lugar, porque se realiza no interior de um código pré-constituído; em segundo lugar, porque a existência do emissor implica um evento-comunicação que pressupõe uma significação. Trata-se, em todo caso, de uma reestruturação do objeto (ou de uma desconstrução e reconstrução) que o destinatário efetua quando compreende o objeto como mensagem. Em outras palavras, é o receptor que decide se um determinado evento é um signo.

Do modelo de Jakobson podem ser derivados muitos modelos comunicativos. Entre os mais interessantes figura a *comunicação sedutora* exposta por Volli, relativamente à publicidade, cujos traços distintivos são:

- O *emissor*, muito exposto e visível;
- O *receptor*, submetido a pressão;
- O *contato*, exaltado;
- A *mensagem*, notavelmente elaborada.

As funções envolvidas nesse esquema são a emotiva, a fática, a poética e a conativa. No âmbito publicitário, é fundamental para uma empresa verificar se ou como atua a *comunicação dedutiva*: se o emissor é particularmente visível, se há correspondência entre os ideais, o estilo e a imaginação do produtor e do destinatário hipotético.

Recentemente, a semiótica particularizou-se como área de pesquisa para o estudo do ato comunicativo como relação entre *texto* e *contexto*. Explicando melhor, como interação entre as partes textuais e contextuais. A atenção na situação interativa (que produz o enunciado) implica um modelo de comunicação que, ao contrário das concepções mecanicistas e abstratamente procedimentais, constitui-se como modalidade concreta de um ato lingüístico que ocorre entre dois ou mais interlocutores num contexto definido.

A relação que se instaura entre texto e contexto incide fortemente na dimensão semântica da ação comunicativa: o enunciado produzido não é exatamente codificável e decodificável, mas suposto pelo falante e pelo ouvinte num processo de interpretação livre. É de grande importância aqui a contribuição de Wittgenstein que, em *Investigações filosóficas* (1967), definiu a linguagem como "um jogo lingüístico" originário de um complexo de regras, cujos enunciados podem somente ser explicados em relação aos "jogos", ou seja, aos contextos em que se colocam.

Da sua perspectiva, o significado de um texto não representa um elemento semioticamente definido, mas é determinado pela situação interativa na qual é produzido: poderia se dizer que o sentido de uma palavra pode ser captado somente no interior do contexto em que ela é expressa. A interpretação correta de um enunciado depende assim da capacidade dos interlocutores de associar, de modo adequado, as frases ao contexto de referência.

Wittgenstein escreveu (1967): "Chamarei 'jogo lingüístico' [...] todo o conjunto constituído pela linguagem e pelas atividades das quais se compõe. E essa nossa linguagem pode ser considerada como um velha cidade: um labirinto de ruas e praças, de casas velhas e novas, e de casas com novas alas construídas em épocas diversas, e o todo circundado por uma rede de subúrbios novos com ruas retas e regulares e casas uniformes".

Para continuar na metáfora de Wittgenstein, atravessar as ruas de uma cidade, construir um edifício novo, reestruturar quarteirões ou áreas urbanas, significa realizar, no plano semiótico, um novo "jogo lingüístico", instituindo-o no interior da ordem lingüística precedente e decompondo-o numa multiplicidade de jogos lingüísticos, tantos quantas são as atividades da interação humana (Bonfantini, 1987). Num jogo lingüístico, naturalmente, é sempre necessário procurar as matrizes, as condições formais de possibilidade e a regularidade da significação: é nesse sentido que se pode dizer que *o significado de uma palavra é o seu uso na linguagem*. O significado de uma palavra se compreende sempre a partir de seus usos regulamentados e institucionalizados.

O uso da palavra, pode-se dizer, é o *jogo* que nós jogamos com ela: um jogo certamente ordenado por regras, mas não regulamentado por estas em todas as suas partes. Assim, nenhum jogo responde verdadeiramente a versões predispostas numa trama pré-ordenada de regras, pois em tal caso o próprio jogo perderia – ao lado de sua relativa liberdade e originalidade de movimentos – a sua peculiaridade. Todavia, se isso é certo, é verdade também que não há ato lingüístico que não esteja inscrito numa gramática pré-constituída pelos usos, pelos hábitos, pelas convenções, pelas instituições (Bonfantini, 1984).

A comunicação requer uma contínua atividade de interpretação. Desse modo, um outro elemento importante refere-se à comunicação como *ato lingüístico*, teoria segundo a qual dizer qualquer coisa implica sempre uma ação. Nesse campo, um papel fundamental foi exercido pela *teoria dos atos lingüísticos* de Austin (1962). Como veremos adiante, para Austin são três os tipos de ação lingüística que ocorrem simultaneamente no falar: o *ato de dizer algo* (locutório), o *ato no dizer algo* (elocutório), e o *ato com o dizer algo* (perlocutório).

Essa distinção esclarece como cada enunciado exprime sempre muito mais do que seu próprio significado literal. Além disso, Austin também fez a distinção entre ato e força do ato: o modo como é interpretado um enunciado depende da força elocutória contida no ato. Os indicadores dessa força são constituídos pelos verbos, pela pronúncia, pela ordem das palavras, pela entonação e pontuação.

4. A TEORIA INTERACIONISTA

A abordagem interacionista da comunicação baseia-se no estudo e na análise daquelas situações onde os comportamentos singulares definem-se reciprocamente.

No plano metodológico distinguem-se substancialmente três ordenamentos:

1) O primeiro estuda o comportamento não verbal no interior do processo comunicativo;
2) O segundo analisa a incidência da comunicação na formação do indivíduo;
3) O terceiro segue o processo de desenvolvimento da criança mediante a aquisição de significados e símbolos provenientes do mundo adulto.

Essa abordagem funde os três planos de investigação numa perspectiva heurística baseada no estudo do comportamento dos sujeitos interagentes durante a interação comunicativa.

A estrutura do processo comunicativo é decomposta nas ações verbais e não verbais, o que fez emergir todos os elementos que favorecem a transmissão dos conteúdos e os comportamentos em jogo na troca comunicativa.

Em outras palavras, para aqueles que defendem a perspectiva interacionista, a comunicação não pode ser definida como uma troca de informações entre fontes diversas, mas como uma ocasião em que mais indivíduos escolhem colaborar, organizando e coordenando os próprios níveis de comportamento.

Essa teoria atribui importância não tanto à troca de notícias, mas à organização e disposição comunicativa dos interlocutores. Suas raízes encontram-se na *teoria da Gestalt*, em especial no conceito que assume o objeto da percepção na sua totalidade e não já na soma dos elementos individuais.

A teoria interacionista consolidou-se por volta do fim dos anos 40, principalmente com a contribuição da *Teoria Geral dos Sistemas* de Von Bertalanffy. No plano epistemológico, esta surgiu por oposição ao conceito de causalidade linear, apelando para um conceito de causalidade circular com base na qual um sistema é determinado pelas relações entre os seus elementos e pelas relações entre estes e o ambiente.

Nos anos 60, a partir dessa teoria, difundiram-se diversos estudos sobre a comunicação que focalizavam a sua atenção em comportamentos não verbais: entre outros, vale lembrar o *modelo das capacidades sociais*, de Argyle e Kendom (1967); o *modelo do equilíbrio* de Argyle e Dean (1965); a *teoria estrutural* de Birdwhistell (1970); os estudos de Ekman e Friesen (1978); o *modelo de interação social dos programas* de Scheflen (1968).

Outros estudiosos, entre os quais Sacks, Schegloff e Jefferson, colocaram no centro da própria pesquisa a análise da conversação, entendendo por esta expressão qualquer "state of talk", isto é, cada situação discursiva comum. Segundo esses autores, a comunicação entre indivíduos estrutura-se como uma *interação conversacional*, em aparência livre e sem regras, mas substancialmente constituída de uma ordem precisa. Desse modo, os interlocutores não só devem mostrar que sabem codificar e decodificar as informações, mas principalmente organizar o próprio comportamento de modo inteligível e comunicativo.

Em outras palavras, trata-se da aquisição de uma verdadeira e própria *competência conversacional* que assegura – na interdependência de fato dos participantes – a sincronia (e a sintonia) da conversação, o respeito aos turnos de intervenção e dos processos decisivos. É bom evidenciar aqui que os mecanismos de interação não são rígidos, mas negociáveis, embora nem sempre conscientemente.

Um aprofundamento nesse terreno aconteceu com a análise da conversação realizada por um grupo de sociólogos americanos ligados ao modelo teórico de Goffman e da *etnometodologia*. Esses estudiosos demonstraram que a conversação é uma atividade originária de regras, procedimentos e métodos produzidos e respeitados pelos interlocutores.

A conversação requer que os interlocutores não só possuam a *competência lingüística* necessária para codificar e decodificar as mensagens, mas também uma *competência conversacional*: os participantes devem organizar o próprio comportamento de modo que se torne compreensível e, portanto, comunicativo para os interlocutores. Essa competência garante a sincronia e o respeito aos turnos de palavra, de modo a favorecer uma conversação correta.

5. A TEORIA PRAGMATISTA

Uma contribuição decisiva à perspectiva interacionista veio da parte da *Escola de Palo Alto*. Para os cientistas do *Mental Research Institute* de Palo Alto (Bateson, Jackson, Watzlawick e outros), a comunicação não pode ser uma atividade formal e procedimental qualquer entre um ou mais interlocutores, mas um fenômeno que "compreende" os sujeitos e determina sua essência. Ao contrário da abordagem interacionista, a comunicação não é definida pelo "pôr-se em comunicação" de vários indivíduos ou pelo "participar", mas é determinada pelo seu "ser" em comunicação.

Na reflexão dos fundadores da *Escola de Palo Alto*, exerceram uma profunda influência a teoria Geral dos Sistemas de Von Bertanlaffy (1950) e a teoria da interação entre organismo e ambiente, que se realiza propriamente graças a duas funções fundamentais:

1) A *função de informação*, que é objeto da própria comunicação;
2) A *função de comando*, que é o modo pelo qual a informação deve ser recebida.

Na sua perspectiva, a comunicação pode ser considerada um processo que se realiza por meio da definição dos interlocutores e da relação que os liga: esta tem seu fundamento na *interação* entre o sujeito e o ambiente no qual ele está inserido. Para Watzlawick, autor do ensaio fundamental *Pragmática da comunicação humana* (1971), "cada comportamento implica uma comunicação e, portanto, é impossível não comunicar". Em conseqüência desse argumento, todo gesto, até o mais casual, pode ser considerado comunicativo.

A pragmática da comunicação humana, mais que um modelo geral é uma teoria sobre a troca de mensagens verbais e não verbais entre os seres humanos. Embora seja constituída pela confluência de abordagens diversas, tem sua própria autonomia.

Seus níveis constitutivos são:

— a *sintática*, que estuda a transmissão da mensagem;
— a *semântica*, que estuda o modo pelo qual se fornece um significado à mensagem recebida;
— a *pragmática*, que indaga o modo pelo qual a comunicação influencia o nosso comportamento, considerando a mensagem, seja verbal ou não verbal.

Watzlawick, portanto, parte do pressuposto de que é totalmente impossível não comunicar. Na sua visão (em que o próprio silêncio representa um ato comunicativo), a comunicação – devido a instaurar-se uma relação entre interlocutores diversos – não pode ser reduzida a uma transmissão formal e exclusiva de dados. Certamente, entre os computadores e a comunicação humana existem simetrias, todavia o comportamento de cada sujeito influencia os comportamentos dos outros sujeitos (mas o contrário também é verdadeiro).

Tomando emprestado da cibernética o conceito fundamental de *feedback* (isto é, o processo pelo qual o dado já elaborado está reinserido nas operações com função de controle), seria possível afirmar-se que na comunicação entre dois sujeitos não é suficiente considerar a passagem da mensagem do emissor ao destinatário, mas tem importância fundamental o modo pelo qual a informação é transmitida na direção inversa: a que vai do destinatário ao emissor.

Portanto, a comunicação não segue mais um processo linear (de A →B e B → C, etc.), mas circular, em que a mensagem retorna ao ponto de partida, assim como os dados que saem tornam ao sistema enriquecendo o ambiente com dados ulteriores. O *feedback* permite que os sujeitos da comunicação modifiquem as mensagens ou as respostas ao ambiente, ao contexto e ao interlocutor.

É importante levar em conta a influência exercida pelos estudiosos da Escola de Palo Alto na elaboração da *terapia familiar* (a "abordagem estratégica de Haley", "a abordagem estruturalista de Minuchin", "a abordagem sistêmica da Escola de Milão"), que considera algumas expressões psicopatológicas profundamente relacionadas a algumas distorções da comunicação intrafamiliar e não a um distúrbio orgânico ou a uma tensão inconsciente do paciente.

A maior parte das técnicas de *terapia familiar* baseia-se em uma epistemologia derivada da *teoria da comunicação* e da *teoria geral dos sistemas* de Von Bertanlaffy, nas quais se enxertam abordagens teóricas provenientes de campos diversos como a psicanálise, a sociologia, a antropologia, a etologia, as teorias comportamentais, etc.

Esse tipo de abordagem, definido como "relacional" ou "sistêmico", superou o campo da terapia familiar em sentido estrito para ser aplicado a outras formas de tratamento ou de intervenção psicológica dirigida a grupos pré-formados. (escolas, instituições, departamentos hospitalares, empresas, comunidades diversas, etc.)

Sínteses históricas, teóricas e terapêuticas da orientação sistêmica

O estudo das interações familiares e o tratamento combinado de vários membros de uma família tiveram início, entre os anos 50 e 60, no trabalho de psicoterapeutas de orientação psicodinâmica. As primeiras pesquisas investigavam a relação mãe-filho, principalmente as características da mãe que pudessem ter tido influência patogênica sobre os filhos. Em especial, Levy descreveu algumas correlações entre a superprotetividade materna e os distúrbios psicopatológicos dos filhos; a pesquisa Fromm-Reichmann introduziu o conceito de "mãe esquizofrenogênica", a de Malher descreveu a "síndrome simbiótica" do menino.

Nos anos seguintes, vieram à luz muitas contribuições teóricas que analisavam a família como momento etiopatogenético da esquizofrenia. Lidz, por exemplo, formulou os conceitos de "cisma conjugal" e "desvio conjugal" em relação a um distúrbio no relacionamento entre os pais que provocava uma distorção do mecanismo de identificação dos filhos com as figuras genitoras, favorecendo alianças patológicas entre filho e um dos genitores e determinando as premissas para o surgimento de um distúrbio esquizofrênico.

De sua parte, Bowen descreveu o fenômeno do "divórcio emotivo" entre os pais do psicótico, mostrando em que medida o crescimento e autonomização do filho seriam "perigosos" para a mãe e como esta reagiria àqueles com intervenções explícitas ou sub-reptícias destinadas a reproduzir no filho mecanismos de dependência. E ainda Wynne formulou o conceito de "pseudomutualidade" para descrever aquela situação de aparente harmonia e acordo familiar que, ao contrário, correspondia à proibição de qualquer divergência e de qualquer desenvolvimento livre das relações, resultando num obstáculo ao desenvolvimento.

Com base nesses estudos, enriquecidos por inúmeras observações antropológicas e por conquistas da teoria da comunicação, da cibernética e da teoria geral dos sistemas, os cientistas do grupo de Palo Alto (Bateson, Jackson, Watzlawick, Haley, Weakland, Beavin e outros) desenvolveram uma abordagem sistêmica da patologia das relações familiares. Essa abordagem, que teve uma rápida difusão e da qual, hoje, nenhum tipo de terapia familiar prescinde, sempre se constituiu como uma postura epistemológica geral com um verdadeiro *corpus* teórico próprio.

A praxe da comunicação humana baseia-se no estudo das modificações do comportamento que derivam dessa comunicação concebida como um processo de interação entre dois ou mais indivíduos. Seus conceitos fundamentais são:

1) Todo comportamento constitui-se como uma forma de comunicação. Portanto, qualquer que seja a situação social dada, ela é invariavelmente o resultado de uma comunicação. Portanto, até a inatividade ou o silêncio podem ser considerados expressões relevantes de uma rede interativa comunicacional que adquirem o valor de uma mensagem;
2) O duplo vínculo – categoria interpretativa fundamental da terapia familiar – não é um fenômeno unidirecional (dos genitores para o filho esquizofrênico), mas se refere a toda a *network* [rede] comunicacional da família. Ao contrário de como em geral se sustentou do modo simplista, não tem o mínimo fundamento afirmar que ele esteja na origem da esquizofrenia. Melhor seria dizer que ele é parte integrante de uma síndrome (ou de um grupo psicopatológico heterogêneo) que se define como esquizofrenia.

Para os psicoterapeutas de orientação sistêmica, a família é um sistema aberto em constante intercâmbio com o exterior. Seguem suas categorias fundamentais:

– *totalidade*: na perspectiva sistêmica – que examina a globalidade da interação familiar – o comportamento e a comunicação de um indivíduo estão em relação com os dos outros;
– *não-somatividade*: muitas características que parecem próprias dos membros individuais pertencem, ao contrário, ao contexto familiar. Em virtude disso, no estudo das dinâmicas familiares, a análise somativa das características e dos comportamentos individuais de seus integrantes é metodologicamente inviável. Este princípio tem sua origem na "teoria das qualidades gestálticas" de von Ehrenfels (1890);
– *funções homeostáticas*: de modo geral, o sistema-família tende a conservar a estabilidade. Essa tendência à homeostase parece se acentuar nas famílias patológicas mediante rígidas modalidades de funcionamento. Jackson observou que, coincidentemente à melhora da sintomatologia do paciente, os outros membros da família começavam a manifestar uma sintomatologia psíquica, psicossomática, etc.

Isso o induziu a pensar que a presença de um membro doente fosse funcional à manutenção de um equilíbrio qualquer na família, evidência esta que parece esclarecer a presença freqüente, principalmente em famílias com um membro esquizofrênico, de atitudes dos parentes voltadas à sabotagem da melhora do paciente;
- *funções de transformação*: o sistema familiar apresenta um equilíbrio dinâmico e em constante intercâmbio com o exterior, do qual traz possibilidade de mudanças por mecanismos de "retroação positiva". A estabilidade aberta das famílias "sãs" seria caracterizada por uma troca entre tendências conservadoras e tendências transformadoras que permitem à família desenvolver-se tolerando a autonomização dos filhos e ainda salvaguardando a união. A tendência transformadora é utilizada em terapia familiar para gerar mudanças terapêuticas.

A perspectiva sistêmica exige uma mudança radical de postura epistemológica: a passagem de uma "causalidade linear" para uma "causalidade circular". No estudo de tais dinâmicas, é completamente sem sentido recorrer a uma lógica mecanicista-causal que isola alguns elementos do sistema para considerá-los individualmente. Aqui, toda dinâmica deve ser considerada parte de um sistema interativo em que cada elemento está ligado aos outros por relações de retroação que se alimentam reciprocamente.

O objetivo principal da terapia de orientação sistêmico-relacional é transformar a *regularidade disfuncional* (da qual a família se serve) em comportamentos, regras e relações positivas entre os membros da família. De modo que o terapeuta – partindo da análise dos comportamentos verbais e não verbais, para focalizar-se sucessivamente em seu significado comunicacional – entra, por assim dizer, no sistema familiar tentando favorecer determinados processos de troca, utilizando aquela capacidade transformadora da família como uma verdadeira "metar-regulação" do sistema.

É oportuno recordar que, para a perspectiva sistêmico-relacional:
- cada evento comunicativo é constituído por um conteúdo e uma relação. A escolha das palavras, o tom da voz, a postura mímico-gestual e, mais em geral, a qualidade da relação que o liga ao outro (amizade, afeto, indiferença, dependência, comando, etc.: dinâmicas estas nem sempre conscientes) põem o indivíduo, inevitavelmente, em condição de comunicar. Alguns autores sustentam que se nas relações "sadias" estes aspectos não têm grande importância, nas

relações "patológicas" determinam, ao contrário, níveis conflituais que deixam em segundo plano o próprio conteúdo das relações;
- a comunicação humana pode se expressar por meio de dois modelos, ambos derivados da cibernética: o *digital* e o *analógico*. Ao modelo digital corresponde a comunicação verbal, ao modelo analógico corresponde a comunicação não verbal (a posição do corpo, os gestos, o timbre da voz, a seqüência, o ritmo e a cadência das palavras, como puras expressões comunicativas presentes em todo contexto interativo). Essas duas formas de linguagem têm características diversas que freqüentemente conseguem combinar-se, provocando notáveis dificuldades de "tradução" de uma a outra;
- o intercâmbio comunicativo pode ser *complementar* ou *simétrico*: é complementar quando o comportamento de um indivíduo completa o comportamento de um outro indivíduo; é simétrico quando o comportamento de um indivíduo reflete o comportamento de um outro com base na igualdade e na minimização das diferenças. Em si, os intercâmbios comunicativos, complementares ou simétricos, não distinguem de fato uma condição "sadia" de uma "patológica". As duas condições, porém, quando se estruturam por códigos e comportamentos rígidos, podem se tornar patológicas.

A estruturação de dinâmicas patológicas da comunicação no interior da família com um membro esquizofrênico dá lugar ao que Bateson, no seu célebre volume *Para uma teoria da esquizofrenia* (1976), definiu como *duplo vínculo*. As suas categorias fundamentais são: a desqualificação comunicativa, a desconfirmação relacional, os paradoxos pragmáticos e os mitos, a pseudo-reciprocidade, o desgaste geracional.

6. A TEORIA FENOMENOLÓGICA

> A racionalidade é só um momento da responsabilidade, a luz de uma lâmpada diante do sol.
>
> *Bakhtin*

A fenomenologia é uma vertente filosófica que explora os modos como o eu (o *self*) e o mundo constituem-se como pólos complementares. Para os fenomenólogos, o conhecimento não se realiza por meio de esquemas que o indivíduo aplica ao mundo, mas no encontro entre o eu (*o self*) e o mundo, que inaugura um processo de definição recíproca segundo modos e eventos únicos e irrepetíveis. Esse encontro é um diálogo ininterrupto, cujas regularidades internas renovam-se sempre que a experiência novamente se completa .

Surgida no meio filosófico – sob a égide de autores fundamentais como Husserl, Jaspers, Merleau-Ponty, Lévinas, Marcel e muitos outros – a vertente fenomenológica orientou e solicitou a reflexão psico(pato)lógica na direção do *evento*, da *presença no mundo*, do *espaço* e do *tempo vivido*, em seu acontecer singular e irredutível, na sua insuprimível ulterioridade. Isso exigiu que a psicologia, ou ao menos uma parte desta, desse passos além das categorias biologísticas e, em geral, redutivistas: na direção daquele *Lebenwelt* (mundo-da-vida) e daquele outro eu (outro *self*) (Callieri, 1972) que constituem o campo de experimentação do eu e das relações e das relações interpessoais co-essenciais à realidade do indivíduo.

Aqui, o plano formal do fenômeno comunicativo torna-se uma autêntica expressão do modo de ser e do acontecer daquela realidade, do seu desenvolver-se e desvelar-se, isto é, *como ela "é" no mundo e como "tem" o seu mundo*. Esse método, que Cargnello definia como teoricamente ateorético, esforça-se em "pôr entre parênteses" todas as outras preocupações para poder entrar livremente em uma imediata relação pática com as coisas (Von Weizsäcker, 1990; Masullo, 1995).

Um aspecto importante da abordagem fenomenológica – desenvolvido por Husserl, em sua elaboração tardia, com a expressão fenomenologia genética – é o estudo dos fenômenos e dos processos (das impressões às estruturas) no seu configurar-se (ou ainda "tomar forma") em nossa consciência (Spiegerlberg, 1965). Portanto, pode-se dizer que a fenomenologia explora o aspecto dinâmico da nossa experiência, favorecendo de modo singular a reconstrução e a compreensão dos "mundos de significado" de um indivíduo, restituindo-lhe a intensa luz de sua história vivida (o *ser-se* no amor, na amizade, na agressividade). Esse "método" permite a recuperação do manifestar-se intencional da experiência biográfica do indivíduo e da continuidade de sentido das suas vicissitudes mediante a busca de uma ordem de significado até lá onde o olhar convencional veria somente fragmentos de sentido.

A intencionalidade comunicativa

A intencionalidade foi geralmente considerada pela filosofia da mente e pelas ciências cognitivas como um estado mental, uma atividade, uma disposição interna. Para Husserl (1960) pode-se definir a "intencionalidade" como a própria consciência. Segundo o grande filósofo alemão, a consciência é sempre consciência de alguma coisa, seja quanto à percepção ou a imaginação, seja no que se refere ao pensamento. Essa alguma coisa, da qual se é intencionalmente consciente, diz respeito à relação entre o eu que conhece e o objeto do conhecimento. Portanto, ter consciência de alguma coisa – mesmo se suas determinações são *ante-predicativas* – tem sempre um valor semântico.

Mas o que tem tudo isso a ver com a comunicação? Ou seja, de que modo a intencionalidade pode referir-se à comunicação? Ora, já se disse que o conceito de signo – conceito eminentemente de relação – remete a um "designado", isto é, a um objeto numa seqüência que, a partir do nível inferior dos sentidos, pelos níveis intermediários da percepção, atinge os níveis superiores da integração psíquica. Isso poderia constituir o que Husserl define como "inerência", em que o signo – a abstração do reenviar (Gadamer, 1965) – estende-se intencionalmente, a partir da consciência de si, rumo ao outro, revelando como na base da comunicação está a intenção de comunicar, o querer abrir o próprio mundo ao outro.

Este *dizer-se* ao outro, *comunicar-se* ao outro, *des-velar-se* ao outro – em suma, esse *desvelamento intencional* (Anolli e Ciceri, 1995) – não surge somente da distinção entre o eu (o *self*) e a comunicação do eu (do *self*), mas se define como caráter originário e original da comunicação, contrassigno inafiançável do ato comunicativo. Assim, "não é essencial que ocorra realmente uma passagem efetiva de informações entre os dois comunicantes, mas que se consiga a recíproca compreensão da vontade de manifestar-se da parte do comunicante" (Anolli e Ciceri, 1995).

Seria plausível afirmar que, da perspectiva fenomenológica, a *intencionalidade comunicativa* (a vontade de manifestar e tornar visível ao outro um significado, que é o querer dizer algo ou o seu contrário) implica *inevitavelmente* o dar-se à interpretação do outro, o ex-por-se ao outro, que tem como conseqüência a elaboração recíproca de significados e de experiências que redefinem as imagens de si e a própria relação dialógica, mas também a própria identidade individual e a própria representação social.

Se é portanto verdade que a comunicação é constitutiva da relação, também é verdade que esta se realiza mediante uma liberdade de escolha. Só com essa condição pode-se falar de transitividade. *Mas a transitividade de um diálogo é o resultado e não a premissa de um ato comunicativo.* A escolha não coincide com a intenção: é somente a condição da sua possibilidade. A escolha refere-se às condições e às modalidades por meio das quais a intenção desenvolve-se numa determinada situação: ela concerne ao conteúdo e à forma dos signos por meio dos quais se produz o diálogo e, portanto, o encontro comunicativo.

Assim, se a comunicação implica uma intenção que se refere ao conteúdo, à expressão, às crenças e aos desejos de um indivíduo, só sucessivamente ela se constitui como uma relação de reciprocidade entre indivíduos independentes (ainda que esta não seja uma de suas determinações essenciais). Em outras palavras, a escolha de comunicar deverá levar em conta que haverá sempre uma parte de si inexprimível, mas sobretudo que a nossa intenção de comunicar deverá passar antes pela nossa tradução em signos e, num segundo momento, pela interpretação de nosso interlocutor.

Apesar disso, por mais intensa que seja, nossa intencionalidade comunicativa nunca poderá atingir todos os campos de sentido do diálogo e do encontro humano. Certamente, ela se cumpre no dizer-se a alguém, mas isso realiza-se para além das intenções do "sujeito comunicante".

O interpretante não decodifica simplesmente a mensagem, mas reinterpreta seus conteúdos com base nos seus desejos e crenças, reintencionando-a no plano comunicativo. Desse modo, o limite da incomunicabilidade, a própria falência da comunicação, justamente graças a essa reciprocidade transitiva, torna-se uma ocasião de enriquecimento do significado, uma autêntica experiência de compartilhamento.

É importante destacar que, se é verdade que o gesto fenomenológico está na base da constituição da intersubjetividade (para Scheler "a relacionabilidade intencional do homem com os outros é ainda mais importante que a consciência da própria individualidade"), a intencionalidade pode se difundir somente pela liberdade que é sua "premissa antepredicativa" (Callieri, 1982).

É esta última que – ao lado da posse de sistemas semióticos ricos e articulados (portanto, de uma *competência comunicativa*) – veicula a intenção, tornando possível o diálogo, o *compartilhamento de significados* e, em última análise, a própria comunicação.

Mas a que aludimos quando falamos em *compartilhamento de significados*? E em virtude do que falamos de *senso comum*? Responder a perguntas desse tipo não é fácil. Em linhas gerais, seria possível dizer que o *senso comum* é aquilo em que se baseia o que chamamos de realidade, isto é, os significados e a regularidade do seu acontecer e do seu constituir-se. Mais simplesmente, seria possível dizer que o *senso comum é aquilo que todo mundo pensa que os outros pensam*.

Isso, naturalmente, põe em questão o conceito de realidade em que fundamentamos a idéia de intersubjetividade. Não se pode descontar que dois indivíduos estejam preliminarmente de acordo sobre o que é real (o valor de um objeto, o sentido de um fato, a intenção de um gesto). Como, de resto, não se pode ignorar que dois indivíduos dêem à palavra "nós" um sentido completo, que deriva do cruzamento das duras questões que o encontro proporciona e não da adesão a um papel social qualquer.

O problema da comunicação (e portanto das relações intersubjetivas) não se exaure com a adesão a normas ou papéis sociais, nem se refere somente àquilo que sabemos sobre o mundo e sobre os outros. Isso é inerente ao que acontece no face-a-face (Lévinas, 1982), no encontro com o outro, em que cada um de nós é estimulado nas direções opostas da separação e da inclusão.

Essas dinâmicas não são sustentadas pelo impulso de conhecer o mundo, nem por uma necessidade de compartilhamento de ideais e pontos de vista sobre o mundo, mas por uma necessidade *natural* de encontro com o outro. Só depois elas se tornam o tecido de uma comunidade. Ao contrário, existe um potente impulso contrafatual representado pela necessidade de preservar a própria individualidade, que explica porque no interior de todo grupo há sempre opiniões e pontos de vista diferentes.

Ora, se é verdade que cada âmbito de nossa vida intelectual e psicológica desenvolve-se por essas dinâmicas de inclusão e separação, torna-se necessário um comportamento, segundo a filosofia e a psicologia moderna, que conduza para além de uma visão da interação humana puramente subjetivista, reportando o Outro para junto do Eu e fazendo o diálogo retransformar-se entre dois ou mais outros (Bakhtin, 1963). A realidade é inerentemente plural, impossível de representar por um modelo único: de fato monológico.

Isso evidentemente põe em discussão a categoria da identidade que até este momento regeu o destino de qualquer relação. De maneira que um diálogo autêntico – entre indivíduos inassimiláveis entre si, separados, diferentes – não pode ser um diálogo formal, no qual se encontram posições pertinentes ao mesmo universo de discurso que tendem a conciliar-se, mas um verdadeiro "diálogo da alteridade".

Assim, o diálogo *submete-se a ele, não é uma escolha do Eu, mas é imposto ao Eu pela impossibilidade de um fechamento em si mesmo* (Ponzio, 1998). O diálogo solicita o Eu para uma viagem sem volta: *um êxodo, não uma odisséia*. Nessa perspectiva dialógica, não há lugar para uma fusão de horizontes em algum círculo hermenêutico: ela comporta mais uma ruptura epistemológica, uma dissimetria (Maldonato, 2002) entre o interpretado e o interpretante. Poderia se dizer que, nessas condições, o diálogo não representa o prelúdio de uma ação, mas a própria ação. Quando o diálogo termina, tudo termina.

Para que se realize essa comunicação é necessária uma concessão da linguagem baseada não mais sobre o eixo lingüístico código-mensagem ou língua-palavra ou de uma outra especialidade, mas sim sobre uma dimensão *metalingüística*, colocada nos confins das disciplinas, na fronteira dos diversos saberes. A realidade viva da linguagem não pode ser compreendida a partir do estudo exclusivo da palavra ou com base numa lingüística que faça abstração da dialogicidade interna da palavra concretamente orientada e especificamente entonada (Ponzio, 1998). Passando a fazer parte do diálogo, a palavra sai do seu contexto fonológico para liberar-se num outro contexto, que a leva a interagir com o autor que a reconfigura e a *põe em ação* no discurso com todas as suas variantes possíveis.

A lógica formal e a lógica dialética (só abstratamente baseadas numa razão formal e numa razão dialética) têm justamente na inexplorabilidade da razão o seu limite: porque esta vem sempre de uma razão dialógica que nunca pode ter razão sobre a outra. Desse modo, as relações dialógicas são muito mais profundas, multiformes e complexas que as relações lógicas questionadas pela lógica, pela lingüística e pela psicologia naturalística.

Por sua concepção da alteridade, Bachtin está muito distante seja de Heidegger, seja de Buber: de fato, critica a ontologia do primeiro e, do segundo, a reciprocidade da relação Eu-Tu (tão importante para uma psicologia intersubjetivamente orientada). Para o estudioso russo, a relação Eu-Tu é uma relação assimétrica, não recíproca. Ela comporta uma diferença de nível, na qual o Eu não é intercambiável com o Tu e a alteridade é sempre qualificada. Tudo isso se diferencia muito da dimensão inevitavelmente formal da relação Eu-Tu de Buber, que Lévinas define, não sem pontos polêmicos, como "um contato vazio, sempre a se renovar", em que "a amizade somente espiritual" tem um "caráter etéreo" (Lévinas, 1982; 1998).

O diálogo faz emergir os diversos pontos de vista somente a partir da contraposição das palavras em situações especiais. Desse ponto de vista o diálogo não é empreendido, é aceito. Porém, mais do que no descarte entre o próprio ponto de vista e o dos outros, ele vive na ilusão dessa distância, na ilusão da identidade e tanto mais se manifesta quanto mais a identidade tenta prescindir da alteridade. É quando se é indiferente à alteridade que a dialogicidade emerge com maior força, com os próprios valores, pensamentos e vozes. Nessa acepção, o diálogo não é resultado de uma iniciativa do Eu, mas o lugar do seu constituir-se e manifestar-se.

Mas como é possível um diálogo baseado no respeito ao outro, no caso de uma radical não coincidência dos pontos de vista dele com os meus?

Pode-se responder que o diálogo não é o resultado de uma abertura ao outro, mas da impossibilidade de um fechamento ao outro. Ele se manifesta com toda a sua força também nas tentativas de fechamento e indiferença ao outro: pela impossibilidade de ser indiferente ao outro.

Na verdade, não é interessante estudar o homem que dialoga em respeito ao outro, mas o que dialoga também e principalmente a despeito do outro e de si mesmo, das suas próprias intenções. O diálogo não se realiza por uma inclusão passiva da palavra alheia no nosso discurso; como, de resto, o diálogo não subsiste simplesmente onde há composição de pontos de vista e de identidade: ele consiste na resistência às sínteses, incluída aí a síntese ilusória da própria identidade.

A comunicação em xeque

Por mais intensa que seja a *intenção dialógica*, em qualquer encontro sempre existirão zonas de sombra que se subtrairão à comunicação ou que serão inderiváveis e, portanto, inexprimíveis em palavras (Maldonato, 1998). Além de não existirem dispositivos semióticos tão potentes e acurados a ponto de filtrar fachos de luz mesmo naquelas experiências psíquicas inefáveis e inacessíveis à consciência humana; além da ambigüidade constitutiva da experiência humana e, portanto, da comunicação humana (é claro que comunicar quer dizer confiar a tradução em signos das próprias intenções e interpretações ao outro, o qual, por sua vez, poderá colher somente aspectos parciais, e até mal entender por completo); além, ainda, do conhecimento de técnicas semióticas e psicológicas refinadas; mais adiante, enfim, da mais "incondicionada" intenção comunicativa; além de tudo isso, é geralmente impossível circundar a incomunicabilidade que pode ocorrer entre dois indivíduos numa dada situação.

Não se trata da escolha de não comunicar ou da intenção de não abrir-se ao outro. Em qualquer caso, o obstáculo é representado pelas construções externas da relação, ou pela dissimulação, ou ainda pela escolha de não *se dizer*, mentindo. Em outros casos, porém, trata-se de uma condição – muitas vezes doentia – que torna problemático o limite entre inexprimibilidade primária de conteúdos do pensamento e intradutibilidade dos códigos verbais e não verbais em jogo no ato comunicativo. Todavia, mesmo nesses casos, não se trata de fenômenos alternativos ou auto-excludentes. Trata-se principalmente – como queria Merleau Ponty (1945) – de planos diversos do mesmo fenômeno: a existência humana.

Sobre a distorção da comunicação intrapsíquica e relacional da condição depressiva, Callieri escreveu: "O deprimido que, deitado numa cama e com o telefone ao lado, não consegue sequer ligar para uma pessoa querida, não é porque tem a vontade bloqueada (como o catatônico), mas porque existe um vínculo perfeito, absoluto, radical (o próprio corpo que sou) entre a inércia retentora da mão que poderia somente se estender até o telefone e a inércia do *motus animi* que deveria seguir rumo àquele amigo. É como se o aparelho telefônico tivesse perdido o seu caráter de *convite*, de objeto à mão, que o libera para o *encontro*. É um verdadeiro reaprender-se no próprio corpo que se torna somente peso e estaticidade sem saída, que revela, em última análise, a perda daquela categoria fundamental da presença que é a *corporeidade projetada* no mundo, a mundanização (*verweltlichung*) do corpo.

No seu encontro malogrado com qualquer sujeito (digo "malogrado" e não rejeitado, porque esse segundo termo inclui uma vontade negativa, que reenvia sempre a uma projeção), o deprimido testemunha sempre de modo inequívoco aquilo que disse ser sua coação existencial. Tudo o que do mundo pode ser uma exigência, um convite, uma solicitação a uma instância de movimento subjaz a esse surdo deixar cair, a esse estagnante ficar, que é sempre um irremediável *ficar atrás*".

A psico(pato)logia é o campo privilegiado de observação das distorções da comunicação humana, mas é também, e principalmente, o estudo das distorções do relacionamento humano. É uma ciência que estuda o homem nas suas capacidades e incapacidades de constituir-se como "nós", nas experiências vividas do "nós": lá onde desaparece o parceiro e a sua própria presença se frustra.

Capítulo 2

O desenvolvimento da linguagem

1. AS BASES ANATOMOFUNCIONAIS DA LINGUAGEM

A linguagem humana é uma função complexa que se realiza *pari passu* ao amadurecimento de uma complexa série de estruturas neuroanatômicas que sustentam e articulam a função lingüística.

Essas estruturas compreendem:

— *estruturas fono-articulatórias*: a língua, os lábios, a laringe, o diafragma e as estruturas neurológicas destinadas à sua integração funcional;
— *estruturas senso-perceptivas*: as orelhas e os canais auditivos;
— *estruturas encefálicas genéricas*: as áreas de recepção e de elaboração dos impulsos aferentes e eferentes;
— *estruturas encefálicas específicas*: as áreas da linguagem de Broca e Wernicke;
— *áreas e fibras de conexão das várias estruturas*: nervos cranianos.

Para uma organização lingüística adequada é necessário o funcionamento correto do aparelho auditivo. Entre as estruturas acústicas, o órgão de Corti desempenha um papel central transformando as ondas sonoras em ondas elétricas que, por sua vez, atingem através do nervo acústico duas estruturas cerebrais específicas: a área de Broca (área verbo-motora) e a área de Wernicke (área verbo-acústica).

A importância dessas áreas foi demonstrada por uma imensa quantidade de estudos (que remontam ao século 19) em indivíduos que apresentaram lesões específicas nessas mesmas áreas cerebrais.

Quando a área de Broca (localizada na base da circunvolução frontal ascendente do hemisfério dominante, geralmente o esquerdo) sofre uma lesão, o indivíduo perde a capacidade de exprimir um pensamento por meio de palavras, não obstante continuem íntegros os seus órgãos auditivos ou fonadores ligados à articulação da linguagem. Quando, ao contrário, ocorre na área verbo-acústica (uma área da região intermediária do lobo temporal esquerdo do hemisfério dominante, geralmente o esquerdo) a lesão determina uma incapacidade de compreender o sentido daquilo que se está escutando. Em outras palavras, mesmo ao dar-se conta de que o outro está falando, o indivíduo além de não reconhecer o significado da mensagem verbal, com freqüência não consegue compreender aquilo que se diz, como se estivesse diante de alguém que fala uma língua desconhecida.

O conjunto dos estudos clássicos e das evidências neurofisiológicas e clínicas mais recentes sugeriu a existência de estruturas encefálicas dirigidas à transformação dos sinais recebidos em códigos decifráveis e reconhecíveis. Os resultados desse processo – que envolve a área de Wernicke – são a decodificação da mensagem e a ativação do cérebro na sua totalidade, com a conseqüente elaboração de respostas adequadas à demanda. Quando a demanda implica uma resposta verbal – quando o indivíduo deve acessar sua memória lingüística para a formulação de uma mensagem adequada – é a área de Broca que entra em cena.

Ainda mais geralmente, o cérebro participa da organização da linguagem não só com as áreas supracitadas mas com toda a sua totalidade. De fato, para reconhecer o significado de uma frase não é suficiente "decifrar" a mensagem escutada, mas recorrer ao próprio patrimônio de conhecimento, que permitirá definir o significado daquilo que aquele falante está dizendo. Esse patrimônio de conhecimento é uma função complexa do cérebro, que não implica somente a decodificação da mensagem de qualquer interlocutor, mas também a memória de experiências afetivas e relacionais que permite conferir um significado a um enunciado verbal em relação ao contexto.

O funcionamento do cérebro explica-se, em seu conjunto, também mediante duas atividades:

1) a mobilização de conteúdos psíquicos especificamente estruturados, que fornecem as bases da linguagem de expressões;
2) a programação e integração das funções que permitem, com a colaboração do centro verbo-motório, a realização da linguagem.

Em definitivo, tudo que é elaborado pelo cérebro, seja nas suas dinâmicas específicas, seja nos seus atos integrativos globais, é *processado* por impulsos que atravessam as fibras nervosas e atingem estruturas periféricas do aparelho fono-articulatório, como o diafragma, a laringe, as estruturas da boca e os lábios.

2. O DESENVOLVIMENTO DA LINGUAGEM NA CRIANÇA

A aquisição da linguagem é um processo que se realiza com uma seqüência evolutiva de regularidade surpreendente. Isso se desenvolve de acordo com as seguintes etapas:

1) *fase pré-lingüística* (até 12-13 meses, às vezes 18 meses);
2) *fase do tatibitati* (de 10 meses a dois anos e meio, três anos);
3) *fase lingüística* (dos três anos em diante).

A fase pré-lingüística

Entre a mãe e o recém-nascido ocorre inicialmente uma relação pré-simbólica, de funcionalidade substancial. Nessa fase, para o recém-nascido não existe nenhuma diferenciação entre ele, o outro e o objeto. As suas emissões vocais, que exprimem uma necessidade fisiológica, representam a primeira forma rudimentar de comunicação com o ambiente.

Também com base nas reações da mãe, elas exprimem um amplo espectro de sensações como dor, raiva, impaciência, insatisfação, prazer. Alguns autores levantaram a hipótese de uma relação íntima entre essas expressões imaturas da linguagem e alguns aspectos da motricidade.

Na idade de um mês, juntamente com a aquisição de uma melhor coordenação respiratória, a criança começa a emitir sons não-específicos em resposta a estímulos inespecíficos. Essa atividade inicial, necessária à formação da coordenação e articulação neuromotoras, enriquece-se rapidamente no plano qualitativo, formando mais tarde aquela expressividade pseudolingüística que é definida como *lalação*. Nessa fase, a criança – repetindo sons, prolongando-os e fazendo pausas – parece exercitar um controle mais ou menos consciente das suas vocalizações.

Mais tarde, por volta dos 6-8 meses, começa a manifestar-se o fenômeno da *ecolalia*, que representa uma espécie de diálogo entre a criança e os pais. A criança responde às palavras do adulto com uma espécie de melodia relativamente constante e homogênea. Gradativamente, a riqueza das emissões sonoras iniciais se reduz para dar lugar a algumas emissões fundamentais de vogais e consoantes. Paralelamente, o adulto começa a adaptar o seu "discurso" à capacidade receptiva da criança, construindo frases simples, modulando a freqüência dos tons vocais e, enfim, orientando a voz para o ouvido da criança que começa a distinguir melhor.

Por volta dos 10 meses (mas não existem normas temporais rígidas) a criança está apta a imprimir à sua produção vocal inflexões e esquemas que se parecem muito com aqueles dos pais. Ao ponto de estes prestarem muita atenção nessa linguagem, procurando nela alguma coerência. Trata-se de uma lalação mais elaborada, que alguns autores definem como *jargão expressivo*. Mas é possível afirmar que nessa fase a criança compreende tudo quanto lhe é comunicado? Difícil dizer. Mesmo se a criança parece especialmente atraída pela voz humana desde as primeiríssimas fases do desenvolvimento, o seu interesse está geralmente ligado apenas aos processos perceptivos, ainda que sejam estes de elevadíssima complexidade.

Na realidade, a criança muito pequena, como também o recém-nascido, está atenta à voz e também pode reconhecer e discriminar os sons da linguagem. Todavia, só sucessivamente se poderá falar de comunicação verdadeira e propriamente: isto é, quando a criança começar a perceber-se como ser distinto da mãe, entrando em comunicação com ela mediante o chamado "sorriso social", com o qual responderá ao sorriso da mãe. Como veremos adiante, os estágios evolutivos sucessivos se caracterizarão por jogos de olhares para o controle dos objetos; por jogos de dar e receber; pela sincronização das vocalizações; pela consciência de poder condicionar os outros manifestando determinadas intenções para atingir objetivos específicos.

Nessa fase pré-lingüística, assim como se verificará com maior evidência na fase lingüística imediata (na qual as capacidades de compreensão da linguagem sempre excedem as de expressão), a restritíssima capacidade expressiva no plano lingüístico não corresponde à incapacidade da criança de transmitir aos outros as suas experiências emocionais. Ela consegue muito precocemente estabelecer com as figuras importantes do seu ambiente uma intensa e rica comunicação, utilizando uma série de marcadores bastante eficientes: o choro, o sorriso, as expressões mímicas, os gestos e algumas atitudes posturais.

O desenvolvimento da linguagem

Entre todos esses, tem um papel fundamental o choro, que pode exprimir tanto um mal-estar genérico quanto uma necessidade muito específica. A mãe aprende rapidamente a diferenciar os tipos de choro e a compreender o que ele "exprime": fome, sede, frio, incômodos ambientais ou de outros tipos.

Na mesma velocidade com a qual, mediante o choro, vai assinalar vivências desagradáveis, a criança indicará – com o olhar e o sorriso – a satisfação, o prazer e o interesse. A aquisição progressiva de um padrão corporal vai permitir e enriquecer suas capacidades expressivas. Efetivamente, a partir dos quatro meses, começará a estender os braços para ser levado ao colo, a jogar a cabeça e o corpo para trás para indicar algo, a voltar o corpo para aquilo que deseja.

A partir dos 8-9 meses, a criança começa a utilizar formas mais evoluídas de comunicação com uma linguagem gestual. A chegada do gesto, que lhe permite indicar o objeto que deseja, é particularmente importante, se bem que o mesmo gesto possa exprimir também a vontade de chamar a atenção do outro para aquele objeto visando dividir seu interesse com ele. Nessa fase, tem importância decisiva o papel do adulto e sua capacidade de ler, compreender e responder as mensagens da criança. Trata-se de mensagem de que a criança compreende progressivamente seu valor comunicativo, justamente graças ao reforço do outro.

A fase do tatibitati

Chega por volta dos 10-12 meses e precede a verdadeira e própria linguagem. O que chamamos de "fase do tatibitati" é o período em que se vão estruturando progressivamente expressões lingüísticas dotadas de um número limitado de palavras de fácil utilização (mamãe, papai, de novo, pega, etc.).

Naturalmente, as etapas que caracterizam essa fase variam de criança a criança. Essas diferenças dependem geralmente do temperamento, das modalidades comportamentais e dos estilos comunicativos interiores ao sistema familiar.

Calcula-se que aos 12 meses, no âmbito das emissões que caracterizam a lalação com fonemas dissilábicos, a criança pode ter adquirido de 10 a 20 palavras. E, embora até os 15-16 meses o vocabulário permaneça pobre, nos meses que se seguem o seu aumento é particularmente alto. Possivelmente, se aos 18 meses o repertório é constituído por cerca de 50 palavras, aos 24 meses será de aproximadamente 300. O tipo de palavras utilizadas pela criança é nominal: as palavras indicam pessoas ou classes de objetos.

Antes de estar capacitada a formar frases, a criança começa a utilizar palavras isoladas, em que concentra mensagens. Ajudando-se com gestos e mímica, consegue exprimir, com uma única palavra, intenções e significados complexos.

Entre os 18 e os 24 meses, começa a associar e articular duas ou três palavras para formar frases. Naturalmente, trata-se de frases abreviadas, de versões muito resumidas de proposições corretas, com uma estrutura telegráfica: são efetivamente constituídas de substantivos e verbos, a adjetivação é escassa e faltam completamente as preposições, as conjunções, os artigos e os verbos auxiliares. A extrema sinteticidade dessas frases está relacionada à imaturidade da produção verbal.

Apesar disso, a criança consegue utilizar as palavras mais adequadas para exprimir os próprios pensamentos. Em outros termos, embora concisas, essas frases são criadas segundo algumas regras de sentido. É plausível levantar a hipótese de que a criança consiga formular mentalmente a estrutura da frase: não como um elenco de palavras, mas como uma forma de construção na qual ela insere as palavras mais significativas.

É possível, além disso, que na formulação de determinadas frases, a criança alargue ou restrinja o significado de cada palavra, consignando a esta um significado mais amplo ou mais restrito do que o consignado pelos adultos.

Com a multiplicação das conexões sinápticas no cérebro e, paralelamente, das relações sociais e afetivas, a elaboração da palavra se emancipa progressivamente do fraseado estereotipado. Em toda organização lingüística se assiste ao aparecimento de enunciados de afirmação, de constatação, de ordem, de negociação, de interrogação.

Essa fase – caracterizada por um processo de simplificação das articulações fonéticas e sintáticas – dura alguns meses e representa a premissa aos fenômenos que são definidos como de *descontextualização* e de *convencionalização*: o primeiro refere-se às estratégias comunicativas que a criança põe em prática para indicar seu interesse nos confrontos de uma situação específica (mas não só essas); o segundo toca às ritualizações comunicativas da mãe e da criança, nas quais o seu pacto é bem mais relevante que as próprias atividades.

Na evolução mental da criança – no curso da qual a mãe representa simultaneamente a *estrutura de suporte* e o *vértice de referência* –, é justamente a ritualização e a reiteração no tempo do mesmo tipo de atividades (melhor: a *estruturação de seqüências interativas*) que permitem à criança o aprendizado das regras e das convenções indispensáveis para o próprio desenvolvimento mental.

Portanto, quanto mais se aprimora o grau de convencionalização dos símbolos, mais aumenta a capacidade de se comunicar com um número maior de interlocutores. É mediante esse processo de abstração que o símbolo se dessubstancializa, perdendo a própria dimensão de quase-coisa e tornando-se um instrumento útil para descrever as coisas. Esses processos têm como desfecho a *autonomização dos (e pelos) símbolos*, que permitirá a elaboração de códigos semióticos mediante os quais a criança poderá se comunicar com os outros.

A fase lingüística

É o período mais longo e complexo do desenvolvimento da linguagem, caracterizado pelo crescimento progressivo das funções e estruturas. A conquista da linguagem – que se torna gradualmente um meio fundamental de conhecimento (Wittgenstein dirá que "os limites da minha linguagem são os limites do meu mundo") – caracteriza-se pelo abandono progressivo das estruturas da linguagem infantil e pelo emergir de estruturas articuladas cada vez mais semelhantes à linguagem adulta. Nessa fase, a criança instaura uma comunicação mais eficiente porque começa a reconhecer os conteúdos *meta-informativos* da mensagem e a fazer perguntas e elaborar estratégias para encontrar uma solução.

Emancipando-se progressivamente do próprio modo "autocentrado" de relacionar-se com a realidade, a criança adapta sempre com maior habilidade a própria linguagem ao nível de compreensão do ouvinte e às exigências dos diversos contextos sociais. O refinamento dessas capacidades faculta que se realize, por um lado, um *compartilhamento dos significados* e, por outro, a correspondência de um significado a um objeto real.

Como veremos a seguir, o significado é a difusão de uma "totalidade unitária multicomponencial, articulada em função da referência, da denotação e do sentido de um signo socialmente compartilhado" (Nelson,

1985); a referência é a relação entre a palavra e aquilo a que ela remete; a denotação, os possíveis referentes; o sentido corresponde às diversas relações que uma palavra mantém com outras palavras.

Os interlocutores atribuem às palavras significados diversos, além das próprias intenções: é, portanto, com base no compartilhamento das próprias experiências que é possível melhorar o nível da comunicação. Destaca-se, aliás, a relação entre os interlocutores, o compartilhamento dos significados e das intenções necessárias à convencionalização das linguagens.

Capítulo

3

A aquisição da competência comunicativa

1. A COMPETÊNCIA COMUNICATIVA: UM SISTEMA INTEGRADO

O estudo do desenvolvimento social primário implica a análise dos processos que caracterizam a vida mental da criança. Segundo os estudiosos de orientação cognitivista – os quais consideram o recém-nascido como um "sistema aberto" – a evolução física infantil é determinada pela interação com o ambiente circunstante. Com base nessa perspectiva, Schaffer elaborou um modelo integrado do desenvolvimento social e cognitivo da criança.

Schaffer considera que o ser humano é dotado, desde o nascimento, de um sistema sensório altamente desenvolvido, capaz de ordenar, discriminar e escolher os estímulos provenientes do ambiente circunstante: o recém-nascido, com efeito, manifesta precocemente a capacidade de interagir com o exterior por meio dos diversos canais sensoriais. O desenvolvimento da vista permite-lhe, depois, concentrar a atenção em formas dotadas de características complexas, como o rosto humano, que tem uma estrutura tridimensional e móvel (Johnson e Morton, 1991). Por outros motivos, a capacidade de perceber os sons possibilita-lhe, após poucos dias de vida, reconhecer a voz materna (De Casper e Fifer, 1980).

Após as primeiras semanas de vida, a criança é socialmente ativa. O choro, o sorriso, os movimentos do rosto, índices somáticos dos estados emocionais como a dor, a carência, o prazer, representam os indicadores das propensões relacionais do corpo. No período que precede a aquisição da linguagem, a criança já é capaz de referir-se ao exterior, valendo-se de uma linguagem gestual que possui características análogas àquelas do canal verbal.

De fato, a alternância dos turnos, o reconhecimento dos papéis, o compartilhamento recíproco de regras e convenções, a interação adulto-criança implicam o uso de um sistema de comunicação caracterizado por modalidades análogas à relação do código verbal. Todavia, mesmo que somente o adulto esteja apto a interpretar os comportamentos-sinais do *infante* (segundo a etimologia latina, a criança que ainda não fala), pode-se afirmar que na fase do desenvolvimento primário o processo de socialização baseia-se num sistema de comunicação circular adulto-criança.

A competência comunicativa desenvolve-se nos primeiros anos de vida por meio do aprendizado das regras do uso da linguagem ditadas pelo ambiente circunstante. Progressivamente, o repertório comunicativo amplia-se mediante a integração da comunicação não verbal e do léxico. A linguagem permite à criança estabelecer uma comunicação mais eficiente. A progressiva aquisição da habilidade lingüística assinala a chegada a um sistema de comunicação caracterizado pelo uso independente dos canais verbais e gestuais.

Num estudo de 1993, Volterra traçou o perfil evolutivo do desenvolvimento comunicativo da criança: com 1 ano de idade, ela utiliza principalmente o repertório gestual; com 16 meses, usa tanto gestos quanto palavras; sucessivamente, o rápido incremento do próprio vocabulário reduz o recurso à gestualidade: as duas modalidades comunicativas tendem a divergir, depois de um desenvolvimento paralelo.

2. OS MEIOS DE SINALIZAÇÃO: A COMUNICAÇÃO SEM PALAVRAS

O sorriso constitui um meio importante de sinalização que se expressa pelo canal visivo-cinésico. Convencionalmente, o ato de sorrir representa a expressão mímica de um afeto positivo que veicula felicidade, prazer, ternura e favorece a relação interpessoal: o sorriso da criança, ao reclamar a atenção da mãe, provoca-lhe reações carinhosas e ativa a aproximação social (Eibl-Eibesfeldt, 1976; Vine, 1970).

A aquisição da competência comunicativa

Nas primeiras semanas de vida, o recém-nascido passa por uma fase de *sorriso reflexo* (Bowlby, 1969; Vine, 1970; Schaffer, 1971) produzido ocasionalmente: sorri instintivamente, estimulado pela variação de luminosidade no seu campo visual. Todavia, o adulto interpreta o comportamento do lactante segundo um código convencional que individualiza no sorriso a expressão visivo-cinésica de um estado emocional positivo.

Na 5ª-6ª semana de vida vem a fase do *sorriso social*. Nessa idade, a criança, que permanece numa vigília ativa em 80% do tempo em que não dorme, possui um controle maior dos movimentos oculares, que lhe permitem seguir alvos visuais em movimento lento e estabelecer um contato *face a face* com o interlocutor (Aslin, 1986). Nessa fase, o sorriso "exógeno" é provocado por elementos visuais ou acústicos como o rosto, a voz e os olhos das pessoas (Emde, Gaensbauer, Harmon, 1976; Wolff, 1987). Os estímulos faciais funcionam, portanto, como estímulos sociais desencadeadores. Os estudos etológicos sobre a orientação (Ambrose, 1961) revelaram que a visão dos olhos ativa no recém-nascido a resposta do sorriso: para provocá-lo são suficientes dois pontos desenhados numa cartolina branca oval.

O progressivo processo de aprendizado indica a chegada, por volta do terceiro mês de vida, a uma fase de *sorriso social seletivo*. A criança fica tendencialmente atraída pelas pessoas familiares e o seu sorriso é provocado pela voz e pelo rosto dos pais, ou de quem cuida dela habitualmente.

O choro assume uma função adaptativo-informativa fundamental, fornecendo uma série diversificada de sinais. Apresenta uma variedade de formas dotadas de andamento rítmico específico. Nas primeiras fases da vida, o recém-nascido chora principalmente graças a fatores de natureza orgânica. Depois, a criança compreende o valor comunicativo do choro e o utiliza para solicitar, para chamar a atenção da mãe e intensificar os laços afetivos. Os elementos inibidores são representados pela sucção, o contato físico, a oscilação, a visão de um rosto humano, a voz.

Como veremos mais à frente, Wolff (1969) destacou três modelos: o *choro de base*, o *choro de raiva* e o *choro de dor*. O *choro de base* é estimulado pela fome e é caracterizado por um som lento e arrítmico, que se torna progressivamente mais intenso e ritmado. O *choro de raiva* apresenta um andamento rítmico semelhante ao anterior, mas se distingue dele por um som mais estridente. O *choro de dor* manifesta-se inicialmente com um grito, ao qual seguem alternadamente fases de inspirações ansiosas e expirações bufantes.

A "vocalização" é um sinal social que serve para estabelecer uma interação com o ambiente circunstante. Após a quarta semana de vida, a criança descobre o seu poder comunicativo e sua capacidade de influenciar o comportamento materno. A vocalização apresenta um desenvolvimento progressivo: nas primeiras três semanas, manifestam-se principalmente sons reflexos (gemidos, gritos) e vegetativos (sibilos, espirros, tosses); segue uma fase de sons (estrilos, gorgoleios, sons vocais) estimulados pela solicitação do adulto, que refletem um estado de calma e bem-estar. Por volta dos 2-3 meses, a criança empenha-se com o genitor numa troca vocal caracterizada pela alternância de seqüências prolongadas de sons. No período compreendido entre os 2 e 6 meses de idade aparecem e se definem os sons vocais que a criança utiliza no encontro *vis-à-vis* com um familiar, desenvolvendo uma espécie de protoconversação.

A *lalação canônica* começa por volta dos 6-7 meses de vida, período em que aparecem os sons consonantais. Nessa fase a criança está apta a produzir sílabas caracterizadas pela seqüência consoante-vogal (CV, CVCV). O som reiterado das seqüências silábicas é definido como *lalação duplicada* (Stark, 1979). Esse balbucio duplicado freqüentemente induz o genitor a uma interpretação errada, que provoca confusão entre as seqüências consoante-vogal e as palavras. Por exemplo, a repetição da seqüência "ma" torna-se facilmente "mamã". Nesse estágio do desenvolvimento a criança aprende a reconhecer e a vocalizar os sons da língua materna, perdendo a capacidade inicial de produzir múltiplos contrastes fonéticos.

Por volta dos 10-12 meses, a criança torna-se capaz de elaborar estruturas silábicas complexas. É a chamada *lalação variada*: os sons são semelhantes a palavras de duas sílabas que assumem um significado no interior de um contexto específico. Logo a criança capacita-se a repetir qualquer palavra de duas sílabas; aquelas compostas de três ou mais sílabas assumem uma forma fonética idiossincrática (por exemplo, "cabeça" vira "beça") ou submetem-se à omissão das sílabas que precedem o acento ("caramelo" vira "melo"). Enquanto os sons vogais atingem rapidamente uma maturidade articulatória, os consonantais serão articulados corretamente em fases diversas. As crianças que aprendem o italiano como língua materna adquirem primeiramente as nasais (m) e (n), as oclusivas bilabiais (p) e (b) e as dentais (t) e (d); sucessivamente articulam as oclusivas velares (k) e (g) e as fricativas labiodentais (f) e (v); o "r" e o "s" são pronunciados somente por volta dos 4-5 anos.

Os ditongos, dos quais as crianças tendem a omitir uma das vogais (por exemplo, "Paolo" vira "Pallo"), são mais difíceis de repetir. O desenvolvimento fonológico coincide com o lexical e gramatical: a dificuldade de pronunciar alguns sons determina maior lentidão na produção de algumas formas lexicais (Camarota e Gandour, 1985).

Numa fase sucessiva de aprendizado, a criança utilizará o balbucio com uma finalidade. Aprenderá, assim, a importância de seu comportamento e a influência que é capaz de exercer sobre o interlocutor adulto.

A *fixação do olhar* constitui um meio de comunicação fundamental para a interação social. Na primeira fase do desenvolvimento, a orientação diferente do olhar está determinada pelas variações de luminosidade: o rosto humano, caracterizado por movimentos lineares e de contraste, constitui um estímulo forte. Todavia, até os quatro meses de vida, a criança não é capaz de distinguir o rosto de uma pessoa específica. A capacidade de reconhecer o rosto de um familiar desenvolve-se posteriormente, tornando-se um dos estímulos principais do processo de apego.

O gesto de *levantar os braços*, provocado pelo desejo de aproximar-se da mãe, pode se manifestar, pela primeira vez, entre a décima-quarta e a trigésima semana de vida (Shirley, 1933). Os *gestos comunicativos* são aquelas ações que a criança realiza, no último trimestre do primeiro ano de vida (9-12 meses) para apontar, mostrar, oferecer. Trata-se dos gestos *performativos* ou *deíticos* que, envolvendo objetos/acontecimentos externos presentes num contexto específico de ação, contêm uma intenção comunicativa que visa comunicar a outra pessoa o objetivo a ser alcançado.

Por outro lado, a exploração dos contornos de uma figura com o dedo indicador é um comportamento gestual sem intenções comunicativas. O *gesto performativo* apresenta, ao contrário, uma estrutura "triádica": é um sinal distal (isto é, comunicado a distância) que requer o contato visual com o interlocutor e implica uma alternância de olhares entre o interlocutor e o objeto externo.

O *gesto deítico* – por exemplo, o de apontar com o dedo – é um gesto difundido em todas as culturas e é objeto de estudos profundos desde finais do século 19 (Perez, 1885; Shinn, 1900). O gesto de apontar para chamar a atenção de alguém para um objeto ou um evento do ambiente circunstante manifesta-se entre os 8 e os 16 meses (Murphy e Messer, 1977; Lempers, 1979; Leung e Rheingold, 1981; Lock, 1990; Perucchini e Camaioni, 1999); seu aprendizado permite que a criança assuma um papel mais ativo na comunicação.

No final do primeiro ano de vida, na ausência da linguagem, a criança recorre freqüentemente à indicação como meio de comunicação preferido. A progressiva capacidade de dominar novos instrumentos de comunicação (aos 18 meses aproximadamente) marca uma utilização reduzida do gesto (Lock et al., 1990).

O apontar é acompanhado pelo olhar direcionado ao interlocutor. À idade de 12 meses, 40% das indicações estão sincronizadas ao contato visual com a figura materna. Antes disso, a criança olha para seu interlocutor somente quando ele tem em mãos um objeto que suscita seu interesse (Leung e Rheingold, 1981; Franco e Butterworth, 1996). Estudos sobre o assunto (Franco e Butterworth, 1996) salientaram que o controle visual exercido sobre o interlocutor segue um processo evolutivo: aos 12 meses, a criança olha após ter indicado o objeto de interesse; aos 16 meses, chama com o olhar o interlocutor antes de realizar o gesto. Gradualmente, aprende também a entender o gesto de apontar para outras figuras.

Até a idade de nove meses, todavia, a criança não compreende o gesto de apontar realizado pela mãe e olha ao mesmo tempo para o dedo e para aquilo que apontou (Butterworth e Gover, 1990). Por volta dos 12 meses é atraída pelos objetos presentes em seu campo visual, e com 18 meses, é capaz de dirigir-se para objetos que estão atrás dela (Butterworth e Jarrett, 1991). Não há acordo entre os estudiosos sobre quais são as relações existentes entre produção e compreensão do gesto deítico (Lempers 1979; Desrochers et al., 1998): algumas crianças são capazes de compreender a indicação antes de ter a capacidade de reproduzi-la, outras, ao contrário, aprendem o gesto antes de compreendê-lo. O gesto de apontar pode ser utilizado com dois intentos comunicativos diversos, que se manifestam em sujeitos de idade compreendida entre os 11 e os 16 meses (Camaioni, Volterra e Bates, 1986).

As duas intenções são formas distintas de um mesmo mecanismo cognitivo que permite estabelecer, por um lado, uma distinção entre meios e fins e, por outro, utilizar intencionalmente diferentes instrumentos para alcançar o objetivo (Sugarman, 1978; Zinober e Martlew, 1985). A ação de apontar pode ser utilizada para obter um objeto que suscita interesse (*intenção requerente*) ou para chamar a atenção de alguém (*intenção declarativa*). Ambas as intenções apresentam dois perfis cognitivos diversos (Camaioni, 1993;1997). A *indicação requerente* nasce do propósito da criança de influenciar o comportamento alheio para alcançar um fim. A intenção declarativa permite influir sobre o comportamento psicológico do outro, estimulando seu interesse ou seu compartilhamento de algum aspecto da realidade.

Por volta dos 12 meses, aparece o gesto chamado *referencial* ou *representativo*, veículo de significados que permanecem invariáveis com o mudar do contexto (Caselli, 1983; Acredolo e Goodwyn, 1988). Trata-se de gestos realizados para indicar objetos, representar acontecimentos, realizar ações como mover as mãos para simular um pássaro, abrir e fechar os dedos em sinal de saudação, sacudir a cabeça para negar.

O aprendizado desses movimentos gestuais acontece imitando o comportamento do familiar adulto na fase da brincadeira. Gradualmente, este tipo de gestualidade perde suas características lúdicas para assumir outras com claro fim comunicativo. A criança compreende sempre mais as possibilidades de influenciar o comportamento do adulto com sua própria gestualidade.

Alguns estudiosos (Werner e Kaplan, 1963) frisaram a importância do gesto de apontar na aquisição da linguagem e teorizaram uma relação de continuidade entre comunicação gestual e verbal. Se para Werner e Kaplan o gesto de apontar implica a referência a um objeto e sua representação simbólica, para Bruner (1983) permite estabelecer uma abordagem comum de atenção entre duas pessoas. Em todo caso, constitui um ato social por meio do qual os participantes compartilham um assunto.

Vários estudiosos teorizaram a existência de uma relação entre esse gesto aos 12-16 meses de idade e o nascimento do repertório verbal (Bates et al., 1979); e, aos 20 meses de idade, com a ampliação do vocabulário (Camaioni et al., 1991). Está claro que esse tipo de gestualidade favorece o desenvolvimento lingüístico: as crianças que o utilizam resultam, aos 20 meses, lingüisticamente mais desenvolvidas.

De um estudo de Desrochers (1995) seguiu-se ainda que as crianças que haviam aprendido a apontar antes dos 12 meses, alcançaram uma pontuação mais alta nas provas de verificação das capacidades lingüísticas. A pesquisa revelou, ainda, que a criança que assimilou precocemente o uso da indicação para orientar a atenção do interlocutor alcança, à idade de dois anos, um nível avançado de desenvolvimento lingüístico.

Segundo alguns (Bates et al., 1979), o vínculo entre comunicação gestual e linguagem nasce da "capacidade comum de comunicar por meio de sinais convencionais". Para Petitto (1988), em vez disso, a indicação favorece a troca verbal e social entre a criança e seu interlocutor, promovendo a aquisição da linguagem. O ato gestual ativa o comentário do adulto que fornece o nome do objeto ou formula uma pergunta. Daí a associação entre palavras e objetos.

A "procura da figura materna" manifesta-se quando a criança é capaz de se mover autonomamente. As habilidades locomotivas (engatinhar, arrastar-se, rolar, etc.), desenvolvidas no último trimestre do primeiro ano de vida, são utilizadas para alcançar um fim.

Para Piaget, a criança entre os nove e os 12 meses, uma vez amadurecido o aparato cognitivo, é capaz de imaginar coisas e pessoas ausentes e de procurá-las no ambiente circunstante. Nessa fase do desenvolvimento, a mãe constitui o objeto preferido de suas procuras; de fato, segue-a por todo lado e a procura insistentemente quando está ausente.

3. A PSICOLINGÜÍSTICA

Quando nos perguntamos qual é o modo segundo o qual se estabelecem no homem as seqüências de comportamentos ou hábitos ou como (e em quais circunstâncias) seu funcionamento pode ser influenciado, encontramo-nos diante de problemas complexos que vão além das estritas competências da psicologia e da lingüística. Em outras palavras, quando tentamos entender como uma criança apreende a língua falada no ambiente que a envolve, perguntamo-nos se ela não exerce uma faculdade humana sob influência externa ou se, ao contrário, inicia-se no funcionamento de uma instituição utilizando faculdades que não têm nada a ver com o uso de uma língua.

Comparada com todas as atividades humanas, a linguagem parece ser aquela que mais do que qualquer outra é o resultado de aprendizagem. A lingüística – isto é, o estudo formal da linguagem – é a ciência que tenta introduzir uma ordem na multiplicidade das disciplinas que estudam a linguagem. De nosso ponto de vista, revela a importância daquele setor do estudo da linguagem que se refere ao modo pelo qual os seres humanos adquirem e usam a linguagem, que é chamado *psicolingüística*.

As teorias psicolingüísticas mais tradicionais são a *teoria da aprendizagem por reforço* (que teve na elaboração de Skinner a expressão teórica mais avançada), a *teoria da aprendizagem social*, de Bandura, a *teoria da gramática gerativa*, de Chomsky, e a *teoria interacionista*.

A teoria da aprendizagem por reforço

Essa teoria baseia-se na idéia de que a aquisição da linguagem realiza-se no combinar-se de um estímulo, de uma resposta e de uma recompensa (ou reforço). Foi Skinner quem sustentou a necessidade de aplicar a idéia da *aprendizagem por reforço* ao estudo do desenvolvimento da linguagem. Para o estudioso norte-americano as crianças aprendem a falar porque são solicitadas pelos reforços.

Como outras funções do comportamento, a linguagem é apreendida mediante um *condicionamento operante*. Nessa perspectiva, os adultos plasmam a linguagem da criança reforçando seletivamente aquelas atuações lingüísticas que mais se aproximam do discurso do adulto, multiplicando dessa forma a possibilidade de uma repetição correta.

Uma estruturação adequada da linguagem acontece mediante uma modulação inicial dos sons em palavras por parte dos adultos e com uma sucessiva ação de reforço (atenção e aprovação), que favorece uma combinação correta das palavras por parte da criança, em frases gramaticais menos estruturadas primeiro, e mais estruturadas depois. Essas seqüências sucedem-se até quando, em razão dos sucessivos reforços que os adultos operam com a criança, esta chega a falar como um adulto.

Os limites da teoria de Skinner residem, claramente, na consideração explicitamente reducionista do sistema nervoso da criança: ela, de fato, é considerada como um organismo passivo capaz de responder somente a estímulos e reforços externos.

A teoria da aprendizagem social

Os expoentes dessa abordagem consideram que grande parte das experiências aprendidas pela criança são resultado da observação e da imitação de um modelo, geralmente na ausência de reforço. Em outras palavras, seria a imitação de um modelo que influencia, em um primeiro momento, a aprendizagem dos esquemas da adaptação social das crianças. O fundamento desse argumento é demonstrado pelo fato de a linguagem da criança assumir os caracteres lingüísticos dos próprios pais e sua mesma inflexão dialetal. Além do mais, as crianças pequenas aprendem cedo o significado de muitas palavras pronunciadas por outras pessoas ou ouvidas na televisão. Com base nessas evidências, os defensores dessa teoria advogam que *o ambiente social e cultural influênciam fortemente o desenvolvimento lingüístico*.

Esse condicionamento ambiental permeia as classes sociais e as culturas. Existem, de fato, diferenças de linguagem que não são inerentes à quantidade das palavras conhecidas, mas também aos aspectos formais da língua. Por exemplo, nas classes sociais média-altas encontra-se um vocabulário mais amplo e uma estruturação lingüística mais complexa; ao contrário, nas classes sociais menos favorecidas encontra-se uma presença mais intensa de códigos de comunicação não verbal, uma sintaxe mais rígida, uma verbalização limitada e concreta.

O limite mais relevante dessa abordagem consiste no fato de que se é verdade que a imitação desenvolve um papel determinante no desenvolvimento do repertório lingüístico e na aquisição de algumas estruturas sintáticas, nada é dito sobre a riqueza e a variedade das expressões adquiridas pela criança. Em definitivo, os defensores dessa abordagem não consideram o fator decisivo da criatividade.

A teoria da gramática gerativa

Para os partidários da teoria inatista – que têm em Chomsky a expressão teórica mais respeitável – a linguagem não se desenvolve sob a influência de fatores ambientais, mas em relação ao amadurecimento de uma série de mecanismos geneticamente programados. Isto é, a aprendizagem do código verbal nasce de uma disposição genética, de uma capacidade inata de conhecer as regras básicas da sintaxe para a elaboração de frases.

Em *Aspects of the Theory of Syntax* (Aspectos da teoria da sintaxe) (1965), Chomsky escreve que "há dois aspectos aos quais pode se referir para 'justificar uma gramática gerativa'. Em um primeiro nível (o da adequação descritiva), a gramática é justificada à medida que descreve corretamente seu objeto, isto é, a intuição lingüística – a competência tácita – do falante nativo. Assim, a gramática é justificada por *motivos externos*, isto é, razões de correspondência com os fatos lingüísticos. Num plano muito mais profundo e, portanto, raramente alcançável (o da adequação explicativa), uma gramática é justificada à proporção que é um sistema adequado a um sentido descritivo, *baseada em princípios*, na perspectiva em que a teoria lingüística, à qual está associada, escolhe esta gramática em lugar de outras, estabelecidos os dados lingüísticos primários com os quais todas são compatíveis.

Nesses termos, a gramática é justificada com razões *internas*, isto é, baseada em sua relação com uma teoria lingüística que constitui uma hipótese explicativa concernente a forma da linguagem. O problema da justificação interna – isto é, da adequação explicativa – é substancialmente construir uma teoria da aquisição lingüística, uma descrição das capacidades específicas inatas que tornam possível esse resultado.

Segundo Chomsky é possível dividir a linguagem em *estruturas superficiais* e *estruturas profundas*: as primeiras consistem na organização das unidades sintagmáticas como aparecem na forma do enunciado, as segundas consistem em proposições "nucleares" (do tipo sujeito-predicado). Enquanto as estruturas superficiais determinam a interpretação fonética, as estruturas profundas presidem a interpretação semântica (Quintavalle, 1978).

Para Chomsky, a estrutura profunda não está constituída por expressões formais, mas por um processo que acompanha o enunciado formal produzido pela estrutura superficial. São essas estruturas que tornam possível ao lingüista norte-americano a teorização das "análises sintáticas", da "gramática interior" e, mais em geral, do conjunto dos princípios que presidem as organizações gerativas e transformacionais definidas como "gramática universal". As estruturas profundas, segundo Chomsky, chegam à linguagem e constituem seu suporte semântico verbalizável. Esta "gramática gerativa" representa um modelo de pesquisa do sentido que atravessa a linguagem, mas não é da linguagem (Quintavalle, 1978).

Embora a teoria da "gramática gerativa" tenha tido desenvolvimentos posteriores, as idéias de fundo permaneceram invariáveis. Nenhuma das reelaborações posteriores voltou a colocar em questão as teorizações anteriores. O centro da reflexão de Chomsky gira sempre em torno de um conceito fundamental: uma "gramática gerativa" deve ser explícita, não taxinômica, e o juízo mais seguro sobre a gramaticalidade de uma frase é aquele fornecido pelo falante nativo.

A tarefa da teoria lingüística não é individualizar e elaborar gramáticas a serem aplicadas mecanicamente aos vários contextos, mas avaliar a adequação de duas ou mais gramáticas alternativas. Em todo caso, a gramática de uma língua humana qualquer, para tornar-se adequada, deve ser uma *gramática transformacional*. Uma gramática que não recorra a regras gerativas transformacionais não é capaz de gerar todas as frases da língua humana. Nesses termos, as regras transformacionais são necessárias para descrever uma língua natural (Chomsky, 1977).

Para alguns alunos de Chomsky, como Mark Baker, a aprendizagem lingüística estaria regulada não somente por algumas regras inatas, mas por uma verdadeira hierarquia gramatical. Essa hierarquia não teria nada a ver com uma árvore genealógica qualquer – relativa, por exemplo, a línguas como italiano, árabe, inglês, português ou alemão – mas com a organização dos princípios dos quais dependem as ligações entre palavras e frases: princípios, estes, inscritos nos circuitos cerebrais.

No começo dos anos 70 vários estudiosos fizeram algumas críticas à concepção inatista, sustentando que o desenvolvimento da linguagem dependia da interação da criança com o ambiente circunstante. Segundo Bruner a linguagem constitui um instrumento para regular todas as interações precoces entre adulto e criança: "a linguagem é uma extensão especializada e convencionada da ação comum [...], sua aquisição deve ser considerada como uma transformação dos modos para assegurar a cooperação com o adulto, que são anteriores seja filogeneticamente, seja ontogeneticamente à linguagem" (Bruner, 1975).

A teoria interacionista

Os defensores da abordagem interacionista reconhecem que é verdade que as crianças são biologicamente predispostas a adquirir a linguagem, mas essa predisposição não concerne a um sistema especializado, e sim a uma pré-adaptação geral à interação ativa com o ambiente. Essa pré-adaptação, que investe o cérebro no seu conjunto, realiza-se mediante o amadurecimento de um sistema cognitivo capaz de elaborar não somente os *inputs* lingüísticos, mas todas as experiências para organizá-las em sistemas de conhecimento sempre mais evoluídos.

Disso deriva que o amadurecimento biológico influi no desenvolvimento cognitivo, o qual, por sua vez, atua no desenvolvimento da linguagem. Para os defensores dessa abordagem, a linguagem apenas reflete as competências cognitivas de um indivíduo.

Entre os inatistas e os interacionistas há um acordo importante sobre o fato de as crianças serem biologicamente preparadas para o aprendizado da linguagem. Para os segundos, todavia, os *universais lingüísticos* são o resultado de uma interação entre amadurecimento biológico, desenvolvimento cognitivo e ambiente lingüístico, e não o efeito de mecanismos específicos altamente especializados. Em outras palavras, sem a possibilidade de interagir socialmente e verbalmente com interlocutores disponíveis, isto é, com interlocutores capazes de adaptar a própria linguagem às capacidades de compreensão da criança, esta não conseguirá adquirir os conceitos lingüísticos que promovem o desenvolvimento da linguagem.

As etapas evolutivas de estruturação da linguagem

Mas quais são, além das diversas hipóteses psicolingüísticas, as etapas evolutivas de estruturação da linguagem? Por volta dos 9-10 meses, a criança chega à linguagem emitindo sons parecidos com palavras. Estas protopalavras – definidas por Dore como "formas foneticamente consistentes" (1976) – assumem um significado no contexto de ação específico. Por exemplo, a criança utiliza os mesmos sons de "naná" e "dadá" para formular qualquer tipo de pedido.

As primeiras palavras aparecem por volta dos 11-13 meses e são, geralmente, usadas em contextos de brincadeiras (Camaioni e Laicardi, 1985). Nesta fase do desenvolvimento não se encontra ainda um uso referencial que designe conceitos de tipo simbólico: o código verbal é utilizado somente em contextos específicos. A atenta observação da situação em que as expressões são produzidas favorece sua compreensão.

Na primeira fase do desenvolvimento lexical (12-16 meses), o vocabulário infantil está constituído por cerca de 50 palavras referentes a pessoas e objetos familiares (mamãe, papai, avós, animais domésticos, brinquedos, comida, roupa) ou ações realizadas habitualmente. Numa fase posterior (17-24 meses), a criança manifesta uma maior rapidez para adquirir novos vocábulos. Nessa fase, o ritmo de expansão é de cinco ou mais palavras (até 40) no arco de uma semana: estamos na "explosão do vocabulário" (Goldfield e Reznick, 1990).

Ao fim desse período, o número das palavras assimiladas vai de 300 a 600. A passagem da primeira à segunda fase verifica-se quando a criança adquire a capacidade de atribuir valor simbólico às palavras, utilizando-as em vários contextos comunicativos. Na passagem da fase sensório-motora àquela representativa (Piaget, 1945) a linguagem sofre um processo de descontextualização: a criança aprende a valer-se das palavras para indicar pessoas e objetos não presentes no contexto de ação específico.

A maior parte dos estudiosos concorda que a explosão do vocabulário não é uma etapa obrigatória, com tempos e fases diversas de uma criança para outra. Algumas continuam aprendendo gradualmente novas palavras; outras manifestam uma espécie de obsessão em aprender os nomes das coisas: nomeiam espontaneamente cada coisa e estão interessadas em aprender novos vocábulos (Gopnik e Meltzoff, 1997); para outras, ainda, esse processo de aceleração chega atrasado, depois que seu vocabulário alcançou as 100 palavras (Mervis e Bertrand, 1994).

Na fase de explosão lexical as crianças utilizam as palavras para responder e formular perguntas. Elas começam a utilizar a língua, aprendendo a *função metalingüística* (segundo a definição de Jakobson) e atribuindo à linguagem uma *função matética*, isto é, educacional (Halliday, 1975), para adquirir informações sobre o contexto ambiental. Nessa fase de rápida expansão do vocabulário muda a relação entre o código verbal e o gestual.

Se antes da explosão lexical a criança utiliza palavras e gestos em igual medida, depois dos 20 meses não são apreendidos novos gestos e os possuídos são utilizados com menor freqüência do que os vocábulos (Iverson, Capirci e Caselli, 1994). Nesta fase – que pode ser definida como "passagem da referência à predicação" – a criança começa a elaborar as primeiras combinações de duas palavras.

Num estudo de 1976, Antinucci e Parisi analisaram as fases do desenvolvimento lingüístico avaliando o processo gradual de construção da frase. No primeiro período, que se conclui por volta dos 18 meses, manifestam-se as "estruturas necessárias" da frase, que são representadas por uma proposição simples ou nuclear (composta pelos três componentes do sujeito, verbo e complemento) e por uma intenção que desenvolve a função comunicativa de descrever ou de pedir algo. No segundo período, que coincide com o fim do segundo ano de idade, aparecem as "estruturas facultativas" da frase, que estão constituídas por fórmulas adverbiais e por frases implícitas e explícitas. Quando completa o segundo ano de idade, a criança possui todas as propriedades fundamentais da linguagem. O progressivo processo de crescimento favorece a potencialidade de suas capacidades lingüísticas, com o uso simultâneo das estruturas necessárias e facultativas da linguagem e do enriquecimento lexical.

A aquisição da linguagem concorre fortemente para a conquista de si e, portanto, da identidade. Pela aquisição progressiva da competência lingüística, a criança é capaz de atribuir significados precisos às próprias ações e de salientar a existência de outros pontos de vista. O nome próprio constitui um importante código de identificação que lhe permite reconhecer-se como sujeito social, distinguindo-se claramente dos outros.

A obtenção de uma competência comunicativa amadurecida prevê, ao lado do conhecimento do vocabulário e das regras gramaticais, a posse de habilidades extralingüísticas de tipo social para elaborar uma mensagem adequada à situação e, além do mais, habilidades de caráter semiótico mediante o uso dos códigos cinésico, proxêmico e paralingüístico.

Segundo Berko e Gleason (1973), a criança, antes dos quatro anos, é capaz de adequar o próprio modo de falar à situação em que se encontra e às capacidades lingüísticas do interlocutor. Nessa idade as crianças podem "choramingar" com a mãe, comprometer-se num jogo verbal com crianças da mesma idade e reservar as palavras narrativas ou discursivas para seus amigos maiores. Essas capacidades desenvolvem-se por meio do jogo interativo.

Não há acordo entre os estudiosos sobre a existência ou não de uma continuidade entre comunicação pré-lingüística e linguagem. Segundo alguns autores (Chomsky, 1980; Fodor, 1983), a linguagem é uma faculdade independente de outros aspectos da mente, que aparece aos dois anos de idade, com o uso improvisado da gramática. Para outros estudiosos (Bates, O'Connell, Shore, 1987), o desenvolvimento da linguagem depende de fatores ligados às habilidades sociais do indivíduo. Aqui têm um papel fundamental os fatores de predisposição à aquisição da linguagem, como a intenção comunicativa e a capacidade de atribuir a si próprio, e aos outros, estados mentais de natureza intencional (dimensões estas que os fenomenologistas consideram *antepredicativas*).

4. DIFERENÇAS NO APRENDIZADO DA LINGUAGEM

Como vimos, se por um lado os defensores da concepção inatista afirmam que a aquisição da linguagem segue uma seqüência de etapas universais válida para todas as crianças, independentemente dos contextos socioculturais e da língua aprendida, por outro lado os defensores da concepção interacionista – segundo a qual a linguagem desenvolve-se em conexão com as capacidades cognitivas e sociais do indivíduo inserido em um contexto específico – consideram que cada criança segue um caminho próprio no aprender a falar, apresentando diversos ritmos de aquisição e diferentes estratégias. À parte as diferentes visões teóricas, as diversas perspectivas examinadas prefiguram diferenças marcadas nos tempos e no ritmo da aprendizagem lingüística.

O aparecimento das primeiras palavras (11-13 meses) pode acontecer precocemente (por volta dos 8 meses), ou atrasar até os 18. Também o ritmo de ampliação do vocabulário pode sofrer variações. Aos 20 meses as crianças de nível socioeconômico médio utilizam um vocabulário que varia entre um mínimo de uma, cinco e 22 e um máximo de 404, 415 e 628 palavras diferentes. Registram-se também fortes variações no nível da compreensão. Aos 8-10 meses, algumas não entendem nenhum vocábulo, enquanto outras entendem 200. Aos 17-18 meses a compreensão oscila entre um mínimo de 22 e um máximo de 398.

Diferenças análogas são registradas com as primeiras combinações de palavras. Algumas as formulam por volta dos 14 meses, outras dos 20 ou 24 meses. A relação entre amplitude de vocabulário e capacidade combinatória não é a mesma para todas. Algumas realizam as primeiras combinações possuindo um vocabulário inferior a 50 palavras, outras alcançam essa etapa somente quando dispõem de um léxico que oscila entre 100 e 300 palavras.

5. A INTERAÇÃO SOCIAL DA CRIANÇA

A comunicação é uma atividade social que implica a posse de regras compartilhadas pela comunidade dos falantes. Para Habermas, que suscitou consistentes objeções ao inatismo de Chomsky, a troca conversacional entre pessoas dotadas de um sistema de normas lingüísticas comuns favorece a aquisição da *competência comunicativa*. O desenvolvimento lingüístico da criança realiza-se mediante um jogo interativo com interlocutores adultos motivados para decodificar suas mensagens. A atividade de decodificação implica a analise de alguns "índices" (Ryan, 1974), como a entonação e o contexto do evento comunicativo.

Na perspectiva interacionista, o papel do adulto na aquisição da linguagem foi analisado considerando o papel que ele tem na troca interindividual dentro de um contexto social (Camaioni, 1978). Na troca comunicativa, o adulto assume uma *função tutorial* que compensa o desnível entre as habilidades solicitadas e as que a criança possui (Kaye, 1987): essa função foi definida por Bruner (1983) *suporte para a aquisição da linguagem*. Segundo Brown e Bellugi (1964) é a mãe quem assume principalmente uma função interpretativa e esclarecedora das expressões da criança por meio de sua expansão ou reproduzindo-as com a atribuição de intenções comunicativas e de significados mais precisos. Essa adaptação lingüística, dirigida a favorecer a interação conversacional com o mundo infantil, é denominada *baby-talk* (Ferguson, 1964) ou *motherese* (Newport, 1976). A utilização desse código foi percebida em várias línguas e culturas ocidentais (Fernald et al., 1989) e não ocidentais: *marathi* na Inglaterra, *giliak* na Sibéria, *cocopa* para os índios da América, *luo* na África oriental (Ferguson, 1977).

Essa modulação da linguagem constitui uma forma de "acomodação interpessoal" (Giles e Powesland, 1975) ou de "adaptação lingüística apropriada" (Gelman e Shatz, 1977). O *baby-talk* tem a função de chamar a atenção da criança: o interlocutor adulto adota uma série de estratégias interativas, levando em conta o contexto em que a interação tem lugar. Nele incidem seja o tipo de atividade na qual estão envolvidos os dois interlocutores, seja o sexo e a idade. É necessário, de fato, que o adulto adapte-se ao desenvolvimento cognitivo e lingüístico da criança, de modo a permitir uma comunicação reciprocamente satisfatória.

Para Cross, todavia, é importante que a linguagem do adulto apresente um nível maior de complexidade sintática, de maneira que a criança estabeleça uma relação entre seu modo de expressar-se e um código lingüístico mais sofisticado. O *baby-talk*, caracterizado por maior lentidão em relação à linguagem normal, apresenta uma estrutura sintática simplificada, constituída por frases breves, numerosas repetições, um tom exageradamente alto, pronúncia mais lenta e fluente das palavras e pausas prolongadas no discurso. Os freqüentes imperativos e interrogativos têm, ainda, a função de controlar o comportamento da criança.

Os aspectos que caracterizam esse registro lingüístico especial são do tipo prosódico, lexical e sintático (Fernald e Simon, 1984; Snow, 1977; Wells e Robinson, 1982). As particularidades prosódicas são utilizadas principalmente com crianças de quatro meses e nos encontros *face a face*

(Stern, Spieker, Barnett e Mackain, 1983). É freqüente a tendência a elevar o tom da voz na parte final das frases e num contexto de brincadeira.

Quando fornecem as instruções para a construção de um quebra-cabeça, as mães tendem a acentuar as palavras que consideram mais importantes, como as cores e os verbos ("coloca a peça vermelha", "tira a peça verde") (Garnica, 1977). Além do mais, as características prosódicas estão acompanhadas por comportamentos não verbais que caracterizam o aspecto afetivo da comunicação; as crianças de cinco meses distinguem as expressões de aprovação ou desaprovação com base na entonação utilizada.

As adaptações lingüísticas de tipo prosódico apresentam duas funções: a *analítica*, que permitiria à criança elaborar o material lingüístico ouvido; e a *socioafetiva*, que permitiria chamar e manter a atenção e transmitir estados emocionais (Garnica, 1977; Fernald, 1989).

De um ponto de vista lexical, são freqüentes os diminutivos, as onomatopéias e o uso de termos que representam uma simplificação de palavras de uso comum como "nanar" para dormir ou "papar" para comer. Segundo Ferguson (1977), o vocabulário do *baby-talk* é formado por cerca de cem palavras. Philips (1973) salientou o recurso freqüente a termos concretos e o uso de um léxico limitado.

A melhoria das habilidades lingüísticas da criança incide na variedade lexical do *baby-talk*, existindo palavras não referidas ao contexto de ação específico (Cross, 1977). O uso dos pronomes e dos adjetivos qualificativos difere daquele da linguagem normal (Wills, 1977). A criança é freqüentemente designada com o nome próprio, a mãe refere-se a si própria substituindo o pronome de primeira pessoa e o adjetivo possessivo com o nominal "mamãe".

Segundo D'Odorico e Franco (1985) a aderência ao contexto imediato constitui uma regra de conversação fundamental nos discursos mantidos pelas mães com as crianças de cerca de 10 meses de idade. Diversos contextos incidem em diversos tipos de informações.

Do ponto de vista sintático, o *baby-talk* apresenta uma estrutura gramatical correta: poucas interrupções e frases breves (Newport, Gleitman e Gleitman, 1977; Philips, 1973; Rondal, 1980). A estrutura sintática torna-se mais articulada em relação ao nível de desenvolvimento lingüístico da criança.

O *baby-talk* apresenta-se como uma linguagem simples, correta, que não corresponde àquela confusa e com erros gramaticais que Chomsky (1965) identifica com o ambiente lingüístico em que a criança faz experiências. Contrariamente a Snow (1972), que o considera a base ideal para a aquisição da linguagem, Chomsky não acredita que o *input* lingüístico represente uma boa base da língua que a criança aprende.

A expressão verbal pode estar acompanhada pelo gesto, que tem a função de ajudar a criança a entender melhor a mensagem (Harris et al., 1986). Os gestos podem ser de tipo *díctico* (mostrar, indicar, pedir) e *convencional* (por exemplo, "fazer não" com a cabeça, "fazer tchau" com a mão); são poucos os que servem somente para acompanhar o conteúdo expressado verbalmente (como sacudir as mãos). Esse uso da gestualidade constitui uma ulterior adequação materna às limitadas capacidades comunicativas da criança (Iverson et al., 1999).

As modificações da linguagem típicas do *baby-talk* nasceriam do propósito da mãe de permitir a um interlocutor ainda imaturo, a possibilidade de agir como parceiro comunicativo (Snow, 1977; 1986). A interação mãe-criança é uma conversação de caráter assimétrico devido a seu nível diverso de participação.

Cross (1977; 1978) frisou a importância do *feedback* fornecido pela criança como sinal de suas capacidades de compreensão e de produção lingüística, que permite à mãe modificar a própria linguagem apropriadamente. Nesses termos, é fundamental a contribuição que a criança fornece à conversação, devolvendo ao interlocutor uma série de indicações para uma modulação da própria intervenção; portanto, é plausível afirmar que a linguagem do adulto está estritamente ligada à fase do desenvolvimento lingüístico da criança.

A aquisição da competência lingüística favorece o processo de crescimento. Nele a criança elabora uma idéia de si como sujeito distinto dos outros, aprende a usar o pronome pessoal "eu" e torna-se capaz de pensamentos abstratos que a levam a separar-se do contexto de sua experiência. A capacidade de expressão é a base sobre a qual a criança constrói uma visão organizada do mundo adulto, assimilando seus valores, atitudes e comportamentos.

6. RITMOS DE AQUISIÇÃO

O tema da aprendizagem da linguagem abriu um acirrado debate sobre qual é o componente – ambiental ou inato – que tem a maior influência no desenvolvimento lingüístico. Se por um lado Furrow,

Nelson e Benedict (1979) atribuem à linguagem materna um papel marginal, por outro, Newport, Gleitman e Gleitman (1977) atribuem ao *baby-talk* uma função marginal na influência do desenvolvimento lingüístico.

Em linhas gerais, as pesquisas não evidenciaram somente escassas relações entre o *input* materno e o progresso da criança. Furrow, Nelson e Benedict (1979) – que objetaram a Newport, Gleitman e Gleitman (1977) a inclusão, em sua pesquisa, de crianças de idades e competências lingüísticas diferentes – analisaram alguns pares mãe-criança da mesma idade e do mesmo nível de habilidade lingüística. Os resultados dessa pesquisa demonstraram que um maior nível de simplicidade sintática favorece na criança o progresso lingüístico, enquanto um grau superior de complexidade a torna geralmente mais lenta.

Barnes, Gutfreund e Satterly (1983) consideram que as solicitações úteis para favorecer o desenvolvimento lingüístico não deveriam ser nem muito simples nem muito complexas, mas adequadas ao nível de competência da criança. Assim, se uma maior simplicidade sintática da linguagem materna pode estimular mais a aprendizagem lexical, o uso materno de enunciados diretivos provoca um desenvolvimento lingüístico mais lento (Nelson, 1973; Yoder e Kaiser, 1989).

O que favorece o desenvolvimento é o *estilo comunicativo* (Hampson e Nelson, 1993). De fato, as mães que utilizam sobretudo descrições e pedidos de informações quando se dirigem a crianças de 13 a 20 meses, têm filhos lingüísticamente mais precoces. Valendo-se de um estilo comunicativo caracterizado por expansões, reformulações, descrições e denominações, elas ajudam a criança a formular as próprias intenções. Numa recente pesquisa focalizada na relação entre as características da linguagem usada com os pequenos interlocutores e suas competências pregressas, Yoder e Kaiser (1989) evidenciaram o papel ativo da criança no processo de aprendizagem lingüística.

7. ESTILOS DE AQUISIÇÃO

O adulto exerce uma influência considerável no desenvolvimento lingüístico infantil, incidindo seja nos aspectos quantitativos do discurso (o ritmo com que se amplia o vocabulário, a precocidade com que se produzem as primeiras palavras ou frases, etc.), seja nos aspectos qualitativos dos diversos estilos de aprendizagem da língua materna. Várias pesquisas salientaram a incidência do ambiente no desenvolvimento lingüístico. A atenção está focalizada, em particular, em dois modos diversos de aquisição; um, de tipo referencial, outro de tipo expressivo. Esses estilos derivam da linguagem utilizada pela mãe para descrever a realidade ou para controlar o comportamento da criança (Nelson, 1973).

Outras pesquisas analisaram as modalidades da interação mãe-filho e o tipo de linguagem materna voltado às crianças que manifestam um estilo de aquisição expressivo ou referencial. As mães de filhos "expressivos" fazem referência freqüentemente às pessoas, envolvendo os pequenos em rotinas sociais; as mães de crianças "referenciais", ao contrário, fazem comentários principalmente sobre os objetos (Furrow e Nelson, 1984).

Lieven (1978) salientou que a mãe de uma criança "expressiva" responde com menor freqüência às estratégias comunicativas do filho e utiliza um número inferior de expansões em relação à mãe de uma "criança referencial". Examinando as ações da vida diária (o banho, a troca de fraldas), Della Corte, Benedict e Klein (1983) evidenciaram que as mães de filhos referenciais parecem mais loquazes do que as outras, recorrem freqüentemente ao uso de descrições e focalizam a atenção sobre atividades da criança e sobre o ambiente circunstante; enquanto as mães de crianças expressivas valem-se, preferencialmente, de comandos.

8. O USO INTENCIONAL DO REPERTÓRIO COMUNICATIVO

A comunicação intencional aparece por volta dos 9-10 meses de vida (Bruner, 1975; Camaioni, Volterra e Bates, 1986; Harding e Golinkoff, 1979; Lock, 1976; Sugarman, 1978). Na fase anterior a esse período, os sinais da comunicação não intencional estão representados pelo choro, pelo sorriso, pelas vocalizações. Sucessivamente, a criança elabora os comportamentos necessários para alcançar os próprios fins (Camaioni, Volterra, Bates, 1986).

Para alguns estudiosos (Camaioni, Volterra, Bates, 1986; Golinkoff, 1983; Sugarman, 1978), a intenção comunicativa desenvolve-se quando a criança reconhece os seres humanos como agentes autônomos capazes de responder aos próprios pedidos. Nesse sentido, o adulto torna-se um instrumento necessário para a obtenção do objeto desejado. De fato, a criança que faz um pedido tenta influenciar o comportamento do adulto para alcançar um objetivo. A intenção "requisitiva" é uma expectativa da criança relativa às capacidades da pessoa em responder a seus fins.

Para efetuar um pedido a criança deve possuir algumas habilidades que lhe permitam coordenar a orientação para um objeto/acontecimento externo, dirigir a atenção para outra pessoa, reconhecer as pessoas como agentes autônomos e, finalmente, utilizar sinais (sorriso, gestos, vocalizações) para incidir à distância sobre o comportamento da outra pessoa.

O desenvolvimento da intenção comunicativa de tipo declarativo coloca-se em um estágio mais avançado do desenvolvimento cognitivo da criança. A criança que realiza uma "declaração" chama a atenção de uma pessoa para influenciar seu estado interno. Nesse caso, a criança elabora uma *intenção comunicativa* de maneira a representar-se ao interlocutor como um sujeito capaz de formular intenções e de compreender as dos outros. Essa intenção requer do interlocutor capacidades psicológicas avançadas; mostrar, por exemplo, interesse por acontecimentos externos. Piaget coloca ambas as seqüências de tipo requisitivo e declarativo no quinto estádio do desenvolvimento sensório-motor.

A participação autêntica da interação relacional da criança acontecerá quando ela for capaz de assumir, alternadamente, um papel ativo e um papel passivo na relação social. A capacidade de alternar os papéis (*turn-taking*) é uma das regras fundamentais da comunicação. Entre os 9 e os 12 meses, entre a criança e seu interlocutor instaura-se um diálogo intencional e bilateral que implica o envolvimento das partes. A criança torna-se consciente de que seu comportamento tem um valor comunicativo e pode ser utilizado para obter os resultados desejados.

9. AS HABILIDADES COMUNICATIVAS

As crianças em idade pré-escolar são capazes de utilizar várias habilidades comunicativas, adaptando a própria linguagem aos diversos tipos de interlocutor, avaliando suas características distintivas e produzindo mensagens apropriadas. Aos 2 anos conseguem adaptar-se aos diversos ouvintes do contexto familiar: falam de modo diferente com um irmão ou irmã e com o pai (Dunn e Kendrick, 1982b).

Essa tese contrasta com a hipótese do egocentrismo formulada por Piaget (1923) para explicar a ineficácia comunicativa da idade pré-escolar. Vários estudos revelaram que, já com três anos, as crianças utilizam a linguagem de maneira socialmente adequada: de fato, falam para se fazer ouvir e esperam do interlocutor respostas apropriadas de tipo verbal ou não verbal.

Uma comunicação verbal eficaz implica a capacidade de se fazer entender (papel do falante) e de interpretar corretamente o significado da mensagem (papel do ouvinte). A criança em idade pré-escolar que recebe uma mensagem ambígua do ponto de vista referencial (por exemplo, "pega aquele vermelho" num contexto onde se encontram dois objetos vermelhos, um redondo e um quadrado) pode mostrar sinais de incerteza e hesitação, mas dificilmente pedirá esclarecimentos ao falante (Beal e Flavell, 1982; Flavell et al., 1981). Ao contrário, se a mensagem é inadequada ou incorreta, a reconhecerá mais facilmente (por exemplo, "pega aquele vermelho", quando não há objetos vermelhos) (Flavell et al., 1981).

Alguns estudiosos (Robinson e Robinson, 1981) frisaram que a reação explícita dos pais às mensagens pouco claras dos filhos poderia ajudá-los a desenvolver mais as próprias capacidades. Outros (Olson e Torrance, 1986), em vez disso, defenderam que a educação escolar pode ajudar a criança, ao colocar contínuos pedidos de comunicar claramente com os outros e de verificar a validade das mensagens recebidas. As experiências da leitura e da escrita favorecem o desenvolvimento das habilidades comunicativas. A escrita torna a linguagem visível e favorece a análise das diversas partes do código lingüístico.

Nos anos da escola elementar, a criança desenvolve as habilidades comunicativas que lhe permitem assumir o papel de falante e de ouvinte competente, dominando as relações semânticas e as regras sintáticas da própria língua, aprendendo a utilizá-la em função dos vários contextos e dos vários interlocutores. Na comunicação com interlocutores familiares, raramente as crianças experimentam as dificuldades de entender e se fazer entender: o amplo compartilhar de conhecimentos entre os interlocutores (pai/filho; criança/irmão) facilita a interpretação das mensagens e, portanto, o sucesso da interação.

Em lugares institucionais como a escola, a situação muda notavelmente. O ambiente escolar não é um contexto facilitador ou de suporte como o familiar. A capacidade de comunicação referencial, entendida como referência verbal a um objeto ou a um acontecimento externo, requer habilidade em formular as próprias mensagens de maneira clara e para reconhecer aquelas recebidas, ainda que estas requeiram informações adicionais.

No começo da escola elementar as crianças não são capazes de formular descrições informativas, nem de modificar as informações que se tornam pouco claras. Além do mais, não somente não reconhecem a ambigüidade das mensagens que ouvem, mas – quando intuem que são inadequadas – não sabem resolver a ambigüidade pedindo a informação que falta (Camaioni e Ercolani, 1988; Robinson e Robinson, 1983; Sonnenschein, 1986).

Até os 7-8 anos, as crianças tendem a produzir mensagens redundantes, que fornecem elementos adicionais inúteis para a identificação do referente. A capacidade de se tornar falantes e ouvintes eficazes melhora com a idade. As crianças tornam-se falantes competentes antes de tornar-se bons ouvintes. Em todo caso, por volta dos 10-11 anos desenvolvem capacidades comunicativas completas (Camaioni, Ercolani e Lloyd; Camaioni e Ercolani, 1995), e sua capacidade de compreensão é plena desde os primeiros anos da escola elementar, quando recebem mensagens completamente informativas.

Provas estandardizadas

A *Prova de comunicação referencial* (Camaioni, Ercolani e Lloyd 1995a; 1995b), destinada a indivíduos em idade evolutiva, permite avaliar a capacidade da criança em produzir mensagens informativas e de compreender as que ouve. A prova, que foi utilizada sobre uma amostra de seiscentos alunos italianos de escola elementar, é constituída por trinta *itens* em que estão representadas séries de figuras coloridas.

Treze *itens* avaliam a capacidade do indivíduo em produzir mensagens informativas, outros treze a de responder adequadamente a informações ambíguas, três a mensagens adequadas. A aplicação da prova é individual e tem duração de cerca de vinte minutos.

O indivíduo e o examinador estão sentados frente a frente e separados por uma tela opaca, colocada no centro da mesa. Quando a criança assume o papel de falante, o examinador aceita as descrições que lhe são fornecidas sem formular comentários; quando o sujeito examinado desenvolve o papel de ouvinte, o examinador fornece-lhe as mensagens previstas esperando a resposta. Nos *itens* em que se fornecem mensagens inadequadas, a criança é convidada a fazer perguntas somente se manifesta dúvida ou incerteza.

Aplicada em campo educativo e escolar, a prova pode fornecer aos professores um instrumento adequado para avaliar as habilidades de comunicação em todo o ciclo da escola elementar; em campo clínico constitui um procedimento diagnóstico para avaliar as carências de comunicação verbal em indivíduos de risco.

Capítulo 4

A comunicação lingüística

A *linguagem* – como foi observado – é um sistema de comunicação extremamente complexo. A capacidade de falar e entender um discurso não depende somente do correto funcionamento dos diversos órgãos prepostos à comunicação lingüística (ouvido, encéfalo, vias nervosas, musculatura buco-fonadora), mas da aquisição de competências precisas:

- uma *competência fonológica* que diz respeito ao reconhecimento e à gestão dos sons que compõem a linguagem;
- uma *competência sintática* que concerne ao reconhecimento e à capacidade de conjugar morfemas e palavras em frases gramaticalmente corretas e dotadas de senso completo;
- uma *competência semântica* que se refere à atribuição de significado às palavras e às frases;
- uma *competência pragmática* que é pertinente ao reconhecimento do significado de uma frase e vale-se de informações extra-verbais (postura, mímica, gestos) e de dados relativos ao contexto (quem diz a frase, como a diz e em que circunstâncias) que são independentes do significado literal.

As propriedades que diferenciam o sistema lingüístico de outros meios de comunicação são a *criatividade* e a *arbitrariedade*. Quem fala uma língua é capaz de produzir um número infinito de mensagens por meio da combinação de uma série finita de fonemas e palavras. Não há, ainda, nenhuma relação automática entre som e significado: o significado não pode ser obtido do som, mas necessariamente aprendido e transmitido.

As definições de linguagem podem ser muitas. Em linhas gerais pode-se dizer que representa o meio fundamental pelo qual um indivíduo preserva a si próprio, adaptando-se ao mundo exterior: "[...] as objetivações comuns da vida diária mantêm-se, primordialmente, graças às significações lingüísticas. A vida diária é principalmente vida com e por meio da linguagem que compartilho com o meu próximo. A compreensão da linguagem é, portanto, essencial para o entendimento da realidade da vida diária" (Berger e Luckmann, 1966).

A linguagem tem sido objeto de estudo desde as origens da história humana. Esquematicamente pode-se dizer que foi analisada particularmente sobre três abordagens:

1) *convencional*; 2) *natural*; 3) da *teoria da escolha*.

Para os defensores da *abordagem convencional*, todo sinal lingüístico é totalmente arbitrário. As primeiras interpretações da linguagem como convenção remontam às reflexões de Parmênides e de Empédocles, segundo os quais as palavras são etiquetas ilusórias. Demócrito reforçou essas tendências referindo-se, por exemplo, à homonímia, com base na qual nomes iguais indicam objetos diversos; à diversidade das designações para indicar uma mesma coisa; à faculdade de modificar os nomes das coisas.

O convencionalismo puro desses autores – fundado sobre a absoluta arbitrariedade da referência lingüística – foi corrigido por Aristóteles, com um convencionalismo aparente. Para o grande filósofo grego, entre o objeto e a palavra que o designa existe uma terceira entidade chamada "representação mental" ou "conceito": isto é, as palavras não são iguais para todos, mas referem-se às representações mentais que são idênticas para qualquer um e que remetem a imagens de objetos iguais para todos.

Conseqüentemente, enquanto a relação que intercorre entre palavra e imagem mental é convencional, a relação entre imagem mental e objeto é natural: é justamente o caráter necessário do segundo tipo de relação o que determina a estrutura geral da linguagem.

Para os defensores da *abordagem natural*, o nome pertence por natureza à coisa e é capaz de expressar a espécie em letras e sílabas. Nesse âmbito distinguem-se quatro teorias:

1) a *teoria da interjeição*, formulada por Epicuro, segundo a qual o homem produz expressões verbais sob influência de determinadas emoções e imagens;

2) a *teoria da onomatopéia*, que afirmam serem os vocábulos imitações de sons naturais;
3) a *teoria da metáfora*, cuja visão é que o código lingüístico não é fruto de imitação, mas de um ato criativo. Deve ser dito que a produção lingüística não se refere a termos gerais e abstratos, mas a imagens individuais e pessoais;
4) a *teoria da imagem lógica*, de acordo com a qual a linguagem expressa a essência das coisas.

Finalmente, segundo os defensores da *teoria da escolha* a linguagem é um instrumento e o significado das palavras é determinado pelo uso que se faz delas (Platão). De outro modo, a palavra é o resultado de escolhas repetidas e sancionadas pelo uso.

1. A LINGÜÍSTICA

Os estudos sobre a linguagem, que definimos como *sistema* de sons e símbolos, são o centro da pesquisa lingüística. O primeiro nível de análise é constituído pela *fonética*, que tem como objeto de estudo a descrição dos sons presentes nas várias línguas fora de toda influência ambiental. Ela analisa os atributos físicos dos sons, o modo em que são produzidos pelo sujeito falante e como são recebidos pelos ouvintes.

Da vasta gama de sons possíveis, somente alguns são selecionados, recebidos e utilizados pelos falantes de uma determinada língua como sons funcionalmente idênticos. Essas unidades distintivas são definidas *fonemas* e representam a parte mais elementar da palavra. O conjunto dos fonemas, oportunamente combinados, forma os *morfemas*, que representam a unidade lingüística mínima dotada de significado. A mudança de um só fonema pode transformar completamente o significado de uma palavra.

Por exemplo, os seguintes pares de vocábulos assumem um significado diferente pela mudança de um único som*:

---

* Os vocábulos do quadro a seguir não foram traduzidos para evitar a alteração da fonética das palavras exemplificadas pelo autor. [Nota do T.]

/t/ Ana – /l/ana	n/o/di – n/i/di	po/l/i – po/r/i
/l/ino – /p/ino	c/a/sa – c/o/sa	da/d/o – da/t/o

O segundo nível de pesquisa lingüística concerne a individualização dos princípios que regulam a construção de uma frase. O conjunto dessas regras constitui a *sintaxe*. Ela estuda os critérios de associação das palavras para formar uma frase significativa. Toda língua tem um conjunto próprio de regras sintáticas, que atribui uma função específica a cada palavra da frase.

O nível seguinte de análise está representado pela *semântica*, que se ocupa do estudo do significado e da relação entre os sinais lingüísticos e o mundo.

A *pragmática* é uma área da lingüística que analisa os elementos extra-verbais da linguagem reguladores do uso da língua em relação aos diversos contextos. A forma de um enunciado pode variar em relação aos fins, às necessidades, às intenções e aos papéis de quem participa da conversação. O contexto incide não somente na forma do enunciado, mas também no conteúdo. O enunciado é formulado pelo falante com base em suas previsões sobre as capacidades de compreensão do receptor. Por exemplo, um adulto utilizará com uma criança uma linguagem adequada às suas capacidades de compreensão.

Nos estudos sobre a linguagem foi determinante a contribuição do lingüista Ferdinand De Saussure, que no *Curso de Lingüística Geral* (1916) faz uma distinção entre *linguagem, língua e fala*. Para Saussure, a *linguagem* representa um conjunto complexo de processos que permite a aprendizagem, a aquisição e a utilização concreta de uma língua. A linguagem é distinguida em *língua* e *fala*.

A *língua* é o objeto da lingüística, constituída por um sistema gramatical, lexical e fonético existente virtualmente em cada cérebro. Trata-se de "alguma coisa que existe em cada indivíduo mesmo sendo comum a todos e colocado fora da vontade dos depositários" (Saussure, 1916). A *fala* é a realização concreta da língua, que reflete as escolhas pessoais dos sujeitos pertencentes à comunidade lingüística. A *fala* representa o aspecto individual, pessoal, subjetivo da linguagem.

Por volta do fim dos anos 50, a publicação do ensaio *Syntactic Structures* (Estrutura sintática) (1957) de Chomsky provoca, depois das teses de

Saussure, uma segunda e igualmente significativa revolução no âmbito das disciplinas lingüísticas. Segundo o modelo chomskiano, possuir uma linguagem significa associar um som a seu significado com base num sistema de regras que une os significados dos enunciados às suas formas fonético-acústicas. A posse deste sistema funda a *competência* lingüística (*competence*). O ato concreto de compreensão e de produção das mensagens é chamado *performance* (realização).

No âmbito da competência lingüística distinguem-se:

1) uma *competência fonológica,* que concerne a capacidade de produzir sons ao se falar, e de reconhecê-los ao ouvi-los;
2) uma *competência lexical*, que coincide com o conjunto dos conhecimentos possuídos pelo falante quanto ao significado das palavras;
3) uma *competência sintática*, entendida como conhecimento de um sistema de regras para combinar palavras de modo a formar frases.

2. O DEBATE CHOMSKY-SKINNER

A análise científica do desenvolvimento da linguagem afirma-se, nos anos 50, contextualmente ao nascimento da *psicolingüística* como disciplina que se ocupa dos processos mentais subjacentes à aquisição e uso da língua. O animado debate desencadeado sobre algumas questões fundamentais contrapõe Chomsky a Skinner. Este, na obra *Verbal Behaviour* (Comportamento verbal) (1957), analisa os aspectos principais do comportamento lingüístico inserindo-os num esquema comportamental: a linguagem, como outras funções do comportamento, é aprendida por meio de um condicionamento externo.

Skinner explica o processo de aquisição lingüística recorrendo às associações estímulo-resposta (E-R), às recompensas e aos reforços. As crianças aprendem a falar corretamente com os reforços fornecidos pelos pais, que intervêm para corrigir suas respostas inicialmente "incorretas" para uniformizá-las àquelas utilizadas pelos adultos. Segundo Skinner, os adultos começam a modelar a linguagem da criança reforçando aqueles aspetos do balbucio que se aproximam mais de seu discurso.

A ação de reforço aumenta as probabilidades de que os sons corretos sejam repetidos. Após transformar os sons em palavras, o adulto estimula a criança a combinar os vocábulos, formulando inicialmente frases simples e sucessivamente mais complexas. A criança então é elogiada quando pronuncia frases gramaticalmente corretas e repreendida quando se expressa de maneira incorreta.

A tese de Skinner foi objeto de numerosas críticas. Segundo ele, a criança aprende a linguagem de modo passivo, na base somente de estímulos e reforços externos que excluem qualquer aspecto criativo. Em 1959, Chomsky – que considera a aprendizagem da linguagem um processo ativo e criativo, e não uma passiva aproximação do modelo adulto – publica uma severa análise crítica à obra de Skinner.

Como defensor da tese inatista, Chomsky afirma que a linguagem desenvolve-se pelo processo de amadurecimento de uma série de mecanismos geneticamente programados. A criança é capaz de produzir e entender expressões novas, utilizando um sistema lingüístico complexo mesmo recebendo informações incompletas e freqüentemente incorretas.

Os discursos dos adultos resultam freqüentemente errôneos e incompletos, cheios de omissões, repetições, hesitações e erros. A aquisição da linguagem é um processo ativo de descoberta de regras e de verificação de hipóteses. As regras derivam de um conhecimento inato da natureza da linguagem e de seu funcionamento, estando inscrita no patrimônio genético da espécie humana.

Esse dispositivo inato que o organismo dispõe é o *Language Acquisition Device* (LAD), o "aparato para a aquisição da linguagem" (1965). Trata-se de um mecanismo programado para permitir que a criança elabore a linguagem, construa regras, entenda e produza discursos gramaticalmente corretos. O LAD não está programado para uma língua específica, mas constituído por uma *gramática universal* que contém a descrição dos aspectos estruturais presentes em todas as línguas naturais. Mediante esse modelo inato a criança, dotada de um vasto vocabulário lexical, pode combinar as palavras em frases e entender o significado daquilo que ouve.

Segundo o modelo de Chomsky, a linguagem é considerada independente da inteligência e da capacidade comunicativa. Além do mais, o conhecimento ou competência lingüística, a capacidade de dominar as regras gramaticais, precedem a execução, o uso efetivo da língua por parte de um falante-ouvinte: em outras palavras, a criança possui as regras antes de usá-las. Enfim, os discursos que ele ouve no ambiente em que vive são irrelevantes para a aquisição da língua materna. O *input* lingüístico não é objeto da pesquisa chomskiana.

3. O DEBATE CHOMSKY-PIAGET

Para Chomsky, a linguagem desenvolve-se como sistema autônomo e independente de outras capacidades de caráter cognitivo e social do indivíduo. Segundo Piaget, ao contrário, entre linguagem e cognição há uma espécie de interdependência; a linguagem nasce e desenvolve-se como natural acabamento dos processos cognitivos que caracterizam o desenvolvimento sensório-motor (Piaget, 1970). Para ele, representa um aspecto de uma capacidade simbólica mais ampla, que marca a passagem da inteligência sensório-motora àquela representativa (Piaget, 1945).

O desenvolvimento cognitivo precede logicamente e ontogeneticamente ao surgimento da linguagem e é autônomo em relação a ele; o desenvolvimento lingüístico deriva, ao contrário, do desenvolvimento cognitivo. Ao inverso de Chomsky, Piaget defende que a realização precede a competência. Para ele, a criança aprende fazendo, portanto, agindo sobre a realidade. Somente depois entende aquilo que faz. A tese de Piaget influenciou os sucessivos estudos sobre a linguagem, determinando a chamada "hipótese cognitiva" sobre a aquisição da linguagem e favorecendo um filão de pesquisa que se propunha individualizar os pré-requisitos cognitivos para sua aparição.

Esses estudos demonstraram que somente algumas habilidades cognitivas, próprias do desenvolvimento sensório-motor, em torno ao primeiro ano de idade, estão ligadas ao comparecimento da linguagem (imitação diferida, jogo simbólico e combinatório, relações meios-fins). Outras habilidades (a permanência do objeto, as relações espaciais), ao contrário, não resultam associadas ao aparecimento das palavras (Bates et al., 1979).

A interdependência entre linguagem e pensamento foi assinalada por Vygotskij (1934). Apesar disso, diferente de Piaget, não atribui ao pensamento uma prioridade em relação à linguagem. Entre desenvolvimento lingüístico e desenvolvimento cognitivo há uma contínua e recíproca interação: o pensamento não é autônomo em relação à linguagem, nem o precede.

4. LINGUAGEM E INTERAÇÃO SOCIAL

Se para Piaget o desenvolvimento cognitivo é independente não somente da linguagem, mas também da interação social, para Vygotskij a participação da criança em uma ampla rede de relações sociais representa um fator determinante do desenvolvimento cognitivo e lingüístico. O desenvolvimento da criança está estritamente ligado ao contexto histórico e sociocultural em que vive.

Nos anos 70 foram analisadas com maior atenção as bases sociais da linguagem e a importância do contexto sociocultural para o processo de aprendizagem e desenvolvimento cognitivo. Bruner (1962) frisou como todos os processo mentais, incluída a linguagem, têm uma origem social.

A interação precoce entre adulto e criança constitui uma base importante para a aquisição da linguagem (1983). Bruner fala de *atenção compartilhada* e de *ação compartilhada* para definir o tipo de interação que se estabelece na relação adulto-criança na troca diária: a criança aprende a interpretar e produzir as ações e as expressões do pai passando do uso de sinais não convencionais ao uso de palavras e gestos comunicativos.

Em relação às teorias de Skinner e Chomsky, Bruner propõe uma "terceira via": a da existência de uma base inata da linguagem (o LAD proposto por Chomsky) em que assume importância crucial a intervenção de um suporte para sua aquisição (LASS, *Language Acqusition Support System*) que concerne o papel desenvolvido pelos adultos e pelo contexto social.

5. INATO E ADQUIRIDO NO DESENVOLVIMENTO DA LINGUAGEM

O que é inato ou aprendido no desenvolvimento lingüístico é, como mencionamos, objeto de animado debate entre os estudiosos da linguagem. Alguns defendem a teoria do inatismo; outros, ao contrário, teorizaram um processo de aquisição das habilidades lingüísticas. Por exemplo, alguns afirmam que a intenção comunicativa é um processo inato (Trevarthen, 1977); outros consideram que aparece somente em torno aos 9 meses de idade, quando a criança começa a adquirir a capacidade de distinguir os meios dos fins (Bates et al., 1979) ou de atribuir estados mentais ao interlocutor (Camaioni, 1993).

Ambas as abordagens compartilham da idéia da existência na espécie humana de alguma predisposição à linguagem. De fato, muitas espécies animais que possuem capacidades cognitivas e sociais complexas não conseguem aprender um sistema lingüístico estruturado.

6. A TEORIA DOS ATOS LINGÜÍSTICOS

Aos estudiosos da filosofia da linguagem deve-se a análise de uma temática que teve uma rápida difusão no âmbito das ciências humanas, a *speech act theory*. A "teoria dos atos lingüísticos" teve um papel importante no desenvolvimento da lingüística pragmática e da filosofia da linguagem, influindo sobre a definição do conceito de comunicação e pondo em relevo os aspectos operativos e interacionais da linguagem.

Para Austin, o fenômeno lingüístico deve ser analisado do ponto de vista pragmático, considerando os enunciados como ações lingüísticas efetuadas pelo falante numa determinada situação. A teoria dos atos lingüísticos baseia-se na idéia de que "falar é agir", exercer uma atividade (Austin, 1962; Searle, 1969). Estabelecendo uma relação entre linguagem e ação, o autor introduz a noção de *performativo*: isto é, um enunciado cuja emissão é a execução de uma ação serve para "fazer".

Ele tem a forma de um enunciado declarativo, não refere nem descreve nada, mas realiza um ato (Austin, 1962). Por exemplo, os enunciados "juro" ou "prometo" correspondem à mesma ação de prometer ou de jurar. O procedimento para cumprir o ato é, em alguns casos, exclusivamente lingüístico (afirmar, solicitar, aconselhar, prometer), enquanto em outros casos, pode incluir comportamentos extralingüísticos (protestar, jurar, votar, batizar, conferir um cargo, etc.).

No ato lingüístico podem-se distinguir três aspectos:

1) a *locução*;
2) a *perlocução*;
3) a *elocução*.

O *ato locutório* é o ato de "dizer alguma coisa", seja compreendendo a atividade física necessária para a produção de um enunciado (emitir certos sons e proferir certos vocábulos numa determinada seqüência e com um certo tom de voz), seja envolvendo o conhecimento e uso do código gramatical da língua usada. Além do mais, dizer alguma coisa pode produzir freqüentemente determinados efeitos sobre os sentimentos, os pensamentos e as ações de quem ouve. Pode-se dizer alguma coisa com o fim de produzir esses efeitos.

O ato lingüístico produzido com a intenção de provocar voluntariamente ou involuntariamente efeitos ou conseqüências sobre a situação, pode ser definido *perlocutório*. A determinação do enunciado é sugerida por alguns "indicadores de força" como o modo, o tempo do verbo, os verbos modais, os advérbios, os conectivos, a entonação, a pontuação.

O *ato elocutório* é a execução de um ato entre aqueles que são possíveis realizar ao se dizer alguma coisa. Austin escreve (1962): "Quando realizamos um ato locutório, usamos a linguagem: mas de que forma específica a usamos numa determinada ocasião?".

Quando enunciamos uma frase, podem se realizar atos muito diferentes. Por exemplo, a frase: "vou a sua casa amanhã" pode ter a força de uma promessa, de uma advertência, de uma ameaça ou de uma simples afirmação. Individualizar o tipo de ato elocutório realizado é de importância fundamental para a análise de qualquer texto escrito ou oral. Num texto escrito a pontuação e a ordem das palavras podem agilizar a compreensão; ao contrário, no discurso oral, são fundamentais o tom de voz, o modo dos verbos, o uso de um léxico particular.

Também os atos cinésicos (gestos, movimentos, posturas do corpo) permitem avaliar a força elocutória de um enunciado, permitindo a compreensão da intenção comunicativa dos falantes. É importante, além do mais, levar em conta o contexto em que é expresso o enunciado. "O valor elocutório de um ato é inexprimível se prescindido do contexto em que o ato é pronunciado, das relações intercorrentes entre seus participantes, das relações hierárquicas e de poder que os unem, das respectivas crenças, expectativas, desejos e vontades" (Violi e Manetti, 1979).

Em síntese, o *ato locutório* corresponde à emissão de um significado; o *ato elocutório* à produção de uma certa força convencional; o *ato perlocutório* à obtenção de um determinado efeito sobre o ouvinte (Austin, 1962).

A análise da elocução está, portanto, estritamente ligada à situação contextual em que se desenvolve e às relações sociais entre os sujeitos interagentes. Realizar um ato elocutório que tem o fim de dirigir o comportamento do ouvinte implica uma relação particular entre os participantes. Por exemplo, quem desenvolve um ato de tipo diretivo exerce um poder sobre o destinatário, atribuindo-se autoridade para fazê-lo; quem, ao contrário, aceita a ordem, reconhece a autoridade do outro.

Austin elaborou uma classificação dos atos de fala e identificou cinco categorias:

1) os atos *veredictivos* incluem os juízos de valor, as asserções sobre a boa qualidade de um produto, as expressões de apreço ou de desaprovação;

2) os atos *diretivos* referem-se àqueles que visam dirigir o comportamento do interlocutor, como ordens, solicitações, comandos, admoestações, conselhos, advertências, etc.;
3) os atos *comissivos* são as assunções de compromissos, promessa, juramento e têm a função de manifestar uma atitude de obediência;
4) os atos *comportamentais* como "desculpar", "desejar", "maldizer", referem-se aos comportamentos sociais, aos estados de ânimo, "às atitudes do sujeito e desenvolvem a função de conotar em sentido emotivo o discurso;
5) os atos *expositivos* são introduzidos pelos verbos "afirmar", "asseverar", "sugerir", "negar", "admitir".

Searle (1975) elaborou uma taxinomia alternativa dos atos, baseada no critério de "fim elocutório":

1) os atos *representativos* têm o fim de comprometer o falante na verdade da proposição expressa;
2) os atos *diretivos* visam induzir o ouvinte a fazer alguma coisa;
3) os atos *comissivos* pretendem induzir o ouvinte a assumir uma certa conduta futura;
4) os atos *expressivos* objetivam expressar o estado psicológico, introduzido por fórmulas como "congratulo-me", "agradeço", "peço desculpas";
5) os atos *declarativos* propõem-se conferir força elocutória ao enunciado para que se realize. Por exemplo: "está demitido", "nomeio-o diretor", "apresento minha demissão".

A contribuição de Searle foi essencial para a análise dos atos lingüísticos *indiretos*. Mediante, por exemplo, a pergunta "você poderia enviar este pacote?" – um ato indireto que transmite uma precisa solicitação para realizar uma ação – o falante comunica ao ouvinte mais do que efetivamente diz. A cortesia constitui o motivo que favorece o uso dessas formas indiretas.

De fato, seria constrangedor e inconveniente utilizar frases peremptórias. Às vezes é a atenuação da própria autoridade que permite sua utilização. Outras vezes, pode ser o desejo de manifestar juízos, incitamentos ou ameaças sem assumir explicitamente a responsabilidade.

Uma análise dos atos lingüísticos presentes num discurso comporta uma referência constante aos fatores sociais. A linguagem é considerada uma atividade de interação. A importância atribuída aos aspectos pragmáticos chamou a atenção para os contextos sociais e para as relações entre os interlocutores.

Essa abordagem teve conseqüências determinantes nas disciplinas que fixaram seu interesse no estudo da linguagem como comunicação.

Capítulo 5

A comunicação não verbal

1. ESTRUTURAS E FUNÇÕES

O modo como se realiza a interação humana permanece, em muitos aspectos, um mistério. Na última metade do século passado, uma quantidade considerável de estudos começou a esclarecer que o desenvolvimento do indivíduo acompanha uma interpretação de seu "ambiente", incluídos o seu ambiente social, o choro, o riso e uma série de inúmeros elementos comunicativos. Desse processo, parte considerável refere-se à linguagem: não a linguagem em si, mas como progressiva estruturação e organização do universo exterior na mente da criança.

Os estudos de etologia, de antropologia social e de sociologia esclareceram muitos aspectos até agora obscuros.

As evidências levantadas pelos estudiosos de etologia da infância e por outros estudiosos do comportamento precoce puseram à mostra a natureza e a estrutura da comunicação não verbal do homem nas primeiras fases de vida. Os antropólogos sociais e os sociólogos, por seu lado, chegaram a uma compreensão mais profunda dos mecanismos de formação do pensamento, assim como é plasmado pelas categorias e pelas crenças do ambiente cultural.

Muitas teorias e estudos de campo demonstraram que a interação comunicativa humana tem seu fundamento em normas escondidas e implícitas do comportamento (diferentes dependendo das culturas), entre as quais tem um papel preeminente a comunicação verbal. Em qualquer cultura existem normas sobre quanto uma pessoa pode se aproximar espacialmente de outra: normas, estas, que dependem do contexto da interação e da relação existente entre as pessoas envolvidas.

A interação verbal verifica-se dentro desse esquema. Hall (1959; 1966) estudou eficazmente as esferas e as regras de interação espacial, inaugurando um campo de estudo que designou *proxêmica*.

Anteriormente, Birdwhistell (1970) estudara as normas implícitas da interação não verbal focalizando a atenção especialmente sobre a relação entre elas e as expressões verbais e, além do mais, salientando como os aspectos não verbais da comunicação são os que freqüentemente definem o tipo das afirmações verbais, seu começo e seu fim. Esses estudos – que confluíram naquela que Birdwhistell definiu como "teoria estrutural" – individualizavam analítica e sistematicamente perto de cinqüenta movimentos e posições elementares do corpo (*cinemas*) que constituem o repertório de uma interação comunicativa estruturada. O autor teorizou que as seqüências comportamentais formadas por essas unidades básicas estruturam-se, analogamente à organização, em palavras e frases ou nas seqüências sonoras de uma língua.

Estudando "ao vivo" algumas particularidades da posição do corpo, da expressão facial e do tom da voz, Goffmann (1969) ressaltou a presença de estilos culturalmente aceitos e específicos num determinado contexto. Segundo a abordagem – definida como "dramatúrgica" – de Goffmann, as dinâmicas da vida podem ser representadas *dramaticamente* e, embora não haja nenhuma possibilidade de escapar do próprio destino, há, ao menos, a possibilidade de escolher um estilo em lugar de outro.

No decorrer de colóquios psiquiátricos desenvolvidos diretamente no contexto familiar, Scheflen (1964) observou algumas características recorrentes (o modo de ficar sentados, de cruzar as pernas, de mover o corpo) que indicavam a presença de "relações hierárquicas", de "estruturas de poder" ou de "complexos inconscientes".

Argyle (1967), ao contrário, desenvolveu amplos estudos sobre as relações visuais e as indicou como um mecanismo fundamental da comunicação não verbal. Não é conhecida a diferença nas diversas culturas sobre o tipo de relações visuais, mas parece certo, ao menos naquelas estudadas, que uma interação positiva implica sempre um determinado grau de relações visuais, cuja quantidade e distribuição (seja pelo tipo de interação verbal, seja pelas regras às quais subjaz todo o ambiente) têm relação com a intimidade ou a hierarquia social.

Segundo Argyle, os elementos não verbais da interação tomam parte igualmente ativa dos elementos verbais na composição de mensagens. Portanto, as expressões não verbais não funcionam como trama de sustentação da mensagem verbal "essencial", mas representam partes essenciais da mensagem global. Mais geralmente, pode-se afirmar com Sebeok (1986) que a *comunicação não verbal* é um campo vasto, que abrange mais de 90% da ação humana. Inclui os gestos, os movimentos, os olhares, os tons da voz, o aspecto exterior, etc. Ela, na maioria das vezes, foge do autocontrole, embora seja suscetível ao controle consciente. Um papel fundamental – como veremos – é desenvolvido pelas modalidades mediante as quais o corpo participa da interação entre pessoas.

Na *comunicação não verbal*, o emissor A codifica seu estado, suas emoções e suas intenções interpessoais em um sinal não verbal que B decodifica. Naturalmente, a codificação ou a decodificação podem estar ou não corretas.

Em geral, é representada no seguinte esquema:

1) A codifica e B decodifica corretamente;
2) A decodificação errônea de B acontece porque A foi ineficaz, ou porque B é um destinatário ineficaz, ou por ambos os motivos;
3) A envia uma mensagem enganosa que B não entende;
4) A não quer comunicar, mas B, de qualquer forma, decodifica a mensagem;
5) A não quer comunicar e B decodifica incorretamente.

2. A COMUNICAÇÃO INTERINDIVIDUAL

A comunicação não verbal diz respeito às emoções individuais a aos comportamentos sociais.

Os dois comportamentos principais em relação aos outros são:

1) amistoso/hostil (ou de afiliação);
2) dominante/submetido.

Muitos dos sinais interpessoais são inatos. As crianças pequenas, por exemplo, levantam os braços para serem pegas no colo, choram quando afastadas da mãe, riem nas brincadeiras com outras crianças, franzem as sobrancelhas ao brigar com outra criança. Todavia, a comunicação dos comportamentos interpessoais também é modificada pelas regras sociais distintas entre culturas. Nos países árabes, por exemplo, não são permitidos comportamentos afetuosos entre heterossexuais, o que é, ao contrário, muito difundido no Ocidente.

Amizade/Hostilidade

Dentre os comportamentos interpessoais, a amizade e a hostilidade são, talvez, as categorias mais importantes. Para comunicar simpatia, os sinais principais são:

- maior proximidade;
- orientação lado a lado;
- olhar intenso e recíproco;
- rosto sorridente;
- gestos de aprovação;
- postura aberta e relaxada;
- contato físico freqüente;
- tom da voz agudo.

Mediante esses sinais, o emissor **A** codifica sua simpatia com **B**. Por sua vez, o destinatário **B** decodifica o comportamento de **A** (no caso, a simpatia) adotando os mesmos canais não verbais. Para Burgoon et al. (1984) uma pessoa é julgada mais "íntima" se olha com insistência, se toca ou se sorri: isto, naturalmente, até um certo ponto, além do qual (isto é, se o contato físico torna-se excessivo ou se o olhar é insistente) verifica-se o efeito contrário. Para Argyle e Dean (1965), duas pessoas que "se atraem" procuram maior contato, aproximando-se e afastando-se em uma procura que tende ao equilíbrio.

Dominante/Submetido

Os principais sinais de dominância são:

- disposição espacial que evoca hierarquias;
- ausência de sorriso, sobrancelhas franzidas;
- contato físico assimétrico;
- tom da voz grave, pausas breves;
- mãos nos lados, peito para fora.

A origem desses sinais deriva, com toda probabilidade, de um longo processo seletivo realizado no decorrer da evolução da espécie. Por exemplo, é plausível considerar que a altura como sinal de dominância decorreu da maior estatura natural dos pais em relação às crianças. Os sinais de dominância são decodificados de maneira unívoca quase universalmente, exceto o franzir as sobrancelhas, que representa um sinal de domínio somente no mundo ocidental (Keating et al., 1981).

As mulheres que geralmente se consideram (e são consideradas) numa posição de inferioridade, expressam sinais de domínio em número bem menor do que os homens: são menores, olham mais, sorriem mais, têm a voz mais aguda, fazem menos pausas.

Comportamentos sexuais

A atração sexual está muito próxima da afiliação, embora comporte sinais específicos como:

- dilatação das pupilas;
- contacto físico íntimo (beijo, abraço);
- postura ereta;
- gesto de se tocar o cabelo (principalmente as mulheres);
- rubor do rosto;
- sudoração;
- dilatação dos órgãos sexuais;
- especial atenção à roupa.

Esferas da comunicação não verbal

A comunicação não-verbal é formada pelo conjunto de sistemas *entonacional* e *paralingüístico*. Ambos os sistemas encerram aspectos não estritamente lingüísticos da fala, como o tom, o timbre, as pausas.

Ela, todavia, expressa-se mediante quatro comportamentos fundamentais:

1) espacial;
2) motor-gestual;
3) mímico facial;
4) visual.

3. O COMPORTAMENTO ESPACIAL

O significado da distância entre os corpos foi pesquisado principalmente por Hall (1968), com o estudo – definido como proxêmica – dos comportamentos no espaço e das relações com o ambiente, a cultura, os elementos socioeconômicos.

Está influenciado principalmente por:
- contato corporal;
- distância interpessoal;
- orientação;
- postura.

Contato corporal

Realiza-se mediante gestos e comportamentos de partes do corpo, como estreitar as mãos, o beijo, o abraço, a carícia, a bofetada, etc. Para os recém-nascidos o contato corporal é o instrumento de comunicação mais importante. Muitos estudos verificaram que, neles, a falta de contato corporal gera ansiedade e agitação. As crianças choram para chamar a atenção e param de chorar quando são pegas no colo, embaladas e mimadas.

Outras pesquisas evidenciaram que o contato corporal entre os pais e os filhos diminui conforme aumenta a idade da criança. Numa pesquisa de 1969, Goldberg e Lewis mostraram que aos seis meses as mães têm mais contatos corporais com as filhas do que com os filhos. Em geral, o contato físico recíproco entre crianças diminui progressivamente até os 12 anos. Entre os seis e os oito anos, as crianças brincam mais violentamente e os contatos acontecem mais freqüentemente entre crianças do mesmo sexo. Por volta dos 12 anos, após uma fase de escasso contato, os contatos heterossexuais aumentam.

Em geral, o contato corporal é a expressão dos comportamentos interpessoais. Consideremos agora o *sexo*, a *afiliação*, a *agressividade*, a *dominância*, as *saudações*.

Sexo

Os contatos corporais com finalidade sexual são similares em todas as culturas. Apesar disso, as diferenças culturais impõem regras diferentes sobre o que é permitido em público e em privacidade. Henley (1973) evidenciou que os homens usam as mãos para tocar muito mais do que as mulheres. Segundo Stier e Hall (1984), além do mais, os homens tentam evitar contatos físicos com indivíduos do mesmo sexo; as mulheres, ao contrário, evitam mais os contatos com o sexo oposto.

A filiação

As tendências biológicas fundamentais são de moderar a agressividade para instaurar formas de colaboração entre as pessoas. Jourard (1966) demonstrou que as pessoas tendem a tocar mais freqüentemente aqueles por quem nutrem simpatia.

Agressividade

A expressão precípua da agressividade é o contato corporal. Manifestações de hostilidade são freqüentes desde cedo. As crianças gritam, dão pontapés e exibem comportamentos agressivos que aumentam gradualmente, ao mesmo tempo que a interiorização de regras conclui o controle da agressividade. Geralmente, os jovens têm comportamentos agressivos (Maldonato, 1999), enquanto as jovens utilizam mais freqüentemente a agressão verbal. Em todo caso, às diferenças culturais correspondem regras diferentes.

Dominância

Para Henley (1973) o fato de que os homens tenham mais contatos corporais com as mulheres representa um claro sinal de dominância. Outros estudiosos (Heslin e Alper, 1983) confirmaram que as pessoas velhas ou de *status* superior tocam com maior freqüência.

Saudações

Normalmente implicam algum contato físico. Os macacos antropomorfos beijam-se, tocam-se a cabeça, as costas, os genitais. Também nos modos de executar as saudações existem, naturalmente, diferenças entre as diversas culturas. Greenbaum (1980) observou que enquanto os homens dão-se as mãos, as mulheres freqüentemente se beijam e abraçam. As saudações de boas-vindas devem ser entendidas como um ritual de passagem para estabelecer uma união e dar início a um encontro. As despedidas são, ao contrário, outro ritual que põe fim a um encontro e anuncia uma separação. Collett (1983) mostrou quanto são freqüentes as "despedidas abortadas", pela falta de sincronia entre as pessoas que se cumprimentam na rua.

Diferenças transculturais

O contato físico, que está sem dúvida entre os primeiros sinais de comunicação utilizados pelos seres humanos no decorrer de sua evolução, varia fortemente dependendo das diferenças transculturais. Diversos estudos evidenciaram uma grande diferença qualitativa e quantitativa entre as culturas nos contatos físicos. Enquanto nos países como Inglaterra e Japão os contatos físicos são muito raros, na África e nos países de cultura árabe são muito freqüentes.

Num estudo efetuado com estudantes estrangeiros nos Estados Unidos, Watson (1970) realizou uma distinção entre duas grandes famílias culturais:

1) culturas de contato (os árabes, os latino-americanos e os europeus meridionais);
2) culturas de não contato (os asiáticos, os hindus, os paquistaneses e os europeus setentrionais).

No Japão, por exemplo, o contato físico nos lugares públicos é raro e a saudação não prevê nem sequer um aperto de mãos. Mas, na vida privada, as possibilidades de contato físico são numerosas (dormir perto, tomar banho juntos, etc.), mesmo não comportando aquelas implicações sexuais que se encontram em outras culturas. Nos países árabes, na América Latina e na Europa meridional, o contato físico é muito freqüente, principalmente entre membros do mesmo sexo. Nesses casos o contato corporal, devido ao freqüente contato mãe/filho, não tem implicações sexuais e constitui uma simples manifestação de amizade. Os homens árabes tocam-se reciprocamente, caminham de mãos dadas, abraçam-se e beijam-se para se cumprimentar.

Distância interpessoal

A distância entre duas pessoas pode representar uma modalidade de comunicação não verbal. A proximidade física pode assumir significados diversos dependendo das diferentes distâncias.

Em *A dimensão escondida* (1966), Hall distingue quatro graus de distância significativos para a interação humana:

1) a *distância íntima* (de 0 a 45 cm) representa o limiar da distância mínima entre dois ou mais indivíduos. Inclui também a ausência de distância (0-15 cm.) entre dois ou mais indivíduos. Realiza-se quando há total envolvimento físico e emotivo, típico nas relações amorosas ou de briga. Os sentidos envolvidos são o tato e o olfato, e as partes do corpo envolvidas são a pele, as coxas, as pernas, os órgãos sexuais;
2) a *distância pessoal* (de 45 a 120 cm), ainda que deixe invariável o contato direto, define uma significativa distância entre dois indivíduos, que chega a reduzir as possibilidades de notar fisicamente o interlocutor. É típica da conversação entre amigos e familiares;
3) a *distância social* (de 120 a 360 cm) é típica das situações de trabalho. Se ultrapassar os 210 cm define um caráter de clara formalidade;
4) a *distância pública* (de 360 a 750 cm e mais) define os espaços e as situações públicas caracterizadas por relações rígidas e formais, típica de algumas situações públicas como conferências, aulas, etc.

Uma notável proximidade corporal é vivida normalmente como uma espécie de invasão do próprio "território" pessoal, onde naturalmente prefere-se a proximidade de pessoas amigas. O território pode ser essencialmente de três tipos:

1) o *espaço pessoal*, a área em volta de si próprio, cuja violação provoca mal-estar. Os espaços pessoais são, em geral, circulares, porém mais amplos na frente e atrás;
2) o *território pessoal*, uma área amplificada em relação ao espaço pessoal, que um indivíduo possui e controla (a casa, o carro, o lugar de trabalho, os quartos de hotel, os lugares no restaurante). É uma propriedade que virou exclusiva após várias ocupações;
3) o *território doméstico*, um espaço, freqüentemente público, ocupado habitualmente por grupos (os lugares no bar, nos *pubs*, nos clubes).

A violação do território pode se verificar com a redução da distância física: fazendo barulho, olhando, ouvindo. Normalmente, gera mal-estar em quem a sofre e provoca o deslocamento do olhar e uma reação física que leva a fazer barreira com os braços, virar as costas e, finalmente, ao afastamento. As reações, naturalmente, são proporcionais à identidade do intruso. Numerosos estudos evidenciaram que o uso da distância é diferente dependendo do gênero sexual: as mulheres preferem aproximar-se do próprio interlocutor, aceitam uma proximidade maior e as invasões laterais, vistas como um pedido de afiliação, incomodam-nas; aos homens, ao contrário, importunam as invasões frontais do próprio território, entendidas como ameaças.

Diferenças transculturais

As diferenças transculturais desenvolvem um papel importante no uso da distância: os árabes e os povos latino-americanos preferem a proximidade física muito mais que as populações nórdicas, como ingleses e suecos (Hall, 1966).

Orientação

Por orientação entende-se a disposição espacial que os indivíduos assumem um em relação ao outro. As principais orientações são aquelas "face a face" e "lado a lado".

A orientação "face a face" pode ter diversos significados que vão da relação horizontal, por assim dizer, "de igual para igual", até aquela em que um indivíduo de grau superior (na hierarquia social) coloca-se de frente a outro de grau inferior para ressaltar uma precisa dominância. Alguns estudiosos fazem derivar este fenômeno do fato de as crianças identificarem a altura dos "adultos" com seu poder maior.

A orientação "lado a lado" é típica das relações de intimidade e de colaboração.

Diferenças transculturais

Como na distância pessoal e no contato físico, também na orientação as diferenças transculturais assumem notável importância: os povos árabes preferem a orientação "face a face" e os suecos evitam aquela a 90º (Ingham, 1973).

Postura

A postura – o modo em que se fica em pé, sentado ou deitado – é uma disposição espacial física, geralmente involuntária, influenciada pela cultura e pelo ambiente circunstante, que reflete determinadas regras e proibições. Ekman e Friesen (1969) afirmaram que a postura é um indicador da intensidade da emoção mais do que da própria emoção. Pode revelar a confiança e a percepção que o sujeito tem de si mesmo. Certamente é um importante sinal de status.

Mehrabian (1972) estudou a relação entre postura, status social e comportamento entre dois interlocutores, observando que se um dos dois é de *status* inferior, o outro se mostrará mais relaxado e em posição 'lateral', oblíqua. Se, ainda, o interlocutor for do sexo feminino, o relaxamento postural no outro é geralmente maior.

O relaxamento, porém, também pode significar antipatia; nesse caso, é destinado a aumentar. Charny (1966) examinou a relação entre congruência postural no âmbito do colóquio psiquiátrico, evidenciando que a incongruência postural dependeria da "distância psicológica entre os sujeitos".

Diferenças transculturais

As diversas posturas podem expressar emoções ou comportamentos interpessoais que variam de cultura para cultura. Existem, todavia, características comuns: para expressar humildade, por exemplo, diversos grupos étnicos – os turcos, os chineses, os europeus, os congoleses e outros – têm em comum o movimento da reverência, de se agachar, de inclinar a cabeça (Krout, 1942).

No Japão, o elemento mais importante nas relações humanas é o da *dominância/submissão*, que inclui três tipos de reverência: até 45°, pôr o peito pra fora, apoiar-se para trás. Os negros americanos assumem perante seu superior uma posição claudicante, com a cabeça agachada: o que porém, não indica submissão mas somente a exclusão do outro (Kudoch e Matsumoto, 1985).

4. O COMPORTAMENTO MOTÓRIO-GESTUAL

Um elemento fundamental da comunicação não verbal é a gestualidade, que deve ser considerada não em suas partes individuais mas em sua totalidade. As crianças começam a gesticular muito cedo (por volta dos nove meses) e dispõem de um repertório gestual que lhes permite oferecer ou apontar para objetos, fazer cumprimentos elementares, imitar os gestos de comer e beber. Inicialmente, seus gestos tendem a imitar fortemente os objetos que desejam representar. Com cinco-seis anos, ao contrário, as crianças são capazes de usar gestos muito mais abstratos (Jancovic, Devoe e Wiener, 1975).

Dentre os vários movimentos, os mais significativos são os da cabeça e os das mãos. Os acenos da cabeça desenvolvem um papel fundamental durante as conversações. Sua função principal é a de "reforço": isto é, podem encorajar o falante a continuar o discurso. Para Argyle (1974) acenos de consenso podem, em primeiro lugar, convidar o interlocutor a continuar no discurso, enquanto vários acenos sucessivos podem tornar explícita a intenção de querer tomar a palavra; em segundo lugar, os acenos da cabeça podem indicar que está se seguindo o discurso com atenção; em terceiro lugar, podem confirmar a validade das palavras do locutor. O autor falou de "dança gestual", entendendo um conjunto de movimentos físicos que acompanham os acenos da cabeça: seja do locutor seja do ouvinte. Relevo igualmente significativo têm os acenos das mãos.

Entre as diversas classificações dos gestos elaboradas por numerosos estudiosos (Rosenfeld, 1966; Freedman e Hoffman, 1967; Mahl, 1968; Argyle, 1975), notável importância tem aquela proposta por Ekman e Friesen (1969), que individualizaram cinco tipos fundamentais de gestos:

1) emblemáticos;
2) ilustradores;
3) ostentadores;
4) reguladores;
5) adaptativos.

Emblemáticos

Podem ser definidos assim todos os gestos intencionais, traduzíveis por meio de palavras. Sua função é reforçar ou substituir a comunicação verbal. São mais rápidos do que as palavras, executam-se em silêncio e têm um valor superior ao das próprias palavras. Típicos gestos emblemáticos são o sinal de carona e o OK com o polegar.

Diferenças transculturais

Muitos gestos emblemáticos – como apontar, fazer sinal de parar, bater palmas, cumprimentar com a mão, dar-se de ombros – são universais.

Outros, ao contrário, divergem dependendo das culturas em que são usados.

Por exemplo, dizer "não" balançando a cabeça – gesto que Darwin faz descender da recusa do peito por parte do lactante – é comum em toda a Europa setentrional, enquanto na Grécia e na Itália meridional o "não" é indicado com um movimento da cabeça para trás.

Outro gesto que assume um significado diferente, dependendo dos Países em que é utilizado, é a "mão em forma de bolsa": um gesto quase desconhecido na Grã-Bretanha, que indica uma interrogação na Itália, "bom" na Grécia, "lentamente" na Tunísia e "medo" na França. Caso análogo é o do gesto do "anel", formado pelo aproximar o polegar ao indicador, que nos Estados Unidos e na Europa quer dizer "OK" e, na França, ao contrário, indica alguma coisa "sem valor".

Ilustradores

Estes gestos, realizados principalmente com as mãos, ladeiam a comunicação verbal e podem sublinhar elementos específicos do discurso, indicando a direção do pensamento, reproduzindo ações do corpo e enfatizando determinadas palavras.

Diferenças transculturais

Também o sentido dos gestos ilustradores muda dependendo das culturas. Comparando os gestos dos judeus emigrados para os Estados Unidos desde a Europa oriental com os dos emigrantes italianos do sul da Itália, Efron (1974) evidenciou que, enquanto os italianos fazem um uso maior dos gestos ilustradores de tipo descritivo que implicam mais o antebraço, os judeus usam gestos de tipo "ideográfico" com elegantes movimentos da mão.

Ostentadores

Estes gestos – como mover freneticamente as pernas, apertar os punhos, tamborilar os dedos na mesa – revelam o estado emocional do sujeito.

Reguladores

Estes gestos – como levantar a mão, balançar a cabeça, arquear as sobrancelhas – servem para sincronizar as intervenções dentro de uma discussão. Podem indicar o interesse de continuar a conversação, a intenção de intervir, a vontade de pôr fim à discussão.

Adaptativos

São gestos aprendidos, geralmente, por crianças como modalidades de adaptação. Após terem sido experimentados com eficácia na maioria das vezes permanecem no adulto inconscientemente, sem o fim de comunicar mensagens precisas, e sim de auto-regular o sujeito.

Dentro dessa categoria, distinguem-se três tipos de sinais:

1) gestos *auto-adaptativos* (isto é, manipulação do próprio corpo);
2) gestos de *adaptação centrados no outro*;
3) gestos de *adaptação dirigidos a objetos*.

5. O COMPORTAMENTO MÍMICO DO ROSTO

O rosto é um canal privilegiado de expressão das emoções e dos comportamentos interpessoais. As áreas especialmente envolvidas são a área inferior que inclui a boca e o nariz; e a área superior, que inclui os olhos, as sobrancelhas e a fronte.

Numerosas pesquisas filogenéticas evidenciaram que – ao contrário dos animais inferiores, que fazem um uso mais amplo da postura – quanto mais alta é a posição do animal na hierarquia biológica, mais este faz uso da mímica facial. O estudo do desenvolvimento dos músculos faciais mostra que eles estão quase ausentes nos invertebrados e nas espécies inferiores. Diversamente, entre os primatas a mímica está mais desenvolvida entre aqueles que vivem em grupos permanentes.

Por outro lado, o rosto é um elemento fundamental para a interação adulto/criança e as expressões faciais da mãe constituem, para o recém-nascido, as bases da relação afetiva primária. O contato de olhares é fundamental na relação mãe/criança: tem, na "linguagem dos olhos", particular importância o contraste entre o branco do bulbo ocular e a cor da íris. O branco da esclerótica faz que a percepção de cada movimento ocular seja mais simples. Com esse propósito, Eibl-Eibesfeldt (1976) teorizou que tal característica tenha evoluído ao mesmo tempo que esta função.

Em geral, as funções principais do comportamento mímico do rosto são as de:

- expressar as emoções e os comportamentos interpessoais;
- enviar sinais para dentro da conversação;
- manifestar aspectos da personalidade.

Os comportamentos interpessoais mais importantes são o agrado e a atração. Estes se manifestam, principalmente, pelo sorriso e são interpretados como calor e agrado.

A dominância está caracterizada, ao contrário, pela ausência do sorriso e pelas sobrancelhas franzidas. Sobrancelhas completamente arqueadas indicam, por exemplo, incredulidade e terror; semi-arqueadas indicam surpresa e estupor; relaxadas indicam indiferença; baixadas indicam perplexidade, raiva ou cólera.

Em última análise, o rosto pode expressar traços da personalidade do sujeito: com o tempo, algumas expressões habituais podem se cristalizar tornando-se características precípuas do sujeito.

Diferenças transculturais

Numerosas pesquisas comparativas entre diversas culturas evidenciaram que muitas expressões faciais são universais, mas que as diferenças são igualmente notáveis. O cumprimento ocular efetuado com um rápido levantamento das sobrancelhas, por exemplo, é universalmente difundido. Mas com algumas exceções: no Japão é considerado inconveniente entre os adultos, enquanto na Grã-Bretanha e nos Estados Unidos denota a existência de uma relação amistosa anterior.

Um levantar de sobrancelhas mais lento é uma expressão universal que indica atenção, indignação ou recusa. Para os gregos – que o acompanham ao levantamento para trás da cabeça – o cumprimento ocular tem o significado de um "não" decidido (Eibl-Eibesfeldt, 1993).

6. O COMPORTAMENTO VISUAL

O olhar está certamente entre os principais canais de expressão das emoções e dos comportamentos sociais.

As principais funções do comportamento visual são:

- comunicar as próprias emoções e os próprios comportamentos interpessoais;
- sincronizar o diálogo;
- avaliar as intenções do próprio interlocutor.

Em um estudo de 1971, Exline observava que aqueles que durante uma conversação não dirigiam o olhar para o próprio interlocutor, comunicavam recusa ou indiferença; outros que, ao contrário, olhavam intensamente para o interlocutor (ou interlocutores) davam a impressão de uma certa excentricidade ou estranheza. Outras pesquisas (Argyle e Cook, 1976) evidenciaram uma relação estreita entre sexo e comportamento visual: as mulheres especialmente tornam-se, em grande medida, mais propensas do que os homens a olhares recíprocos.

Quanto às motivações do comportamento visual, numerosos estudos esclareceram que na base da pesquisa do olhar há a necessidade de uma recompensa, cuja origem pode estar na atração do recém-nascido que procura nos olhos maternos a *recompensa* do alimento e do contato físico. Diversamente, evitar o olhar é, invariavelmente, sinal de constrangimento.

O olhar pode assinalar também dominância e ameaça: entre os primatas em luta pelo domínio é utilizado, por um lado, para se mostrar ameaçadores, por outro, para evitar novas agressões; (pensemos no animal derrotado que desvia o olhar). Em todo caso, uma vez estabelecida a hierarquia dentro do grupo, serão os animais de grau inferior a dirigir o olhar para os próprios superiores.

Os estudos sobre o poder, conduzidos por Thibaut e Kelley (1974) e por Exline (1971), evidenciaram que numa conversação as pessoas menos "poderosas" têm uma exigência maior de controlar visualmente o outro, enquanto as dominantes não controlam os outros interlocutores. Argyle (1972) deteve-se sobre o lado passivo do comportamento visual (isto é, sobre o ser olhado), notando que receber o olhar de outros pode trazer inicialmente uma sensação positiva de recompensa, mas que o excessivo prolongar-se de tal situação pode gerar constrangimento e ânsia (esta última derivada, provavelmente, de experiências infantis de excessivo controle por parte dos pais).

Outro nexo importante subsiste entre a personalidade e os diferentes comportamentos visuais: os indivíduos extrovertidos utilizam freqüentemente o olhar; os indivíduos dominantes recorrem a ele, ao contrário, em situações de maior competitividade. Geralmente, as mulheres olham para as pessoas que falam quando sentem simpatia por elas; os homens o fazem enquanto escutam.

Diferenças transculturais

A interação visual tem diferentes significados dependendo das culturas nas quais se expressa. Com base num estudo realizado sobre cento e dez estudantes estrangeiros na universidade de Colorado, Watson (1972) notou que os árabes, os sul-americanos e os europeus meridionais costumam usar o olhar muito mais do que os estudantes de outras culturas. Por outro lado, na Índia, onde não existe o namoro, olhar de maneira direta para uma pessoa do sexo oposto é considerado – ao mesmo tempo – excitante e constrangedor.

7. OS ASPECTOS NÃO VERBAIS DA FALA

Em geral, os aspectos não verbais da fala podem ser distinguidos em quatro níveis:

1) *verbal*;
2) *entonacional*;
3) *paralingüístico*;
4) *cinésico*.

Os últimos três sistemas fazem parte, claramente, da comunicação chamada "não-verbal". Entre estes já examinamos o sistema cinésico, por sua vez subdividido em quatro elementos principais: *comportamento espacial, comportamento motor-gestual, comportamento mímico do rosto* e *comportamento visual*.

Os *sistemas entonacional* e *paralingüístico* podem ser agregados por afinidades, reconduzindo ambos à análise dos aspectos não verbais da fala. Esses são aspectos não estritamente lingüísticos e não verbais, que acompanham as enunciações e que não são absolutamente desprezíveis na comunicação humana.

Trager (1958), entre os primeiros a concentrar a atenção em tais fenômenos, classificou-os dentro da categoria *paralingüística*, individualizando duas categorias principais:

1) a *qualidade da voz*: o tom e a ressonância, elementos capazes de tornar claras expressões emocionais e traços de personalidade;
2) as *vocalizações*: os sons, que Trager subdivide em três categorias:
    a) caracterizadores vocais (sons bem definidos, como o riso, o choro, os lamentos, etc.);
    b) qualificadores vocais (intensidade, pausas, entonação, tons ascendentes ou descendentes, repetições);
    c) segregadores vocais (sons tipo "uh" ou "uh-hum", que embora não sejam realmente palavras, comunicam alguma coisa).

Outros estudiosos realizaram classificações diferentes. Por exemplo, Argyle (1974) distinguiu entre aspectos vocais não verbais *dependentes do discurso* e *independentes do discurso*.

Os aspectos vocais não verbais *dependentes do discurso* caracterizam-se por:

a) sinais prosódicos (um tom de voz ascendente para fazer uma pergunta, uma sonoridade maior para dar ênfase ao discurso), que são parte constitutiva da linguagem mas transmitem também informações emocionais;
b) sinais sincrônicos (um tom de voz descendente para acabar uma frase);
c) pausas preenchidas (sons como "ehm", "ah", balbucios, omissões).

Os aspectos vocais não verbais *independentes* do discurso distinguem-se em:

a) barulhos emocionais (choro, riso, lamentos);
b) sinais paralingüísticos (transmissores de emoções e de comportamentos interpessoais);
c) qualidade da voz;
d) pronúncia.

Laver e Trudgill (1982) consideraram diversas características relativas aos aspectos não verbais da fala:
— físicas (a idade, o sexo, etc.);
— sociais (o *status* social, a proveniência territorial, a profissão);
— psicológicas (a personalidade e a expressividade das emoções).

No que se refere às funções dos indicadores não verbais da fala, Laver e Trudgill distinguiram entre:

- a *função informativa*, própria de cada indicador vocal, que pode transmitir informações do emissor ao destinatário;
- a *função comunicativa*, própria somente de alguns indicadores vocais uma vez que o emissor quer intencionalmente tornar o destinatário consciente de alguma coisa.

E, disso, três características principais do comportamento vocal:

- as *características extralingüísticas da voz*: os elementos anatômicos e as modalidades habituais com os quais o indivíduo modula sua voz, que permitem individualizar sua idade, sexo, condições físicas, as características invariáveis da voz (nasal, labial, áspera);
- as *características paralingüísticas do tom da voz*: os elementos dependentes das convenções sociais e culturais, que têm o fim de transmitir informações sobre o estado emocional do falante. Davitz (1964) evidenciou as estreitas conexões entre as emoções e os elementos paralingüísticos: à ansiedade corresponde um modo de falar rápido e de tom elevado; à depressão do humor corresponde um modo de falar lento e de tom baixo;
- as *características fonéticas*: pronúncia e sotaque.

Estudando as "esferas" do silêncio, Bruneau (1973) deu atenção ao significado relativo ao início da conversação, salientando ainda que o silêncio pode significar cautela e atenção com o interlocutor, uma relação emotivamente íntima, uma forma de controle social ou, ainda, mal-estar interpessoal.

Diferenças transculturais

O tom e a intensidade da voz são diferentes dependendo dos grupos étnicos examinados. Os americanos, por exemplo, usam um tom de voz mais alto e uma freqüência mais baixa em relação aos alemães (Scherer, 1979). Os árabes falam com um tom de voz alto porque é considerado mais "sincero". Os japoneses são muito controlados também nesse canal expressivo.

8. O ASPECTO EXTERIOR

> *Somente as pessoas superficiais
> não julgam os outros pelo aspecto exterior.
> O visível, não o invisível,
> constitui o verdadeiro enigma do mundo.*
> Oscar Wilde

Com a teoria da *apresentação de si* Goffman (1969) tentou mostrar como as pessoas com a intenção de dar aos outros uma impressão diferente de si, encenam uma espécie de representação teatral, que começa com a transformação do próprio aspecto exterior. Essa evidência é conhecida há tempos pelos etologistas, que estudam as modalidades de comunicação do aspecto exterior entre os animais: pensemos no uso da cauda dos pavões machos para impressionar as fêmeas ou nas transformações cromáticas da extremidade posterior dos macacos fêmeas, que se torna azul para manifestar a própria disponibilidade sexual.

Num estudo de 1970, Stone defendeu que a criança passa por três fases:

1. anterior à brincadeira, em que as crianças vestem-se de acordo com os desejos da mãe;
2. do jogo individual, em que as crianças vestem-se seguindo a própria fantasia;
3. do jogo social, em que as crianças vestem roupas segundo o grupo de referência para indicar que fazem parte dele.

Geralmente, adolescentes e adultos que têm uma imagem precária de si, estão muito preocupados pelo próprio aspecto físico e adotam estilos segundo o grupo social e cultural ao qual pertencem.

Para definir o aspecto exterior é útil fazer referência principalmente a:
– rosto;
– conformação física;
– roupa, maquiagem, penteado.

O rosto tem uma grande importância para comunicar a identidade individual. Vários estudos sobre o rosto e sobre sua conformação física, para avaliar sua relevância na comunicação não verbal, evidenciaram a existência de regularidades na relação entre o aspecto exterior e a personalidade.

Podem ser distinguidas três categorias:

1) *endomorfo*: gordo, redondo;
2) *ectomorfo*: alto, esguio;
3) *mesomorfo*: musculoso, atlético.

A medicina constitucional tradicional considerava que os indivíduos *mesomorfos* eram mais agressivos e propensos ao risco; os indivíduos *ectomorfos* mais inteligentes e nervosos; os indivíduos *endomorfos*, mais relaxados e preguiçosos. Ora, se é verdade que o aspecto físico está determinado na sua maior parte, por uma multiplicidade de fatores imodificáveis, ele pode ser "modulado" para fins de uma comunicação diferente. Na antiga China, por exemplo, enfaixavam-se os pés para reduzir seu tamanho; em algumas regiões da África enfaixava-se a cabeça para modelá-la de forma oval. Na sociedade moderna, as mulheres modificam o próprio corpo seja de modo brando, apertando-o em corpetes ou embutindo os sutiãs; seja de maneira mais invasora, com cirurgia plástica.

O aspecto físico pode ser examinado por seus dois elementos principais: a *estatura* e o *peso*. A estatura influi significativamente na impressão que os outros têm de um indivíduo, principalmente de um homem. As pessoas mais altas têm maiores possibilidades de sucesso na política, por exemplo. O peso, por outro lado, incide principalmente na imagem das mulheres: as de peso excessivo sofrem os efeitos de marginalização e freqüentemente são desvalorizadas em seus locais de trabalho. Pensa-se que a causa de tudo isso resida no preconceito que considera sua condição física um obstáculo para a capacidade de autocontrole.

Os outros elementos do aspecto exterior – as roupas, a maquiagem, o penteado – ainda estão mais ligados ao controle voluntário e podem ser mais facilmente modificados. Desse ponto de vista, o aspecto exterior é um dos meios mais eficazes para exibir a si próprios e para enviar aos outros sua própria imagem. Por meio desses sinais podem-se deduzir elementos sobre a personalidade de um indivíduo, seu *status* social, a idade, o grupo ao qual pertence.

Da roupa obtêm-se muitos traços da personalidade. Erickson e Sirgy (1985) observaram que as mulheres que vestiam roupas mais práticas eram aquelas com maior tendência ao sucesso no trabalho. Compton (1962) constatou que as jovens mais extrovertidas preferiam roupas de cores mais vivas. O fato de pertencer a um grupo é comunicado claramente ao se vestir, por exemplo, um uniforme. A bata branca dos médicos, portanto, pode ser entendida como um elemento que define a distância e, ao mesmo tempo, maior profissionalismo. Os *punks*, os *hippies*, os *skinheads* têm uma forma própria de se vestir.

Poll (1965) observou, estudando o mundo judeu ortodoxo, que a hierarquia de *status* não tem a ver com a profissão, mas baseia-se na freqüência da prática religiosa e nos elementos do aspecto exterior como a barba, as tranças laterais, o chapéu, o casaco.

De modo mais geral, pode-se afirmar que o comportamento de "quem responde" muda em relação ao aspecto exterior diferente de "quem pergunta" (Exline, 1969). Essa tese foi confirmada pelas pesquisas experimentais de Sisson (1971), o qual, fazendo um ator interpretar dois papéis, um indivíduo de classe média e um operário, notou como as pessoas são mais propensas a dialogar com o primeiro do que com o segundo.

Consideremos, finalmente, os outros elementos do aspecto exterior:

- os *cabelos*. Hallpike (1969) defendeu que em muitas culturas o comprimento dos cabelos indica uma situação marginal na sociedade (o uso de cabelo comprido pode ser visto nos *clochards*, nos *hippies*, nos ascetas, etc.). Por outro lado, o cabelo curto facilita a procura de emprego;
- a *maquiagem*. As mulheres que usam cosméticos geralmente são consideradas mais atrativas e simpáticas (Graham e Jouhar, 1980), enquanto aquelas que não usam maquiagem são consideradas mais competentes no trabalho;
- os *óculos*. Conferem menor capacidade de atração física. As mulheres que usam óculos são certamente consideradas mais inteligentes e preparadas profissionalmente, mas com menos charme: de fato, observou-se que os homens fazem menos *abordagens* às mulheres com óculos.

Com suas pesquisas, Cunningham (1986) evidenciou que o que suscita maior atração física nos homens são as maçãs-do-rosto largas, as bochechas estreitas, as sobrancelhas altas, as pupilas grandes, o sorriso amplo. Os homens preferem as mulheres com lineamentos regulares, pequenos, quase infantis. As mulheres, ao contrário, consideram atraentes os homens altos, magros, com nádegas pequenas; todavia, características não necessariamente físicas, como os modos, o humor, a inteligência, também têm grande importância (Wilson e Nias, 1976).

Diferenças transculturais

Em todos os povos, cada indivíduo adorna e transforma o próprio aspecto exterior. As roupas transmitem informações rápidas sobre o *status*: no Japão, por exemplo, há uniformes quase para cada grupo de trabalho e atividade. A mesma função têm os tartãs na Escócia, as gravatas dos clubes ingleses, etc.

Os árabes cobrem-se muito. As mulheres principalmente são obrigadas a regras rígidas sobre como aparecer em público. Ao contrário, os ocidentais para se embelezar usam cosméticos, jóias, corpetes, enchimentos. Os africanos modificam mais radicalmente o próprio corpo por meio de tatuagens, cicatrizes, argolas no nariz, lâminas para os lábios, fundas para o pênis.

9. COMUNICAÇÃO NÃO VERBAL E DIFERENÇAS DE GÊNERO

A comunicação não verbal apresenta notáveis diferenças de gênero sexual graças a fatores tanto fisiológicos, quanto socioculturais. Provavelmente, por fatores inatos, as mulheres mostram interesse maior pelo rosto, tanto é verdade que para observá-lo e examiná-lo, elas se aproximam do interlocutor até distâncias muito próximas.

Os motivos fisiológicos de tais diferenças de gênero residem no fato de que o corpo caloso do cérebro feminino facilitaria a passagem direita-esquerda das informações e, portanto, melhores intercâmbios entre elementos verbais e não verbais. Essa hipótese foi apresentada por Safer (1981), ao conduzir um experimento que demonstrava uma capacidade de decodificação das imagens qualitativamente superior nas mulheres em relação aos homens.

Numa perspectiva sociocultural, a presença de verdadeiras regras subculturais entre homens e mulheres acentua as já diversas modalidades sexuais de comunicação. Na infância, os homens geralmente são mais assertivos, embora as mães tendam a desencorajar tais propensões, reforçando-as, ao contrário, nas mulheres. As diferenças são máximas para as duplas M-M em relação àquelas F-F principalmente pelo olhar, a proximidade e o tom da voz.

As mulheres tendem a ser mais cooperativas, menos dominantes, mais afiliativas, abertas e leais com outras mulheres; na decodificação elas observam principalmente o rosto, canal que mostra o que o próprio interlocutor deseja que seja visto e não aquilo que pretende esconder (Rosenthal e De Paulo, 1979). Os homens apresentam-se, ao contrário, mais "falsos" e dominantes. Prestam atenção particularmente à voz, já que esse é o canal que mais deixa transparecer aquilo que se quer esconder.

Passemos agora a analisar as diferenças sexuais nas várias componentes da comunicação não verbal:

– a expressão do rosto;
– a voz;
– o comportamento espacial;
– a gestualidade;
– o contato corporal.

A expressão do rosto

De numerosos estudos e pesquisas aparece com toda clareza que são as mulheres – sozinhas ou acompanhadas – as que sorriem mais (Mackay, 1974). Seu sorriso não é somente de tipo afiliativo: sorriem muito também em situações de ansiedade e particular nervosismo; as tímidas tendem a sorrir muito mais freqüentemente (Frances, 1979).

A voz

As diferenças sexuais na voz devem-se a fatores anatômicos e a elementos comportamentais. Em razão de sua tendência a sorrir freqüentemente enquanto falam, as mulheres têm um tom de voz mais agudo, descendente nas expressões de surpresa, vivaz, gentil (Brend, 1975). Os homens falam mais lentamente, interrompem mais amiúde o próprio interlocutor e, se em situação desconfortável, utilizam pausas preenchidas, cometendo normalmente muitos erros. Por outro lado, se as mulheres interrompem alguém enquanto fala é para fazer perguntas ou encorajar o próprio interlocutor (Frances, 1979).

O comportamento espacial

As duplas que tendem a aproximar-se mais são as F-F e F-M, enquanto as M-M escolhem uma distância maior (Hayduk, 1983). Além do mais, enquanto os homens não gostam de ser "invadidos" frontalmente, as mulheres não gostam da invasão lateral.

A comunicação não verbal

A gestualidade

Os homens são, geralmente, exuberantes e irrequietos: ocupam mais espaço, sentam-se de pernas abertas, cotovelos para fora, mudam freqüentemente de posição com movimentos amplos e enérgicos. As mulheres, ao contrário, ocupam menos espaço, são mais expressivas, constrangidas e envolvidas; além do mais, mantêm as pernas e os pés próximos e cruzados, fazem movimentos pequenos e nervosos (Davis e Weitz, 1979).

O contato corporal

Se o contato corporal é acionado por uma pessoa conhecida (e em partes do corpo adequadas) é geralmente avaliado positivamente pelas mulheres; os homens, ao contrário, o vivem como uma intrusão indevida e, em alguns casos, agressiva (Stier e Hall, 1984).

10. O CHORO E O SORRISO NA INTERAÇÃO MÃE-FILHO

Já ao nascer a criança possui alguns dispositivos biológico-adaptativos que a tornam capaz, dentro de certos limites, de ativar seqüências comportamentais nos pais biológicos, ou nos indivíduos pertencentes a seu mesmo grupo. O choro e o sorriso representam dois dentre os mais importantes comportamentos adaptativos que permitem a sobrevivência da criança.

O choro

É um dispositivo comportamental de importância primária, presente na criança desde o nascimento. Como para quase todos os outros mamíferos, tem a função de chamar a atenção do adulto sobre comportamentos que aumentem as probabilidades de sobrevivência da criança.

Assim como no homem, nos primatas o choro do pequeno chimpanzé põe em alerta a mãe, que corre até ele, toma-o nos braços e o tranqüiliza. Observou-se, em alguns casos, que neste esquema de comportamento protetor, as fêmeas de chimpanzé atacavam aqueles que haviam provocado o choro dos pequenos, não poupando nem sequer os machos adultos dominantes, geralmente protegidos de qualquer gesto hostil ou forma de ataque.

Após a observação do choro de um amplo número de recém-nascidos, gravado em fita com a ajuda de espectógrafos, Wolff (1969) distinguiu o choro em três tipos.

1. O *choro básico* (definido também como *choro de fome*). É possível encontrá-lo já meia hora após o nascimento e dura até todo o segundo mês de vida ou mais. Tem características variáveis;
2. O *choro de raiva*. Distingue-se qualitativamente do primeiro pelo som mais estridente. Suas freqüências sonoras são, de fato, nitidamente mais altas. Alguns estudiosos teorizam que, diferentemente daquele de base, é um choro de exasperação ou de raiva;
3. O *choro de dor*. Foi observado durante a internação de recém-nascidos num hospital, quando picados para uma colheita de sangue. Esse choro prolongado era seguido de uma inspiração, depois de outro choro igualmente prolongado, para tornar-se finalmente rítmico. Wolff defendeu que esse choro (longo, repentino e intenso) poderia ter a função de alertar a mãe.

É plausível considerar que tanto o *choro básico* quanto o *choro de raiva* representam sinais emitidos pela criança para expressar a necessidade de ser alimentada, de ser cuidada ou de entrar em contato com o corpo da mãe. De fato, a criança – incapaz de se aproximar da mãe mediante suas próprias forças (diferentemente dos macacos, que sobem literalmente no corpo da mãe) – chora para fazer notar suas necessidades emotivas e alimentares.

Em algumas populações africanas, as necessidades das crianças são correspondidas, preventivamente, antes que comecem a chorar (Konner, 2002). As mulheres dessas sociedades, levando as crianças sempre com elas, têm um perfeito conhecimento de suas necessidades, que as torna capazes de satisfazê-las oportunamente.

Nos hospitais ocidentais há salas especialmente equipadas para as crianças; nas casas, ainda, são preparados quartos que lhes permita expressar todas as emoções: também o choro a pleno pulmão. Segundo alguns autores, na ausência de patologias ou de condicionamentos ambientais, tanto a duração como o tempo do choro tendem a aumentar com a distância espacial entre a criança e a mãe.

Muitos foram os psiquiatras, psicanalistas e psicólogos clínicos (Fromm, Bowlby, Klein, A. Freud, Winnicott, Mahler e outros) que analisaram as conseqüências da separação no desenvolvimento da personalidade e do Eu da criança. Em particular, focalizando experiências de vida precoces nos contextos criança-família e mãe-criança, Bowlby distinguiu a separação em: *separação materna grave* e *separação parcial*. A primeira verificava-se, nas instituições para a infância, quando ninguém cuidava da criança; a segunda quando a mãe (mesmo que presente) não cuidava do filho. Essas formas de separação provocam, segundo Bowlby, ansiedade, espírito de vingança, sentimento de culpa, depressão, neurose, instabilidade do caráter, graves dificuldades para estabelecer relações significativas.

De seu ponto de vista, Ainsworth distinguiu três formas de separação materna: insuficiência, distorção e descontinuidade. Estudos em retrospectiva avaliaram algumas conseqüências negativas da separação materna, relacionando esta com os defeitos da linguagem e a incapacidade de estabelecer relações de amizade: tal evento foi definido como "desordem comportamental psicopata".

Entrelaçando as evidências da etologia com os estudos psicanalíticos freudianos, Bowlby salientou mais do que qualquer outro os efeitos positivos do amor materno para um desenvolvimento sadio da criança e os efeitos negativos da separação materna. Em *Attaccamento e perdita* (Apego e perda), Bowlby escreveu: "Na disposição descrita (por exemplo, uma creche ou um hospital), uma criança de 15-30 meses, que teve com a mãe uma relação de razoável segurança e até então nunca foi afastada dela, mostrará em geral uma seqüência comportamental previsível, que pode ser subdividida em três fases, com base no tipo de atitude com a mãe que resulta dominante. Descrevemos essas fases como "protesto", "desespero", e "separação". Embora ao apresentá-las seja oportuno diferenciá-las nitidamente, é necessário perceber que cada uma se funde com a sucessiva, por isso uma criança pode se encontrar durante dias ou semanas em um estado de transição entre uma fase e outra ou em alternância entre duas.

A fase inicial, a do protesto, pode ter início imediatamente, ou pode ser atrasada; dura de poucas horas a uma semana ou mais e, nesse meio tempo, a criança parece terrivelmente angustiada por ter perdido a mãe e tenta reconquistá-la com o exercício completo de seus limitados recursos. Freqüentemente chora forte, sacode o berço, joga-se de um lado para o outro, e vira-se raivosamente para tudo o que vê ou barulho que ouve e que poderia representar a presença da mãe perdida. Todo seu comportamento faz pensar que ela espera com grande empenho sua volta. Nessa fase é levada a recusar todas as figuras alternativas, que se oferecem para fazer alguma coisa por ela, mesmo havendo casos em que as crianças apegam-se desesperadamente às vigias.

Durante a fase de desespero que segue ao protesto a preocupação da criança pela perda da mãe ainda é evidente, mesmo que seu comportamento sugira uma crescente desconfiança. Os movimentos físicos ativos diminuem ou até mesmo se bloqueiam e ela pode chorar de modo autônomo ou intermitente. É reservada e inativa, não pede nada às pessoas que estão ao seu redor e parece estar em um estado de profunda aflição. Esse é um estágio de calma que, às vezes, erroneamente, faz pensar em um começo de diminuição da tristeza.

Já que a criança sente mais interesse pelas coisas que a circundam, a fase da separação que segue, mais cedo ou mais tarde, ao protesto e ao desespero, é vista freqüentemente como um sintoma de recuperação. O pequeno não afasta mais as vigias; aceita seus cuidados e a comida e os brinquedos que elas levam e pode até sorrir e ser sociável. Para alguns, essa mudança parece satisfatória. Todavia, quando a mãe vai fazer uma visita pode-se ver que nem tudo vai bem, porque falta de maneira surpreendente a reação à mãe, normal nessa idade. Ela não só não a cumprimenta, como parece somente conhecê-la; longe de se apegar a ela, pode ficar distante e apática; em vez de chorar, vira as costas indiferente. Enfim, parece ter perdido todo interesse por essa mulher.

Caso essa criança tivesse que prolongar sua permanência no hospital ou na creche e se, como acontece, se afeiçoasse a toda uma série de vigias que, uma após outra, em determinado momento a abandona, fazendo-lhe assim repetir toda vez a experiência original sofrida com a mãe, ela agiria, com o tempo, como se nem o fato de ter uma mãe, nem o contato com os seres humanos tivessem muito significado para ela. Depois de uma série de transtornos determinados pela perda de diversas figuras maternas às quais, uma a uma, deu uma certa confiança e um certo afeto, confiará gradualmente sempre menos naquelas que virão e, em determinada hora, cessará totalmente, não se apegando mais a ninguém.

Fechar-se-á sempre mais em si mesma e, em vez de dirigir seus desejos e sentimentos para os outros, ocupar-se-á de coisas materiais como doces, brinquedos, comida. Uma criança que mora numa instituição ou num hospital e que alcançou esse estágio, não se perturbará mais quando as vigias ou as enfermeiras forem substituídas e a deixem. Cessará também de mostrar seus sentimentos quando os pais forem visitá-la e eles poderão ficar tristes quando perceberem que tem um ávido interesse pelos presentes que ganha, mas pouco por eles, como pessoas especiais para ela. Parecerá alegre e adaptada à sua insólita situação e claramente desenvolta e nem um pouco amedrontada por alguém. Mas essa sociabilidade é superficial: ela realmente mostra que não se importa mais com ninguém" (Bowlby, 1969).

Embora muitos problemas ainda devam ser investigados (pensemos no papel e na influência dos fatores constitucionais), podemos afirmar que o choro da criança representa uma relação fundamental que a mãe estabelece com o filho nas formas da alimentação e da proteção.

O sorriso

Assim como o choro, o sorriso pode ser considerado um dos principais dispositivos adaptativo-comportamentais dos quais dispõe a criança. Com toda probabilidade, o sorriso aparece mais tarde em relação ao choro.

No decorrer do primeiro mês de vida, mesmo que não solicitados por estímulos precisos, às vezes aparecem no rosto da criança fugazes sorrisos. Após o primeiro mês podem se reconhecer claramente sorrisos evocados, predominantemente, pela voz e pelo rosto humano.

Esse processo continua até cerca do sétimo mês, numa maturação progressiva do sorriso que perante um rosto – da mãe ou de qualquer outra pessoa – expressa sociabilidade e prazer. Depois dessa fase, a criança começa a não responder mais com o sorriso às pessoas estranhas ou a rostos desconhecidos: uma pessoa estranha pode ser recebida com gritos, choro e medo.

Numa pesquisa experimental, Ahrens (1953) salientou que durante o segundo mês de vida bastam poucas manchas pretas num cartãozinho branco para provocar um sorriso na criança. Mais tarde a imagem deverá lembrar um rosto, até quando será somente um rosto humano o que suscitará o sorriso. Em todo caso, nada como o rosto da própria mãe, especialmente se a criança pode ouvir sua voz, para provocar o sorriso.

Capítulo 6

Natureza e cultura das emoções

> Ciang-Tse e Hui-Tse encontravam-se na ponte do rio Hao. O primeiro disse: "Olha os góbios como correm daqui pra lá. É a alegria dos peixes". "Você não é um peixe – replicou o segundo – portanto, como você pode saber em que consiste a alegria dos peixes?". Ciang-Tse respondeu: "Você me pergunta como eu posso saber em que consiste a alegria dos peixes: eu sei, pela alegria que eu mesmo sinto na água".
>
> *Antigo conto chinês*

1. PERSPECTIVAS TEÓRICAS

Embora sejam muitas as evidências científicas sobre a natureza das emoções e sobre como elas (e as expressões mímicas a elas associadas) mudam com as variações das diversas culturas, as dificuldades relativas a seu estudo ainda são relevantes. As perguntas sobre o que são e o que exprimem as emoções ainda são atualíssimas, mesmo mais de um século após a publicação do célebre livro de Darwin *A expressão das emoções no homem e nos animais* (1872): o primeiro estudo sistemático comparado dirigido a colher seus significados adaptativos.

A extrema complexidade de tais fenômenos não facilita em absoluto a procura de uma definição conceitual passível de ser compartilhada por todos os estudiosos. Isso é devido, por um lado, à impossibilidade de estudar as emoções ao vivo e, por outro, à necessidade de recorrer à analise derivada de alguns equivalentes e correlatos fisiológicos que a acompanham. Naturalmente, os riscos conceituais decorrentes disso são numerosos: o primeiro de todos, o de um fácil antropomorfismo no estudo dos comportamentos emotivos no plano animal.

O antigo conto chinês na epígrafe nos adverte, com esplêndidas alegorias, sobre os riscos de um comportamento antropomórfico, sempre presentes em todo discurso sobre as emoções: riscos conhecidos, por outro lado, que no século 19 marcaram grande parte das teorias da psicologia comparada e que ainda hoje representam o terreno escorregadio de uma certa etologia que pretende fazer derivar "analogicamente" os correlatos biológicos das emoções de sentimentos como a alegria, a tristeza, a agressividade e outros.

Existem diversas teorias que, na tentativa de dar uma explicação das emoções, privilegiam seus correlatos fisiológicos. Examinemos a seguir as mais significativas.

Teoria de James-Lange

Na teoria clássica de James e Lange, a emoção é determinada pela chegada das reações emotivas e viscerais na esfera perceptiva: isto é, o evento emotivo estaria determinado pelas respostas do organismo aos estímulos que causam o medo, a raiva, a tristeza ou a alegria. Em outras palavras, um estímulo se tornaria conscientemente emotivo após a resposta que ele provoca: assim, um estímulo aterrorizante determinaria um estado emocional de medo após as reações do organismo.

Um exemplo clássico é o do indivíduo que ao se ver repentinamente na frente de um carro que está por atropelá-lo, dá um pulo para evitá-lo e somente depois que escapou do perigo começa a suar, tremer e sentir medo (Oliverio, 1982).

Teoria das emoções de Cannon

Diversamente de James e Lange, Cannon considera quase impossível definir a emoção que um indivíduo sente a partir de suas respostas fisiológicas, pois em todas as emoções há uma ativação do "sistema simpático". Segundo Cannon, as emoções se verificariam, em primeiro lugar, num plano pálio-encefálico (as estruturas mais antigas do cérebro) e somente depois se ativariam as funções corticais e viscerais. A teoria de Cannon pode ser plausivelmente definida como "central", em contraposição à "teoria periférica" de James e Lange.

Teoria de Schachter

As teorias segundo as quais as emoções podem ser explicadas com base nas modificações fisiológicas que se verificam no sistema nervoso central, ou com base nas modificações viscerais e periféricas, levam em consideração somente aspectos parciais das dinâmicas em jogo nas emoções. Segundo Schachter, elas seriam determinadas, em parte, pela ativação do sistema simpático, em parte, por mecanismos relacionados a processos de tipo cognitivo: isto é, à interpretação e à elaboração dos dados de uma determinada situação.

Para esclarecer sua hipótese, o autor dá o exemplo de um homem que, caminhando por uma rua escura, de repente topa com um assaltante armado: o encontro – que claramente provoca medo, no lugar de raiva ou de outra emoção (já que experiências anteriores o levam a classificar a escuridão, o assaltante e a arma como ameaçadores) – aciona nele uma reação imediata do sistema simpático.

Para Schachter, as emoções estão relacionadas, em parte, às respostas fisiológicas induzidas, em parte pela ativação do sistema simpático, em parte pela situação específica. O papel do componente cognitivo – baseado também em fatores nervosos, embora só os circuitos pálio-encefálicos não bastem para explicar tudo – mobiliza respostas emotivas que refletem as experiências passadas, assim como, por outro lado, acontece com as expectativas do indivíduo (Schachter, 1971).

A hipótese que atualmente tem maior crédito é a que considera a "resposta emotiva" um processo de *adaptação* do organismo ao ambiente circunstante: as emoções permitem adaptar-se ao ambiente de maneira flexível, "desenganchando" a reação comportamental dos mecanismos de resposta rígidos ou instintivos e permitem a avaliação cognitiva do evento-estímulo (Scherer, 1982).

Os aspectos fundamentais desse processo são:

– a *avaliação cognitiva* do evento em relação às necessidades e às exigências do organismo;

- a *preparação fisiológica e psicológica* da ação necessária para enfrentar o estímulo;
- a *comunicação-sinalização* do organismo ao ambiente circunstante a respeito do próprio estado, sobre as intenções e reações.

A tese de que o fenômeno emotivo é uma experiência constituída por componentes diversos encontra consenso crescente. Quer dizer, a emoção seria uma experiência complexa que vê a participação integrada de:

- um *componente cognitivo*, capaz de avaliar a situação-estímulo causadora da emoção;
- um *componente fisiológico*, que compreende o sistema neurovegetativo. O estímulo que desencadeia a resposta emotiva aciona os sistemas nervoso central, autônomo e endócrino;
- um *componente expressivo-motor*, que exerce um papel sobre as variações do tom da voz, da fala, da expressão facial e corporal;
- um *componente motivacional*, predispondo o organismo a agir, a elaborar planos e a formular intenções para satisfazer necessidades específicas;
- um *componente subjetivo*, que permite a reflexão sobre a experiência e a vivência pessoal, nomeando e rotulando os estados emotivos específicos.

Todos estes fatores são interdependentes e contribuem para determinar (e caracterizar) a experiência emocional como processo dinâmico (Izard, 1977; Plutchik, 1980; Scherer, 1983). Entre os diversos componentes, todavia, não há uma relação de causalidade. Por exemplo, a resposta fisiológica pode não responder ao estímulo ambiental que a ativou; assim como a expressão facial pode não ser justificada pela experiência emotiva vivenciada.

Os estudiosos ainda não concordaram sobre um modelo que explique melhor o mecanismo da resposta emotiva. Como foi observado, segundo a *teoria de James-Lange* os aspectos cognitivos concernentes à avaliação dos estímulos seguem-se à resposta expressivo-motora (por exemplo, não é o medo que provoca o tremor, mas é o tremor que representa uma manifestação do medo). Essa tese é sustentada por amplas respostas em âmbito clínico, onde foi verificado que os pacientes acometidos por paralisias de importantes zonas do corpo apresentavam uma capacidade menor de sentir emoções.

Com base na *teoria de Cannon*, ao contrário, entre o componente cognitivo e o expressivo-motor não existe relação causal, dado que ambos dependem da ativação de áreas cerebrais específicas. A tese elaborada por Schachter, de outro modo, salienta que o estímulo ambiental tem o poder de ativar, contemporaneamente, as respostas cognitiva e fisiológica: o encontro desses dois componentes determina a experiência emocional.

Os dissensos entre os estudiosos atenuaram-se com o tempo. Por outro lado, é de pouca utilidade continuar debatendo sobre uma abstrata superioridade de um ou outro componente. Poderia se afirmar que existem muitos tipos de emoções: tantos quantos são as causas. Por exemplo, a percepção do estímulo e a reação fisiológica caracterizam a experiência do medo; enquanto a tristeza é determinada pela experiência subjetiva de reflexão sobre a própria vivência e pelo componente motivacional que permite uma projeção e programação do próprio agir futuro.

O debate sobre a definição das funções a serem atribuídas ao fenômeno emotivo, portanto, ainda está em aberto. A tese que considera a emoção um mecanismo adaptativo do organismo para enfrentar o ambiente circunstante foi elaborada por Darwin mais de um século atrás, em 1872.

Segundo outros estudiosos (Hebb, 1949; Pribram, 1980), a emoção constitui uma espécie de "interrupção" ou de interferência em relação às seqüências comportamentais em ação. Essa posição, que poderia concernir somente àquelas situações em que se experimentam emoções fortes (principalmente negativas), não parece adequada para explicar os casos em que a resposta emotiva não constitui um obstáculo, e sim uma facilitação do comportamento (por exemplo, sentir interesse e satisfação por alguma coisa).

2. A EXPRESSÃO DAS EMOÇÕES

Darwin foi o primeiro a aplicar-se ao estudo das expressões emocionais no mundo animal. O pai do evolucionismo, em 1872, apresentou um estudo em que individualizava e listava expressões mímicas e somáticas correspondentes a estados emocionais diversos. O cientista inglês indicava as emoções como fatores essenciais para a sobrevivência da espécie,

O desafio da comunicação

no mais amplo processo da adaptação ambiental: em outras palavras, a expressão das emoções tornava-se um elemento indispensável para o bem-estar do grupo em suas necessidades de cooperar e reproduzir-se.

Darwin assinalou numerosas situações em que a expressão emocional revelava-se crucial: por exemplo, permitir aos filhotes que se comuniquem com a mãe para obter ajuda; favorecer a troca social entre os membros do grupo; incentivar as relações sociais; favorecer respostas de empatia e de ajuda. Além do mais, suas pesquisas evidenciaram que a expressão das emoções pode influenciar positivamente o estado emocional da pessoa e pode ser modificada pela experiência.

As pesquisas posteriores covalidaram a teoria de Darwin. Os estudiosos concordam com a existência de um certo número de emoções primárias, geradas por várias situações externas e dotadas de expressões específicas. Woodsworth (1938) listou oito emoções fundamentais: felicidade, surpresa, medo, raiva, determinação, desgosto, desprezo, dor. Schlosberg (1952) elaborou um diagrama das emoções (Fig. 4): nos dois eixos principais estão as polaridades prazer/desprazer, aceitação/recusa e, entre elas, estão as emoções fundamentais.

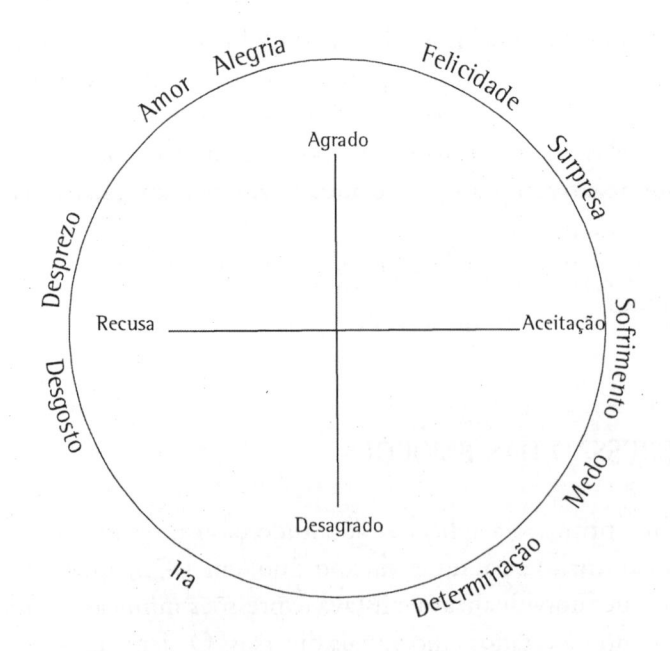

Fig. 4 – Diagrama das emoções de Schlosberg

Plutchik (1981), ao contrário, desenhou uma "roda" em que cada emoção é disposta em volta do círculo, de modo que os termos afins se encontrem um ao lado do outro e aqueles lingüisticamente contrários ocupem posições diametralmente opostas: alegre, feliz, entusiasta, estão próximos, mas opostos a triste, infeliz, dolorido (Fig. 5). O esquema mostra as oito emoções fundamentais e os resultados da mistura das emoções primárias adjacentes. Assim, as representadas pelo *medo* e pela *aceitação*, combinando-se, geram a *submissão*.

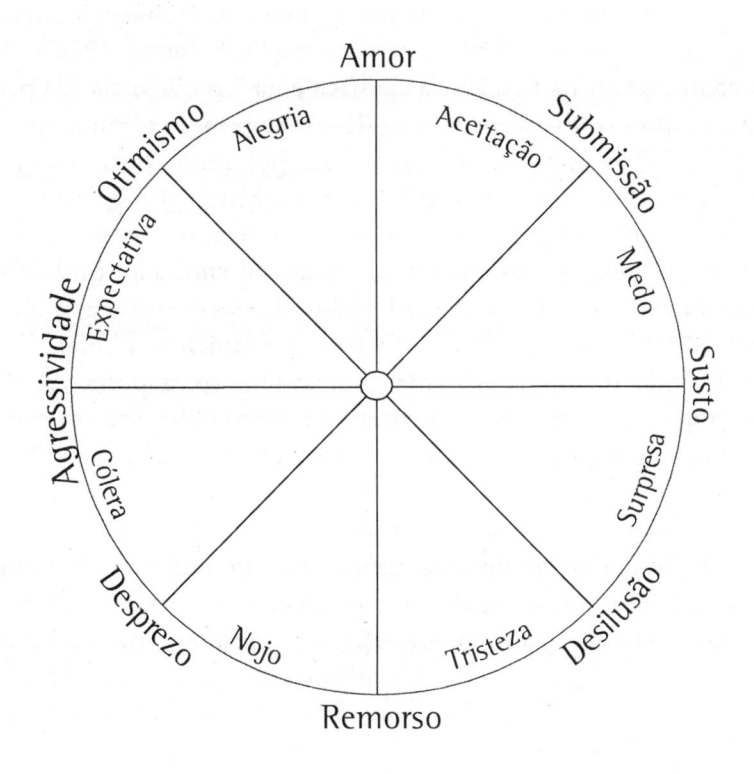

Fig. 5 – A roda de Plutchik

A questão relativa à origem cultural ou inata da resposta emotiva ainda é muito debatida. As observações de Darwin, datadas de 1872, sobre a origem inata das expressões da emoção (ainda que estas possam ser modificadas pela imitação e pelo aprendizado), foram covalidadas por grande parte das pesquisas posteriores, principalmente as teorias inatistas.

Analisando os comportamentos emocionais das crianças cegas e surdas de nascença, Eibl-Eibesfeldt (1970) demonstrou que algumas expressões fundamentais – como o sorriso ou a raiva – só podem ser inatas, dada a impossibilidade de adquiri-las por imitação. O estudioso ainda individualizou notáveis semelhanças na expressão mímica dos estados emocionais em países de culturas diversas.

Segundo Argyle (1967) a seqüência *estímulo* → *resposta fisiológica* → *expressão emocional* é fundamentalmente inata. Além do mais, as emoções são geradas e condicionadas pela interpretação correta ou errada do estímulo. Por seu lado, Lazarus, Averill e Opton (1970) observaram que um documentário desagradável sobre a circuncisão dos aborígines tinha um efeito menor na freqüência cardíaca e na "condutância" da pele se os espectadores estivessem avisados de que a operação era indolor.

A teoria do inatismo foi contestada por numerosos estudiosos. Klineberg (1938), La Barre (1947) e Birdwhistell (1970) demonstraram, em etapas diferentes, como os comportamentos relacionados à expressão das emoções são o resultado de um aprendizado. Birdwhistell, especialmente, observou que nos Estados Unidos o sorriso está diversamente distribuído, qualitativa e quantitativamente. Ekman (1972; 1977), ainda, tentou mediar entre as duas teses contrapostas, demonstrando que algumas expressões faciais são universalmente associadas a determinadas emoções. Recuperando as primeiras intuições de Darwin, o estudioso individualizou movimentos faciais típicos para cada um dos *estados emocionais primários* ou *emoções fundamentais*.

A teoria de Ekman, definida como *neuro-cultural*, ressalta a importância dos fatores que concernem aos aspectos universais e diferenças culturais. O termo "neuro" refere-se à relação entre emoções particulares e a ativação de determinados músculos faciais. É sobre essa base inata que se estruturaria o *programa facial das emoções*, em virtude do qual, o conjunto das instruções codificadas no sistema nervoso central modula as respostas comportamentais. A ligação de uma emoção a uma particular configuração de impulsos nervosos determina a invariabilidade das expressões faciais associadas a uma emoção específica.

Deve ser precisado que o termo "cultural" refere-se às circunstâncias ativadoras que determinam a emoção e às regras que controlam sua manifestação. Esses fatores variam dependendo das culturas e são o resultado de um aprendizado. Algumas "interferências" culturalmente determinadas e, portanto, apreendidas – definidas por Ekman como *regras de exibição* – incidem na expressão emotiva.

As técnicas de controle são quatro:

1) *intensificação*;
2) *des-intensificação*;
3) *neutralização*;
4) *disfarce*.

Os métodos para o estudo da expressão das emoções são essencialmente dois: o *método dos componentes* e o *método do juízo ou do reconhecimento* (Ekman, 1980). O primeiro é utilizado para relevar e medir analiticamente os vários "componentes" cinésicos de uma particular expressão (por exemplo, todos os movimentos musculares que permitem manifestar uma expressão de felicidade). Este método permite comparar as diversas expressões faciais de uma mesma emoção (para avaliar sua homogeneidade) e individualizar os movimentos mímicos entre emoções similares.

O segundo método consiste em submeter ao exame de observadores independentes algumas expressões emocionais com o fim de obter uma interpretação. Esse procedimento permite verificar se a mesma expressão é interpretada da mesma forma por observadores pertencentes a culturas diversas e se os equivalentes mímico-faciais da mesma emoção, produzidos por sujeitos de culturas diversas, são por eles reconhecidos como manifestação da mesma emoção.

De qualquer forma, o rosto constitui o elemento específico mais importante para a análise das expressões emocionais. Um procedimento muito utilizado na psicologia experimental – denominado FACS (acrônimo de Facial Action Coding System) – permite descrever e medir todo comportamento mímico visível. Elaborado por Ekman e Friesen em 1978, tal procedimento realiza-se dividindo o rosto em 44 "unidades de ação": zonas, estas, distintas anatomicamente e associadas por movimentos coerentes entre eles. Por sua vez, essas unidades dividem-se em duas áreas: uma superior, que inclui frente, sobrancelhas e olhos; outra inferior, que inclui bochechas, nariz, boca e queixo. Dessa forma, cada movimento mímico complexo pode ser analisado por meio das unidades de ação que o compõem.

A maior especificidade do rosto em relação a outros índices cinésicos foi demonstrada por muitos estudiosos (Graham, Ricci Bitti e Argyle, 1975; Ricci Bitti, Giovannini, Argyle e Graham, 1979; Ricci Bitti, Giovannini, Argyle e Graham, 1980), os quais, observando que a expressão facial fornece indicações precisas para o reconhecimento da emoção comunicada, confirmaram plenamente a hipótese darwiniana segundo a qual as expressões faciais desenvolveram-se para desempenhar uma função comunicativa.

A opinião de Waynbaum (1907) e Zajonc (1985) é diferente. Segundo eles as expressões do rosto desempenham uma função de controle do fluxo sanguíneo para as diversas partes do cérebro, influenciando a temperatura dessas áreas.

É plausível considerar que a expressão do rosto influencia a intensidade das emoções (Laird, 1984). O *feedback* facial permite reforçar uma emoção preexistente, embora não seja capaz de transformá-la em outra (Winton, 1986).

Um método experimental utilizado para analisar esse tipo de *feedback* consiste em pedir aos indivíduos escolhidos que adaptem o próprio rosto, músculo por músculo, sem mencionar nunca as palavras "sorriso" ou "franzimento". O sucesso de tais manipulações foi o de intensificar as sensações de felicidade, tristeza, cólera, medo, diversão ou dor. Outra forma é pedir aos indivíduos que reprimam ou acentuem suas expressões emocionais.

Lanzetta, Cartwright-Smith e Kleck (1976) notaram que os indivíduos aos quais era pedido que inibissem as próprias reações a um choque referiam menos dor em relação àqueles que, ao contrário, tendiam a exagerar as expressões de dor. O mesmo fenômeno é encontrado em outros tipos de emoções, como a cólera, a felicidade, a tristeza, a dor, o medo. Os efeitos do *feedback* facial são, geralmente, modestos e, em alguns indivíduos, até mesmo inexistentes. Esses indivíduos – cujos estados emotivos não são influenciados pelo *feedback* facial – tornam-se, ao contrário, facilmente sugestionáveis pelo efeito placebo (Laird, 1984; Leventhal e Tomarken, 1986).

Em realidade, foram individualizados outros tipos de *feedback* físico. Riskind e Gotay (1982) observaram que, se um indivíduo assume uma posição curva e tensa enquanto realiza uma tarefa difícil, tem sensações subjetivas de *stress*.

Os indicadores vocais e paralingüísticos constituem outros meios de sinalização das emoções. Davitz (1964) sublinhou a possibilidade de exprimir o estado emocional modulando algumas qualidades da voz (timbre, tom, ritmo), independentemente do conteúdo verbal. O estado emocional do falante incide nas modalidades não-verbais e paralingüísticas da comunicação: uma pessoa ansiosa, por exemplo, fala rapidamente e com tom mais alto; ao contrário de uma pessoa triste, que fala lentamente e com um tom de voz baixo.

Algumas pesquisas salientaram uma relação estreita entre o estado de *stress* e a presença de alguns fenômenos da fala, como a excitação, a não fluidez, a elevação do tom da voz, a aceleração do ritmo. Scherer (1983) confirmou essa tese, demonstrando que as emoções caracterizadas por uma intensa ativação psicofisiológica criam tons baixos e uma velocidade reduzida. No atual estado das pesquisas, ainda não é possível afirmar com certeza que existem indicadores vocais específicos para cada emoção.

O grau de ativação emocional incide no envolvimento dos elementos corporais (Ricci Bitti, Argyle e Giovannini, 1979). Os gestos, a postura e os outros movimentos do corpo constituem outros meios de expressão emocional. Embora não sejam suficientes para exprimir o tipo de emoção sentida, eles participam da comunicação do estado emotivo. Ekman individualizou uma classe particular de gestos – definidos como "de adaptação" – que não são produzidos com o fim de comunicar, mas de "regular" o estado emotivo sentido.

Existem, ainda, alguns gestos que podem expressar emoções específicas: apertar os punhos ou bater os pés indica um estado de raiva; cobrir o rosto com a mão revela um estado de vergonha. Hinde (1974) destaca alguns gestos, presentes em diversas culturas – cobrir o rosto, a boca e os olhos com as mãos – que indicam constrangimento e timidez.

As emoções são expressas também pelo movimento das mãos. Wolff (1945) observou que uma forte inibição era revelada por atos estereotipados e não necessários, como mexer nos cabelos, ou por uma geral agitação motora; a depressão, por movimentos lentos, raros, hesitantes, sem ênfase; a euforia, por ações rápidas, rítmicas, espontâneas, afetuosas; a ansiedade, por gestos como torcer e reunir as mãos, abrir e fechar os punhos, beliscar as sobrancelhas, coçar o rosto, puxar os cabelos, agitar-se sem um fim.

Também a *postura*, que representa o modo em que o corpo coloca-se no espaço, pode revelar um estado emocional (Ricci Bitti, Giovannini, Argyle e Graham, 1979). Por exemplo; os ombros caídos indicam (na ausência de patologias orgânicas) aflição; a postura prostrada revela tristeza e depressão; a ereta e vigilante expressa euforia.

Ekman e Friesen (1969) realizaram uma distinção entre expressão emotiva e gestos simbólicos. A expressão de uma emoção não é necessariamente dirigida à comunicação, já que ela pode se manifestar também na ausência de um interlocutor. O gesto simbólico, ao contrário, seria produzido com o fim de enviar uma mensagem. A expressão emotiva pode se transformar em gesto simbólico quando o sujeito fala ou simula uma emoção particular.

A comunicação da experiência emocional acontece, portanto, pelo código lingüístico e o canal não-verbal. Deve ser dito, todavia, que as informações verbais sobre as emoções freqüentemente são obstaculizadas pela dificuldade de reconhecer e definir os próprios sentimentos. Além do mais, a comunicação de uma emoção requer uma certa imediação expressiva, para a qual o canal verbal é insuficiente e inadequado.

3. FISIOLOGIA DAS EMOÇÕES

O sorriso, a postura, o timbre da voz e os outros índices de sinalização são regulados pelo sistema muscular. Os músculos do rosto são controlados por nervos faciais, que – ativados pelas áreas emocionais e motivacionais do cérebro – regulam as expressões emocionais.

Essas áreas cerebrais são localizadas no *hipotálamo* e no *sistema límbico*, imediatamente acima do mesencéfalo e do tronco encefálico. A região do hipotálamo controla os sistemas de excitação, de recompensa, de punição e de influência, em colaboração com as estruturas do tálamo.

As áreas do sistema límbico – indispensáveis para a expressão das emoções – estão envolvidas no controle da agressividade, do medo, do sexo, da sociabilidade e do prazer. O hipotálamo e o sistema límbico podem aportar, na experiência emotiva, variações dimensionais, incidindo nos diversos graus de excitação e de prazer/desprazer. Podem provocar, ainda, emoções específicas, como raiva, medo ou excitação sexual (Buck, 1984).

O estímulo de uma dessas áreas cerebrais provoca a transmissão de mensagens nervosas que do mesencéfalo alcançam os nervos faciais e daí alcançam, ativando-as, seja a área do rosto como as das outras expressões emocionais. Dessas estruturas partem outros nervos que, mediante o sistema nervoso autônomo, ativam, de um lado, o coração, a pressão sanguínea e o aparato digestivo; e do outro, estimulam algumas glândulas endócrinas a segregar hormônios no sangue. Como defenderam James e Lange, esses processos físicos são responsáveis pelas sensações emocionais subjetivas.

Não obstante isso, as expressões emocionais são controladas também pelo sistema cognitivo e influenciadas pelo aprendizado. Os centros superiores – colocados no córtex cerebral – intervêm diretamente nos nervos faciais, favorecendo o pleno controle do rosto. Esses centros, além do mais, podem solicitar ao mesencéfalo que ative seus próprios programas emocionais também em concomitância com repetidos movimentos corporais ligados ao comunicar, falar, respirar (Buck, 1984).

Alguns autores (Ekman, Hager e Friesen, 1981) notaram que as *expressões espontâneas* manifestam-se mais claramente no lado esquerdo do rosto, que é controlado pelo hemisfério cerebral direito; enquanto as *expressões intencionais* mostram-se mais claramente no lado direito, controlado pelo hemisfério esquerdo. Geralmente, a parte esquerda do rosto é mais expressiva do que a direita. Isso induziu alguns a considerar que esta última é submetida a regras de ostentação que têm efeitos inibidores sobre a expressão.

4. DECODIFICAÇÃO DAS EMOÇÕES

Também o reconhecimento das emoções foi objeto de numerosas pesquisas. Algumas delas revelaram que os sinais emocionais podem ser reconhecidos com um certo grau de exatidão, independentemente do canal expressivo utilizado e do fato de que sejam apresentadas aos observadores expressões espontâneas ou intencionais.

Cerca de 60% das fotos de rostos que representam os principais estados emocionais é reconhecido precisamente. As expressões em pose, não influenciadas por regras de ostentação de tipo inibitório, são mais facilmente decodificáveis em relação àquelas espontâneas (Zuckerman, De Paulo e Rosenthal, 1981).

As pesquisas de Ekman (1982), Rosenthal (1979) e Scherer (1983) esclareceram que as emoções provocam expressões específicas seja num plano mímico, seja num plano vocal, resultando, dessa forma, corretamente reconhecidas pelos observadores.

O rosto constitui o canal de comunicação emocional principal. Segundo Mehrabian (1972), as expressões faciais fornecem um número superior de informações sobre o estado emotivo em relação ao corpo e ao tom da voz. Todavia, o rosto é submetido a um controle maior comparado aos outros índices de transmissão (Zuckerman, 1982): a decodificação do estado emocional acontece, de fato, recolhendo sinais provenientes das zonas menos controladas. Além do mais, algumas emoções são mais claramente veiculadas por canais específicos (Apple e Hecht, 1982; Davitz, 1964): a expressão facial constitui, dessa forma, o principal meio para a transmissão da alegria e da cólera, a voz o mais apto à comunicação do medo e da tristeza.

Também a postura pode dar indicações sobre os estados emotivos. O modo em que o corpo dispõe-se no espaço fornece informações sobre a intensidade e o grau de tensão/relaxamento (Ekman e Friesen, 1978). Uma pessoa tensa, por exemplo, senta ou fica em pé rigidamente, fica ereta ou estende-se para frente, tem as mãos juntas, as pernas unidas, os músculos contraídos. Na postura dos doentes psiquiátricos podem se revelar "vivências" e emoções levadas ao excesso.

Os deprimidos talvez apresentem "figurações ostensivas do corpo" (Callieri, 1972): a atitude é geralmente encolhida, prostrada, coarctada e os espaços vitais sofrem uma restrição mais geral. A identificação do deprimido com o próprio corpo é total, ao ponto de não permitir aquelas contraturas que se observam em pacientes acometidos por neuroses. Junto ao peso, manifesta-se a lentidão: não como uma forma de desconfiança, um incidir cauto ou uma expressão de esforço insustentável, mas como a falta de um impulso para reportar-se às coisas, uma incapacidade de se projetar num tecido espacial e temporal de referências entre o Eu e os objetos (Callieri, 1972).

Essa estaticidade do corpo não se impõe somente no presente – num movimento que envolve o futuro – mas investe, também, a *retenção* do passado. Mesmo evocado, o passado permanece inacessível porque falta aquele movimento (também corporal) que permite à lembrança o frescor, a adequação e a possibilidade de ser revivido.

Em *Lo spazio vissuto* (1977), Callieri escreve: "Se for verdade que a melancolia é a paralisia da alma, pode-se entender plenamente a emblematicidade do deprimido, curvo e lento no incidir e no mover-se, fechado na dor de sua culpa e de sua ruína, agarrado espasmodicamente à ansiedade de sua hipocondria, atado na pena de seu empobrecimento, bloqueado no desespero de sua condenação, afixado no átono afundar-se de sua fraqueza vital, imobilizado no obsessivo e irremediável fechamento de seu espaço vivido ou, melhor, de um espaço que não é mais seu, que não é um seu projetar-se, mas que incumbe sobre ele desde fora, fechando-o sempre mais de perto, sempre mais dentro, exaurindo-o de todo espaço vital, até a parada psico-motora, a petrificação".

Em uma vertente diametralmente oposta àquela depressiva estrutura-se o mundo do paciente maníaco. Enquanto o deprimido fecha-se ao mundo, o maníaco entrega-se demais e em excessivas direções. A vivência maníaca é permeada daquela que os psiquiatras chamam *festinação verbal, mímico e motora:* que não é a expressão de uma pura atividade, mas uma modalidade peculiar de *estar-no-mundo*. Na experiência maníaca chama a atenção o paciente ser ininterruptamente afetado por uma gama infinita de adiamentos, tanto presentes quanto fugazes e intercambiáveis. (Callieri, 1982).

Nesse tipo de experiência clínica, o corpo não mantém mais uma posição perspectiva em relação ao objeto: uma desconcertante nivelação dos significados e dos valores do mundo sobrevem para anular qualquer distância. Observa-se não tanto a polivalência dos significados, quanto sua vanificação sem alternativas. A aparente realizabilidade de toda alternativa (a *onipotência maníaca*) constitui a conseqüência da vanificação do outro e do mundo; o desaparecimento dos limites e das perspectivas faz parecer todo elemento "ao alcance da mão".

Em estudo de 1987, Bull observou que a postura pode expressar emoções específicas. Os indivíduos examinados assumiam uma determinada postura com base nas emoções sentidas durante a escuta de conversações gravadas em vídeo: a pessoa interessada estendia-se para frente e puxava as pernas para trás, aquela entediada tinha a cabeça baixa e as pernas esticadas.

Os sinais corporais podem produzir reações físicas. Lanzetta e Orr (1986) descobriram que a visão de rostos assustados faz aumentar a "condutância" da pele muito mais do que a visão de rostos felizes. Um rosto assustado pode ser considerado um sinal premonitório de algum perigo. Pesquisas realizadas com macacos e crianças demonstraram que uma expressão facial de felicidade tem um efeito gratificante.

Sobre o tema do reconhecimento das emoções, tanto a pesquisa de Rosenthal e de outros estudiosos (1979), como os estudos de Brunori, Ladavas e Ricci Bitti (1979) demonstraram que a variável sexual pode incidir sobre a capacidade de decodificação. Nesse sentido, as mulheres seriam mais hábeis do que os homens no reconhecimento das emoções comunicadas por meio da expressão facial, canal não verbal mais rico de informações. Essa habilidade social derivaria da maior atenção dirigida pelas mulheres aos elementos não verbais da troca relacional.

Além do mais, foi observado que as mulheres fixam o próprio olhar no interlocutor por mais tempo do que os indivíduos de sexo masculino (Exline, 1972; Ricci Bitti, Giovannini e Palmonari, 1974; Argyle e Cook, 1976). Essa superioridade não se encontra no reconhecimento das emoções transmitidas pelo canal vocal e corporal (Rosenthal e De Paulo, 1979; Rosenthal et al., 1979). O experimento em que a tarefa de reconhecimento resumia-se às expressões vocais das emoções não evidenciou diferenças significativas entre os dois sexos.

5. A INTELIGÊNCIA EMOCIONAL

O conceito de inteligência emocional foi reelaborado por Salovey e Mayer (1989-90) a partir das precedentes definições de inteligência social e pessoal. Definindo sua *teoria das inteligências múltiplas*, Gardner (1983) descreveu duas possíveis declinações de "inteligência emocional": a *inteligência intrapessoal*, isto é, a capacidade de acessar a própria vida afetiva; e a *inteligência interpessoal*, ou seja, a capacidade de ler os estados de ânimo, as intenções e os desejos dos outros. O estudioso considera essas duas formas – uma dirigida para o interno, a outra para o externo – como habilidades biologicamente fundadas na elaboração das informações (em psiquiatria freqüentemente definidas, respectivamente, *autoconsciência emotiva* e *empatia*).

Essas esferas da inteligência pessoal são fundamentais na formação da inteligência emocional: Salovey e Mayer a definiram sinteticamente "a capacidade de monitorar as emoções próprias e alheias, de diferenciá-las e de usar essas informações para guiar o próprio pensamento e as próprias ações". Tal definição nasce, evidentemente, da idéia que o sistema afetivo funcione, em parte, como um sistema de elaboração das informações e das percepções. Segundo os dois estudiosos, "os processos subjacentes à inteligência emocional são ativados quando a informação afetiva entra, em primeiro lugar, no sistema perceptivo".

Existem, todavia, relevantes diferenças individuais na capacidade de elaborar e utilizar as informações. Indivíduos com elevados níveis de *inteligência emocional* conseguem não somente identificar e descrever facilmente os sentimentos próprios e os alheios, mas também regular eficazmente os estados de ativação emocional (Salovey et al, 1993; Salovey e Mayer, 1989-90). Sucessivamente, Mayer e Salovey (1997) modificaram sua definição de inteligência emocional, salientando de maneira mais decidida "a capacidade de pensar sobre os sentimentos".

Bar-On (1997) adotou um modelo mais articulado, incluindo a adaptabilidade, as capacidades de gestão do *stress* e a inteligência intrapessoal e interpessoal.

A teoria de inteligência emocional mostra significativas convergências com o conceito de *emoção* expressado por Freud em *Inibição, sintoma e angústia* (1926), importante obra em que o fundador da psicanálise teorizou que a ansiedade fosse um sintoma gerado pelo Eu para se defender de pulsões e fantasias proibidas. As teorizações psicanalíticas sucessivas estenderam ainda mais a função de sinal a uma ampla gama de afetos (Jacobson, 1994). Atualmente os afetos são considerados, na maioria dos casos, fatores motivacionais primários de um sistema básico que avalia e comunica o estado do si em todo momento no decorrer do tempo (Jones, 1995; Spezzano, 1993).

Outro conceito psicanalítico convergente com o significado de inteligência emocional é o de *psychological mindedness*. Embora esse conceito tenha sido usado freqüentemente como sinônimo de outras categorias definidas de modo mais vago (introspecção, autoconsciência), a maior parte dos analistas concorda em considerar a *psychological mindedness* a "capacidade individual de saber avaliar as relações entre pensamentos, sentimentos e ações com o objetivo de aprender os significado e as causas das próprias experiências e dos próprios comportamentos" (Appelbaum, 1973).

A capacidade de acessar os significados dos sentimentos subjetivos, mentalizando-os, é uma característica da *psychological mindedness* (Conte et al., 1973). Essa capacidade de pensar e refletir sobre os estados emotivos próprios e alheios foi chamada (Fonagy et al., 1991) "função auto-reflexiva" ou, mais simplesmente, "função reflexiva" (Fonagy e Target, 1997). Ela requer uma significativa capacidade de representar mentalmente as emoções e outras experiências, inclusas as representações do mundo mental alheio. Essa função, estritamente ligada à capacidade de uma verdadeira regulação afetiva, evolui precocemente quando a criança desenvolve uma *teoria da mente* própria.

A definição de "inteligência emocional" formulada por Mayer e Salovey (1997) salienta a capacidade de refletir sobre os próprios sentimentos e de regular as emoções. Alguns autores observaram que entre a inteligência emocional e a *alexithymia* – conceito de derivação psicanalítica que indica um déficit na capacidade de mentalizar as emoções e de usar os afetos como sinais – existiria uma relação inversa (Krystal, 1988, Lane e Schwartz, 1987; Taylor et al., 1997).

6. EMOÇÕES E INTERAÇÃO SOCIAL

A regulação das emoções implica o seu controle inibitório ou sua voluntária intensificação. Alguns aspectos do processo emotivo podem ser canalizados, suprimidos, intensificados: as manifestações mais evidentes são representadas pela negação ou pela remoção dos sentimentos, pelo controle ou pela inibição da expressão. A regulação das emoções pode ser automática ou controlada, consciente ou inconsciente. Esse mecanismo nasce da necessidade de evitar estados emocionais negativos e de procurar aqueles positivos.

Fenômeno de relevo é a regulação emocional na interação social. O aprendizado e as estratégias de socialização influenciam a expressão das emoções. Todo organismo social produz um sistema de regras próprio para o controle da atividade emocional. Alguns autores destacaram a relação que intercorre entre o processo de civilização (e a relativa ordem social) e o mecanismo de regulação das emoções (Hebb, 1949; Elias, 1977).

Nas diversas situações sociais intervêm normas que têm a função de modular a manifestação das emoções. Por exemplo, em ocasião de festas, casamentos ou funerais, recorre-se a um consolidado "repertório comportamental" (Argyle, Furnham e Graham, 1981). Também quem trabalha em contato direto com o público deve ter sob controle os próprios estados emocionais. A escassa regulação da emotividade pode determinar comportamentos não aceitos pela ordem social. Existem, todavia, momentos coletivos (festas tradicionais ou folclóricas) em que a manifestação de fortes emoções é tolerada.

As regras de ostentação, estruturadas com base em representações sociais presentes em cada cultura indicam a emoção "apropriada" a cada situação social específica (por exemplo, a dor pela morte de uma pessoa querida, a decepção quando se recebe um insulto, a alegria provocada pelo resultado positivo de uma prova) e as expressões verbais e/ou gestuais aptas a expressá-la. Os fatores socioculturais, portanto, incidem fortemente na experiência emocional, fornecendo estímulos e ditando normas comportamentais. Para adequar o comportamento emocional à situação social (e às normas a ela relacionadas) o indivíduo deve pôr em prática uma série de estratégias.

As regras de ostentação incidem na comunicação dos estados emocionais espontâneos. Todavia, as áreas "espiãs" permitem colher as emoções que se tentam esconder. A dilatação das pupilas, a transpiração, o tom da voz, constituem os canais em que transparece a emoção. Num experimento de 1969, Ekman e Friesen apresentaram a alguns observadores um filme que mostrava os movimentos de uma paciente: os que tinham visto a parte do filme em que se mostravam seus movimentos corporais, definiram-na como tensa e amedrontada; quem viu o seu rosto, julgou-a amistosa e sensível.

As representações sociais que revelam os modos apropriados de experimentar as emoções em determinadas situações sociais, e as regras que governam suas manifestações, fazem parte de um sistema geral de regulação emocional. Na troca interpessoal o controle realiza-se, em primeiro lugar, por uma *auto-regulação interna* que seleciona a emoção adequada a toda situação específica e, sucessivamente, mediante uma *hetero-regulação externa* que permite a dois interlocutores modular reciprocamente a manifestação dos estados emocionais mediante apropriadas estratégias interativas.

7. AS EMOÇÕES E A MEMÓRIA

Os fatores emocionais são capazes de influenciar fortemente a memória: permitem lembrar mais facilmente de um acontecimento, distorcer sua lembrança ou removê-lo totalmente. As emoções interferem em cada fase do processo da memória, desde a percepção do evento a ser lembrado à recuperação da informação.

Geralmente, lembramos mais nitidamente de eventos e pessoas que provocaram em nós fortes emoções: os momentos que nos viram particularmente tristes ou felizes, as pessoas que mais odiamos ou amamos, as situações em que recebemos notícias boas ou ruins. Normalmente, mesmo depois de muitos anos, lembramos com absoluta precisão e com maior freqüência dos momentos em que nossas emoções tiveram um papel importante. Toda vez que lembramos ou descrevemos para outra pessoa aqueles episódios parece-nos revivê-los intensamente.

Amiúde a lembrança de uma experiência sofre profundas transformações. Como se, naquele momento, o evento reconstruído – que é somente uma aproximação do acontecimento real e não sua cópia – se recriasse em nossa mente. Por outro lado, também é verdade que os eventos e as pessoas que nos envolveram emotivamente tiveram o poder de atrair toda nossa atenção, impedindo-nos de considerar os aspectos marginais daquela mesma situação. Por exemplo, uma discussão acirrada impede considerar o que acontece em torno ao grupo que está se debatendo.

As emoções entram em jogo também quando lembramos ou tentamos lembrar situações passadas. Em *Psicopatologia da vida cotidiana,* Freud defendeu que os esquecimentos nunca são neutros, mas subentendem a vontade, obviamente inconsciente, de esquecer. Como todos sabemos, é bastante freqüente esquecer um compromisso que presumimos ser pouco agradável. Para Freud, esquecer um nome, um número de telefone, um endereço, é sinal de uma aversão inconsciente. Esquecemos porque é desagradável lembrar e se incumbir de tudo aquilo que acompanha a lembrança.

À teoria psicanalítica da *remoção,* os psicólogos de orientação cognitivista contrapuseram outras teorias, que põem em dúvida o papel das forças inconscientes. Segundo esses estudiosos, têm um papel importante o nível de atenção prestado ao momento da elaboração e do processamento do estímulo emotivo, a interação com outros eventos e/ou lembranças, o tempo transcorrido entre a exposição à informação e a reevocação.

Também o estado emotivo influi fortemente na precisão e na natureza da lembrança evocada. Quando estamos de bom humor, lembramos mais facilmente de coisas positivas; ao contrário, quando estamos de mau humor, é mais fácil lembrar de coisas negativas. Barlett e Santrock (1979) demonstraram que, quando estão de bom humor, as crianças lembram mais das palavras aprendidas. Esse fenômeno é conhecido como *state dependent memory* (memória dependente do estado). A memória de um evento melhora quando o humor no momento da evocação é o mesmo que dominava durante o aprendizado.

Os estudos sobre esse fenômeno demonstram que a memória armazena as informações junto com os humores que caracterizam o estado de ânimo do momento. Quando lembramos de um acontecimento, as informações sobre o humor são utilizadas um pouco como escadas sobre as quais subir para alcançar a lembrança verdadeira. A memória está fortemente condicionada pela depressão. Quem é acometido por uma condição depressiva, lembra mais facilmente de acontecimentos negativos ou fatos acontecidos quando seu humor era deprimido. Isso contribui para acentuar a sintomatologia depressiva numa regressão psicopatológica do paciente mais ampla.

8. AS EMOÇÕES NA IDADE EVOLUTIVA

O rosto do recém-nascido constitui um importante veículo comunicativo e interativo: no desenvolvimento emocional da criança é um sinal evolutivo importante. As expressões faciais de algumas emoções têm modalidades universais. Aplicando o método de análise da mímica facial às crianças, Oster observou a presença de movimentos mímicos análogos na idade infantil e adulta: aos três meses de vida foram encontradas atitudes do rosto presentes também nos adultos.

A presença de movimentos mímicos na fase do desenvolvimento primário revela a existência de um programa emocional já ativo. Segundo Oster, podem ser notados já com um mês de vida e revelam um primitivo processo de desenvolvimento da esfera cognitiva e afetiva. Segundo outros psicólogos, a criança manifesta uma experiência emocional real somente no final do primeiro ano de vida.

Na produção lingüística espontânea aparecem precocemente termos que denotam emoções, percepções, sentimentos, desejos, pensamentos e crenças. Alguns estudiosos consideram a capacidade de se referir a estados internos próprios e alheios como um indicador do emergir de uma *teoria da mente* (Bartsch e Wellman, 1995; Bretherton et al., 1981; Camaioni e Longobardi, 1997). Segundo Bretherton (1981; 1982), a capacidade de falar de estados internos aparece no segundo ano de vida e consolida-se no terceiro.

Um recente estudo conduzido por Bartsch e Wellman (1995) com dez crianças de língua inglesa entre dois e cinco anos de idade, salientou que a referência aos desejos expressados com o verbo "querer" aparece por volta dos dois anos, enquanto a referência às crenças mediante os verbos "pensar" e "saber" aparece ao redor dos três anos. No terceiro ano de vida, a criança é capaz de se referir à vida mental própria e alheia quando dialoga com as pessoas familiares ou quando brinca.

Algumas pesquisas ressaltaram que, nas conversações em família, as mães tendem a falar de emoções mais freqüentemente com as filhas que com os filhos (Dunn, Bretherton e Munn, 1987). Essa modalidade comunicativa distinta reflete-se na linguagem infantil: as meninas de 24 meses falam de emoções com maior freqüência do que os meninos da mesma idade.

Em estudo de 1989, Fivush evidenciou que as mães falam com as filhas principalmente de emoções positivas, enquanto com os filhos referem-se invariavelmente a emoções positivas e negativas. Conversando com as filhas as mães usam principalmente termos que indicam emoções como "prazer", "querer bem", "amar", "estar contente"; com os filhos esses termos são adotados em 50% dos casos. As meninas aprendem a falar da própria experiência emotiva de modo diferente dos meninos, referindo-se às emoções positivas com maior freqüência do que os meninos da mesma idade.

Capítulo 7

A comunicação intrapsíquica

1. PSICODINÂMICA DA COMUNICAÇÃO

A aplicação do termo-conceito *comunicação* às dinâmicas psíquicas – isto é, à relação entre as esferas psíquicas conscientes e inconscientes – pode suscitar compreensíveis perplexidades e motivadas objeções por parte dos lingüistas, semiólogos e psicanalistas. Não há duvida que a adoção de categorias lingüísticas e semiológicas na análise da experiência psíquica pode ser causa, em alguns casos, de mal-entendidos e equívocos. Apesar disso, grande parte da experiência psíquica realiza-se pela linguagem, dentro da qual emerge, por assim dizer, "outra" linguagem (diferente da comum), cuja interpretação e re-construção acontece mediante suas formações de sentido: os sintomas, os sonhos, as ilusões, as fantasias. A comunicação intrapsíquica – seja em termos de *autocomunicação*, seja de *automensagem* – encontra na palavra, em seu exprimir-se segundo a palavra, *sua* verdade no interior da linguagem.

Conquanto seja complexa a relação entre a palavra e seu significado, a comunicação funda-se nessa relação. A palavra transforma o espaço e sentido da comunicação pelo próprio fato de ser dita: isso é valido seja no plano intrapsíquico, seja no plano relacional. Em tal sentido, a linguagem é um processo de transformação, já que por meio da palavra os conteúdos inconscientes liberam-se e vêm à consciência.

Isso é verdade, de maneira especial, para a situação analítica. "Posso lhe assegurar – sustenta Lacan (1957) – que desde o momento em que se fez estender alguém num divã e mesmo que se tenha lhe explicado a regra analítica de modo extremamente sumário, o indivíduo já é introduzido na dimensão da procura da própria verdade. Sim, somente pelo fato de se encontrar falando de um certo modo, de frente para um outro – um silêncio que não é feito nem de aprovação nem de desaprovação, mas de atenção – ele entende como uma espera, a espera da verdade".

Segundo Schetler, o silêncio prolongado do analista possibilita ao analisando tomar a palavra, permitindo-lhe ir adiante em sua exploração. Naturalmente, o silêncio do analista é um silêncio ativo, não uma ausência preguiçosa, triste, hostil, sonolenta.

Se assim fosse, o tratamento estaria inevitavelmente destinado ao fracasso: "Num determinado momento da análise, o próprio silêncio do analista torna-se um fator que favorece a reciprocidade das forças emocionais. Parece impedir que se passe por cima dos problemas e faz tomar consciência daquilo que escondem as observações sobre o tempo ou sobre a biblioteca que está ali. O poder ativo do silêncio torna transparentes as pequenas nulidades da conversação e possui uma força que prende o paciente, leva-o a progredir, e o chama em direção a profundidades mais amplas daquilo que pudesse prever. Eis um fato psicológico desconcertante e raramente observado: quando as pronunciamos, as palavras têm um valor diverso de quando nós as pensamos em nossas representações verbais. A palavra articulada tem um efeito retroativo sobre quem fala. O silêncio do analista intensifica essa reação, age como um silenciador" (Schetler, 1985).

Numa sessão psicanalítica, o silêncio e os efeitos por ele provocados têm a mesma importância de uma palavra pronunciada. Freqüentemente até mais relevância. O papel do silêncio num tratamento – seja o silêncio do paciente ou do analista, seja um silêncio opositivo ou transitório, seja um silêncio de fechamento ou de abertura ao inconsciente – é tão antigo ao menos quanto as regras da livre associação. Bem além desse essencial relevo clínico, ele representa ainda e principalmente uma entidade teórica fundamental. Entre todas as diversas manifestações humanas é a que exprime da forma mais pura a estrutura densa e compacta de nosso inconsciente (Nasio, 1987).

Essa conceituação ultrapassa de longe os confins da técnica psicanalítica e também os modelos da comunicação. O silêncio assim concebido torna-se a pedra angular de uma *teoria geral do psiquismo,* o eixo de um processo criativo (e transformativo) em que dois indivíduos – o terapeuta e o paciente – inauguram um caminho que não se deixa reduzir aos jogos cotidianos da comunicação. Essa acepção do silêncio excede de longe o plano da prática analítica. Mais em geral, a linguagem – seja quando está presente, seja quando está ausente – constitui-se como uma trama que aglutina significante e significado, palavras e silêncio, proximidade e distância.

Se a linguagem da comunicação "interpsíquica" exprime-se dentro dos limites da lógica, a linguagem intrapsíquica tem, ao contrário, significados que ultrapassam a característica de "dizível" do mundo, além da qual, evidentemente, a lógica não pode ir. Assim, poderia se afirmar que os limites da lógica são os limites das representações e das proposições sobre o mundo. Para Wittgenstein é a lógica que traça os limites do mundo: ela, e somente ela, representa o espaço dentro do qual nossas proposições podem "pronunciar-se" sobre o mundo. Fora da lógica, tudo é acidental. Para Wittgenstein, portanto, não podemos dizer aquilo que não podemos pensar.

Desse modo, é certamente verdade que a lógica permite dizer coisas mais ou menos "sensatas" sobre o mundo. Para fazer isso deve, inevitavelmente, colocar-se fora do mundo: pronunciando-se sobre ele, colocando-se fora da lógica e solicitando, assim, à filosofia que se confronte com o indizível e, inevitavelmente, com o impensável. Mas, se assim fosse, se voltaria ao grau zero do conhecimento e as perguntas que desde sempre estamos acostumados a fazer à filosofia se tornariam – como Wittgenstein temia – somente *proposições sobre outras proposições do mundo*. Para Freud está perfeitamente claro que a exploração da psique humana leva além dos limites da linguagem, de suas regras, de suas leis. Para o estudioso vienense, toda linguagem, interrogando a si mesma, desvela o significado dos enunciados e leva a possíveis ulteriores verdades. Movendo-se entre desejos, remoções, cargas psíquicas e mais ainda, a exploração analítica institui uma linguagem *própria*, pondo o problema de seu significado e, portanto, de seu campo hermenêutico. Mas isso exige uma nítida distinção entre momentos lógicos e semânticos, entre linguagens unívoco-analógicas e plurissêmicas, revelando, assim, a trama das relações entre desejo, intencionalidade, sentido, coisa.

A pesquisa psicanalítica, ampliando e reativando a "comunicação" no campo de consciência do analisado, descobre o sintoma neurótico mediante a substituição das dinâmicas deformadas com um princípio de realidade. Portanto, com a escuta e o exercício de uma linguagem que se reapropria dos intervalos, das suspensões, dos silêncios, o paciente instaura uma relação nova entre a aparência e a realidade da própria coisa.

Para Benveniste (1956), o analista – que intervém naquilo que o indivíduo lhe diz (a partir do conteúdo do discurso que ele tem e de seu comportamento "fabulador") – permite aflorar, mediante esses discursos, os complexos enterrados no inconsciente. Nesse sentido, a análise assumirá o discurso no lugar de uma outra linguagem com as próprias regras, símbolos e sintaxe, em um processo que envolve as estruturas profundas do psiquismo.

Devemos dizer agora que o procedimento analítico tem como objetivo, não a reconstrução histórico-filológica das circunstâncias traumáticas originárias, mas a revelação de um possível (e ulterior) sentido, num diálogo aberto e não definitivo. Em outras palavras, justamente a partir de conteúdos pré-verbais e extra-dialógicos, o procedimento analítico tenta descobrir aquilo que foge e condiciona as dinâmicas e as estruturas psíquicas. Ouvir, deixar espaço para o discurso do outro, significa dar forma a tudo aquilo que é difícil tornar visível com a palavra, experimentando sim-patia, em-patia, anti-patia, a-patia, em um diálogo que, no encontro, transfigura-se em outra verdade inédita e assimétrica.

2. LINGUAGEM E INCONSCIENTE

O problema da comunicação intrapsíquica – isto é, o problema da relação entre linguagem e inconsciente – tem a ver com a individualização de uma ordem imaginária com forte poder de significação, definida por Freud como "representação do instinto".

Embora em sua pesquisa inicial não haja sinal explícito de uma reflexão ao redor do símbolo – para Freud, a vida psíquica expressa-se no jogo exclusivo dos equilíbrios de pulsões e instâncias psíquicas –, na elaboração mais madura afirmou-se a consciência de que o simbolismo representa um dos princípios de toda cultura: isto é, a consciência de que cada indivíduo está atravessado por uma trama de símbolos e significantes que o enreda nas tramas de sua própria história e cultura. O homem tem dificuldade para pensar na própria ordem simbólica porque ele todo está envolvido. Por outro lado, todos os seres humanos participam do universo dos símbolos, todos estão incluídos e sofrem sua ação muito mais do que o constituem (Lacan, 1974).

A comunicação intrapsíquica

O símbolo atravessa constantemente a reflexão psicanalítica: é gerador de sentido, matriz das estruturas profundas, ponte entre mundo pensado mundo vivido, gramática da intencionalidade psíquica. Ele não tem somente um valor expressivo (como também no nível semântico), mas um valor heurístico, que confere universalidade, temporalidade e capacidade ontológica à compreensão de nós mesmos. Isso não tanto porque traz à tona a *intenção secundária* que permite a interpretação, mas porque eleva à dignidade de motivo determinante a universalidade, a temporalidade e a exploração ontológica internas ao mito (Ricoeur, 1965).

O símbolo – mediando entre mundo interno e mundo externo, remoção e sublimação, "processo primário" e "processo secundário", objeto parcial e objeto total: em suma, entre natureza e cultura – está no centro da psicanálise (Fornari, 1976). Ele desenvolve funções terapêuticas, provoca *ab-reação* e entra no jogo sutil dos mecanismos de *transferência* e de *contratransferência*. As múltiplas definições atribuídas ao longo do tempo desvelam sua complexidade, polivalência lingüística, ininterrupta flutuação de sentido, em contínua auto-superação.

Se isso é verdade, uma utilização extensiva do símbolo e do simbolismo parece totalmente implausível. É necessário delimitar sua aplicação somente àquilo que é pertinente em psicanálise: isto é, àquilo que se conjuga à representação de material inconsciente. Em outras palavras, somente aquilo que é removido precisa ser simbolizado (Jones, 1916). O processo de simbolização acontece no inconsciente. Exceto em alguns casos, o indivíduo não é consciente do significado do símbolo que utiliza. Nos casos em que se torna consciente, chega também a dar ao símbolo o significado de realidade.

Diversamente de Cassirer (1910) – que unificou no "simbólico", os conceitos de realidade e de cultura, até defender que a formação do símbolo e toda atividade de pensamento (da percepção à linguagem) realizam-se exclusivamente no Eu –, Jones afirmou que somente o material inconsciente pode permitir o processo de simbolização. Em outras palavras, em sentido rigorosamente psicanalítico, podem-se definir símbolos somente aquelas "representações" (que se constituíram como investimentos afetivos) que restam inexplicáveis no plano lógico e que se identificam em níveis profundos com outra coisa à qual aquele excesso de sentido pertence. Ora, ainda que o símbolo pressuponha o Eu, ele não poderia ter lugar sem uma troca, em um momento crucial do desenvolvimento psíquico, entre Si e Mundo, entre figura simbólica e objeto simbolizado.

Analisando os processos de pensamento dos esquizofrênicos, Segal introduziu o modelo das *equações simbólicas*: um modelo caracterizado pelo despedaçamento das operações lógico-transacionais, em que os símbolos são identificados como objetos, num processo que vê o "como se" se dissolver. Em outras palavras, pode-se afirmar que se para o paciente neurótico é "como se" o terapeuta fosse o pai, ou "como se" uma gruta representasse um útero, para o esquizofrênico o terapeuta "é" o pai e a gruta "é" um útero que ameaça e destrói, com a conseqüente sensação viva e imediata de terror.

Em *Tipos psicológicos* (1921), Jung defendeu que o símbolo sintetiza o conjunto das instâncias psíquicas. Tirando o símbolo do rígido papel semântico ao qual fora circunscrito por Freud, Jung designa-o como verdadeiro fator "assemântico" de unificação entre consciente e inconsciente. Segundo Zolla (1982), o símbolo é um arquétipo: seu reconhecimento consciente limita o risco da neurose; ao contrário, sua recusa o transforma em sintoma psicopatológico. Ele colabora incessantemente com a consciência para o *processo de individualização* (Trevi, 1993), numa tensão que compromete todo o aparato psíquico. Em outras palavras, contribuindo para o processo de individualização – e, portanto, para o desenvolvimento do Si – o símbolo media aqueles conflitos profundos, que de outra forma seriam lacerantes para a consciência, tornando-se, por um lado, a porta de acesso à imaginação criativa inconsciente e, por outro, o referente insubstituível da linguagem e do pensamento.

Naturalmente, as diferenças entre os diversos autores sobre o que seja *símbolo* e o que seja *simbolização* esclarecem também os limites da teoria do inconsciente. A questão está bem presente em grande parte da reflexão psicanalítica; em que amiúde, a partir dos modelos, atribuem-se aos objetos propriedades estranhas à mesma teoria: objetos que, em alguns casos, revestem características de instâncias psíquicas ontológicas, de verdadeira substancialização do inconsciente.

No celebre *Il libro dell'Es* [O livro disso], Groddeck (1961) defende: "[...] meu Isso havia entendido, e feito entender à minha consciência, que eu, como qualquer outra pessoa, tenho realmente uma vida dupla". E ainda: "Às vezes o Isso goza a si próprio". Aqui o Isso, entidade vital e unitária, transfigura-se numa identidade que ultrapassa a metáfora, constituindo-se paralelamente e especulativamente ao Eu. Emerge claramente um processo de ontologização do Isso que "[...] dá-nos a impressão de ver na obra uma força de essência religiosa" (Green, 1974).

A questão epistemológica da contraposição entre absolutização do Eu e biologização do inconsciente – isto é, da relação entre símbolo e processos inconscientes, além da pesquisa e do encontro de lugares em que se forma o símbolo – é plenamente acolhida por Lorenzer (1975). Assumindo em sua totalidade essas dificuldades, ele tentou redistribuir os papéis no interior de uma "processualidade" diferente: em que, por um lado, o Eu torna-se o *lugar* de definição do símbolo e, por outro, o inconsciente a sua *energia criadora*.

No lugar das tradicionais dinâmicas da formação do símbolo entra um único momento – a formação do símbolo por parte do Eu – em que o inconsciente, de acordo com o Eu, representa uma fonte de estímulo de tipo e intensidade particulares. Em substância, o Eu constitui-se como a instância criadora das formas e símbolos. Diversamente, o inconsciente vem a ser a reserva de material produtor de estímulos não ainda ou não mais consciente.

Em *A interpretação dos sonhos*, Freud inaugura o método fundamental de acesso ao inconsciente: a "regressão". É este o mecanismo que nos permite alcançar as forças psíquicas profundas, revelando-nos as *representações simbólicas*, as formações da metáfora em sua relação com as estruturas profundas da linguagem, os processos primários dos quais a *deslocação* e a *condensação* são os aspectos mais relevantes. Todavia, se para Freud a *regressão* exige uma metapsicologia própria, com a simbolização esse trabalho é desenvolvido em outro lugar.

O sonho utiliza os símbolos, não os elabora. No trabalho onírico, a psique não está envolvida em atividades de simbolização particulares. O sonho utiliza simbolizações já prontas no inconsciente, seja porque respondem melhor às exigências de criação onírica (enquanto são isentas de censura), seja por sua refigurabilidade.

Na elaboração psicanalítica clássica, portanto, não existe o problema da simbolização. Existe, sim, o problema da representação (que o próprio Freud indica com o termo *refiguração*), isto é, de uma regressão à imagem-lembrança (a recuperação alucinatória da percepção) que torne possível seja a volta do pensamento à representação figurada, seja a volta do homem a acontecimentos da infância.

Essa operação torna possível a transformação de pensamentos e impulsos de modo a torná-los apresentáveis (geralmente, de maneira visual) como parte do sonho manifesto, favorecendo ao mesmo tempo os interesses da *censura* e da *condensação* (Nagera, 1991). A transformação mediante a regressão dos pensamentos e das representações em imagens torna-se a "representação" de palavras que se transformam em representações de coisas concordantes, como se o processo fosse operado por condições de refigurabilidade (Freud, 1900).

Está claro, todavia, que a exclusão da simbolização e do método simbólico do campo da análise, para uma volta do lógico ao figurativo – isto é, a uma imagem que se torna símbolo – restringe o campo hermenêutico. A conseqüência de tudo isso é uma interpretação reducionista do sonho: *um sonho entendido como mera satisfação alucinatória do desejo e não mais como um acontecimento constituído por uma pluralidade articulada de textos segundo os diferentes níveis mnemônico, oral e escrito.*

Para Trevi (1993), é a *metáfora* que permite a passagem do texto manifesto ao "texto significativo". Isso ocorre por meio de um processo universal contemporâneo da linguagem humana: modalidades ou funções internas a um discurso podem ser "significadas" mediante um termo que revela sua essência profunda ou as características escondidas que escapam da conotação lingüística usual.

A metáfora constitui-se como um significante que se substitui a outro significante, que tem em comum com o primeiro, um ou mais traços semânticos. Nesse "deslocamento" a metáfora fala da coisa significada (mediante subtrações e acréscimos de conotações) ao mesmo tempo ocultando e revelando, apagando e substituindo, desviando e remetendo as dinâmicas de significação usuais.

3. A ELABORAÇÃO SECUNDÁRIA: POR UMA SEMIÓTICA PSICANALÍTICA

No momento da entrada na consciência, especialmente no despertar, os conteúdos do sonho – muitas vezes aparentemente absurdos e incoerentes – são submetidos a dinâmicas de desestruturação e de reestruturação, de reordenamento e racionalização que tornam mais compreensível seu texto. Trata-se de um processo automático que re-estabelece relações lógicas, nexos e ligações coerentes entre lembranças, percepções e representações, produzindo uma reconstrução da "percepção" onírica a serviço de instâncias compreensíveis.

Em *A interpretação dos sonhos*, Freud usa o conceito de *elaboração secundária* para se referir à fase terminal do trabalho onírico, a fase da reconstrução do sonho, que chega a estabelecer um paralelismo entre esta e a mesma função psíquica do pensamento vigilante. Para Freud o pensamento vigilante (pré-consciente) tem com o material perceptivo comum a mesma relação que a *elaboração secundária* com o conteúdo onírico. De fato, ele reordena esse material a ponto de torná-lo inteligível e coerente com nossas "expectativas".

De um ponto de vista semiótico, a *elaboração secundária* é uma operação de decomposição e recomposição do conteúdo onírico. Em tal reelaboração, os conteúdos finais do processo primário são reorganizados e "traduzidos" em tramas cognitivas que estão em conexão direta com a linguagem. Naturalmente, o *processo primário* influencia a própria linguagem, determinando uma interação contínua com o processo de *elaboração secundária*. É evidente, todavia, que a linguagem – "pela qual somos falados", segundo a definição de Lacan –, constituída por conteúdos inconscientes que se reorganizam lingüisticamente e semiologicamente, consegue "semantizar" só parcialmente os investimentos inconscientes para a proibição de acesso à consciência posta em prática pelas contracargas do Eu.

Para uma semiótica psicanalítica, o modelo de reestruturação de um conteúdo inconsciente, reformulado segundo as instâncias da *elaboração secundária* do sonho, é útil também para a compreensão das psicoses. Tal processo, no delírio paranóico por exemplo, sofre transtornos profundos, com o prevalecer, na linguagem, de uma aparente ausência de sentido e de um enredo obscuro de metáforas e simbolizações incongruentes.

Voltando a colocar o removido no discurso, a exploração analítica reconstitui o objeto perdido. Claro, porém, que as representações inconscientes encontradas nesse percurso conduzem ao processo de simbolização: um processo, a ser repensado em termos abertos e plurissêmicos. Aqui, naturalmente, vem à tona o problema de como enfrentar, por um lado, a simbolização primária inconsciente e pré-verbal e, por outro, a simbolização secundária (verbal) que supere rígidas distinções espaciais e temporais.

Lacan tentou resolver tal oposição devolvendo primazia ao significante. Isso permitiu (Quintavalle, 1978) livrar-se do problema de como articular o processo de simbolização em estruturas pré-lingüísticas, extra-lingüísticas e lingüísticas. Para Lacan o significante coincide com o removido: mais genericamente, o inconsciente é linguagem que, além do significante manifesto, contém escondido em si outro significante.

Lacan (1974) defende: "O que essa estrutura da cadeia significante descobre, é a possibilidade que tenho – justamente à medida que sua língua me é comum com outros indivíduos, isto é, à proporção que esta língua existe – de servir-me dela para significar uma coisa totalmente diferente do que ela diz".

Lacan procura – como parece evidente – reduzir a distância entre símbolo e palavra, tentando devolver o símbolo à própria palavra e o sujeito ao imaginário. Volta, incansavelmente, à dupla exigência, por assim dizer, de *simbolizar o imaginário* e de *imaginar o simbólico*. Vê na tentativa que se reapresenta em cada fase – de fazer coincidir o nome com a coisa e de fazer desaparecer o sujeito falante – o repropor-se de uma ilusão. Sua tentativa de descobrir os nexos entre método e teoria, entre função lógica e campo da linguagem, o conduz a formular uma síntese (mediante a linguagem) entre inconsciente e consciência.

Segundo Green (1996), essa operação de superação das diferenças leva Lacan a suprimir "a contradição relativa ao lugar da linguagem na psicanálise – e que Freud não enfrentou suficientemente – isto é, que a palavra tem um papel unificador da psique seja em relação ao caráter diverso e heterogêneo da experiência psíquica, seja em relação à estrutura do inconsciente".

A reflexão freudiana, baseada na idéia de um inconsciente de múltiplas linguagens, salienta, ao contrário, a irredutibilidade do material inconsciente a um único referente: justamente, a linguagem.

Green (1996) observa ainda: "Toda a técnica analítica repousa no artifício dessa unificação por meio da palavra, para revelar sua dependência a seu outro, cujas formas são diferentes dependendo dos casos. E principalmente que a palavra comum seja obrigada a aceitar a mutação que sofre, de não ser mais que uma palavra aberrante que perde o apoio de sua relação com o corpo e com o objeto".

Capítulo 8

A comunicação animal

A linguagem é uma característica exclusiva do homem e está na base do desenvolvimento da cultura humana. Até o comparecimento do animal provido de linguagem (o homem), os animais eram obrigados a adaptar-se ao meio ambiente ou a sucumbir. Com o nascimento da linguagem, a evolução seguiu um curso completamente diferente. O desenvolvimento da capacidade de transmitir idéias e conhecimentos por meio da linguagem permitiu ao homem não somente inverter o curso da evolução, mas modificar cada vez mais o ambiente segundo as próprias necessidades (embora, dada a rapidez com a qual a espécie humana está deteriorando o equilíbrio ecológico, ela poderá ser lembrada apenas pelo mérito duvidoso de ser a única espécie a ter modificado o meio ambiente até ao ponto de provocar sua destruição).

Antes de adentrarmos a discussão sobre a comunicação animal é útil fazer uma distinção entre *linguagem* e *comunicação*. Deve ser dito que se é verdade que somente o homem possui a linguagem, também é verdade que muitas espécies animais comunicam entre elas empregando outras modalidades e, em alguns casos, podem até emitir sons iguais a palavras. É o caso, por exemplo, do papagaio; que, porém, não pode fazer um discurso sensato associando palavras diversas: faltam-lhe a sintaxe (as regras relativas à disposição das palavras numa frase) e a gramática (o conjunto de regras que estrutura corretamente uma linguagem). Como vimos anteriormente, as crianças pequenas – que podem ter uma linguagem mais limitada à de um papagaio bem adestrado – são capazes, mediante o uso apropriado da sintaxe, de gerar novas frases coerentes, isto é, frases que não aprenderam anteriormente com a mesma acepção.

A comunicação animal é bem mais ampla e articulada do que a humana, embora não diga respeito à "consciência" dos próprios atos ou à intencionalidade do próprio comportamento. Ela entra em jogo toda vez que o comportamento do animal emissor modifica a probabilidade de resposta do animal destinatário (Altmann, 1967) e é submetida a verdadeiras "regularidades" entre os membros de uma espécie. Num nível muito elementar, a comunicação específica de uma espécie implica a liberação de algumas substâncias químicas – os feromônios – que têm a função de sinais.

Naturalmente, a comunicação entre os animais superiores não é necessariamente específica de uma espécie: se, por exemplo, um leão à procura de alimento aproxima-se de um grupo de babuínos próximo a uma manada de zebras, o sinal de alarme emitido por uma das duas espécies é interpretado igualmente também pela outra. Algumas formas de comunicação parecem comuns a todos os primatas e são, talvez, específicas da ordem.

Embora os exemplos de comunicação intra-espécies e inter-espécies sejam inúmeros, não existe nenhuma evidência sobre a existência de outras espécies – além do homem – que tenham desenvolvido aquela forma especializada de comunicação que chamamos linguagem. Os chimpanzés em liberdade mostram uma ampla gama de vocalizações que servem para comunicar a informação, mas cujos sons parecem ser específicos da espécie e não muito dependentes do aprendizado. A parte mais relevante do sistema de comunicação parece estar dedicada à organização do comportamento social do grupo, à dominância, à submissão, à manutenção da paz e da coesão do próprio grupo, à reprodução e à criação dos filhotes (Marler, 1965).

Uma análise, mesmo sintética, dos sistemas da comunicação animal, ajuda a entender melhor a comunicação humana essencialmente por duas razões:

1. o estudo dos sistemas de comunicação animal pode levar a uma melhor compreensão dos elementos fundamentais da comunicação humana, fornecendo elementos sobre a própria evolução da linguagem humana;
2. a análise da comunicação animal obriga-nos a nos colocar como observadores "externos".

A esse propósito, Chomsky (1969) escreve: "Os fenômenos podem ser tão familiares que não os vemos [...] As pessoas que vivem na praia estão tão acostumadas ao barulho das ondas que não o ouvem mais. Da mesma forma, raramente ouvimos as palavras que pronunciamos. Nos olhamos mas não nos vemos mais".

Estudar de maneira abstrata e objetiva a linguagem animal ajuda-nos a assumir a mesma atitude em relação à linguagem humana. Naturalmente, é impossível determinar com exatidão o que significam os sinais na comunicação animal. Apesar disso, é possível descobrir a relação entre o sinal e o comportamento animal.

1. OS CANAIS

Na comunicação animal são de importância fundamental – além do ouvido e da vista, que representam os principais canais da comunicação humana – o olfato, o gosto e o tato (Poli, 1981).

Canal visual

O canal visual é, sem dúvida, um dos canais mais importantes da comunicação animal. Há diversos sinais visuais: as expressões do rosto, as emoções, o olhar, os gestos, o comportamento espacial, a postura, o aspecto exterior.

Expressões do rosto

As expressões faciais não pertencem a todos os animais, mas somente aos macacos antropomorfos, os únicos capazes de modificar a própria mímica em relação às emoções ou às ações em curso. Eles vivem na savana de dia e, diversamente de todos os outros tipos de macacos, têm uma vida social muito desenvolvida – vivem em grupos sociais numerosos – que lhes permitiu desenvolver um número notável de expressões faciais, ao contrário dos que vivem principalmente à noite nas florestas e em pequenos grupos. Os lêmures têm cerca de cinco expressões faciais, os macacos treze, os chimpanzés vinte, até mesmo mais do que o homem que tem nove expressões fundamentais.

Os mamíferos primitivos conseguiam somente abrir e fechar os olhos, o nariz e a boca. Com o tempo, levados pela necessidade adaptativa de comer e amamentar, desenvolveram uma camada ulterior de músculos faciais. Estudando os chimpanzés seja em seu hábitat natural, seja em cativeiro, numerosos pesquisadores – Goodall (1968), Marler (1976), Chevalier-Skolnikoff (1973) – observaram que, enquanto as expressões faciais dos primatas inferiores são estereotipadas, as dos primatas superiores são mais articuladas, graças também à sua capacidade de aprendizado e de controle por meio de processos corticais mais complexos.

Emoção e atitudes

Os chimpanzés exprimem as emoções por meio de diversas atitudes. As principais manifestações são:

- a *angústia* (gritando com a boca aberta e a garganta contraída);
- a *cólera* (rosnando de modo a ter a boca livre para combater);
- a *agressividade* (latindo com o olhar fixo e a boca aberta);
- a *afiliação* (com o rosto relaxado e gemidos, mas também com gritos e rosto excitado, estalando os lábios e batendo os dentes);
- a *submissão* (mostrando os dentes, desviando o olhar e com pequenos gritos ofegantes).

Olhar

A atitude do animal é revelada pela direção e pelo modo de olhar. Um olhar fixo e direto é um claro sinal de ameaça. Ao contrário, o olhar desviante é sinal de submissão. Estudando os macacos Rhesus, Exline e Yellin (1971) descobriram que reagiam violentamente quando eram fixados nos olhos e, ao contrário, acalmavam-se se os pesquisadores desviavam o olhar. Muitos felinos mudam a cor dos olhos quando recebem ou enviam uma ameaça.

Gestos

Em seu estudo sobre os chimpanzés, Goodall (1968) indicou alguns gestos mais freqüentes para exprimir diversas emoções e estados de ânimo:

- *ameaça*: levantar os braços, bater no outro;
- *submissão*: dobrar-se;
- *frustração*: coçar-se, masturbar-se, embalar-se.

Comportamento espacial

O comportamento espacial varia em relação à hierarquia e aos papéis dentro do grupo de origem. Os gorilas vivem em grupos de cerca de quinze a dezesseis unidades, os babuínos de cento e oitenta e cinco, os chimpanzés num número não bem definido. Estudando um grupo de chimpanzés, Hall e DeVore (1965) antes, e Goodall (1968) mais tarde, notaram que os indivíduos dominantes colocam-se no centro do grupo junto com as fêmeas e os filhotes, enquanto os outros os precedem a 180-360 metros para dar o alarme. Pode-se afirmar plausivelmente que os babuínos, assim como os seres humanos, têm um "espaço pessoal".

Postura

O modo em que um animal põe o próprio corpo no espaço (a postura, justamente) revela suas emoções e o *status* social. Em geral, um animal de condição superior, seguro de si, caminha e fica sentado de maneira relaxada; ao contrário, um animal de condição inferior caminha inseguro e circunspecto. Os babuínos seguros de si deixam cair livremente a cauda, enquanto os angustiados a mantêm reta.

Aspecto exterior

Para os animais, assim como para os homens, o aspecto exterior é um canal comunicativo importante, que permite comunicar a espécie de origem, a idade, o sexo e até informações sobre o estado interior. No período do cio, as fêmeas de muitos primatas apresentam um inchaço azul na área genital que, se exibido na presença do macho, "comunica" disponibilidade para o acasalamento. Muitos animais mudam cor e tamanho em determinadas situações emocionais. Os sapos, por exemplo, para ostentar ameaça, são capazes de inchar-se até ao ponto de parecerem grandes e terrificantes. Os primatas, em todos os estados de ativação emocional, eriçam o pêlo, dilatam as narinas e suam. As galinhas aumentam a crista.

Canal tátil

A modalidade mais difundida de contato físico entre os primatas é a manipulação recíproca. É definida também "ablução social" e é realizada com patas e braços não somente com o objetivo de limpar a cabeça, o pescoço e as costas do outro, mas também com a finalidade social de descarregar as tensões do grupo e de sustentar o equilíbrio. Prática rara entre os gorilas, entre os quais não há grandes problemas de dominância, é ao contrário muito difundida entre os macacos Rhesus e os babuínos, em que os conflitos de dominância são muito freqüentes (Marler, 1965).

Também as saudações valem-se de contatos físicos, como tocar os órgãos genitais, abraçar-se, limpar-se. Hall (1962) afirma que de doze formas de saudação, onze prevêm um contato corporal. Entre os macacos de vida sexual particularmente ativa são freqüentes os atos de acasalamento. Muitos tipos de macacos, principalmente quando estão num estado de medo, passam muito tempo abraçados.

As mães têm contínuos contatos corporais com seus pequenos. Entre os machos são difusos os contatos físicos com fim agressivo, como morder e bater com as patas. Este último ato pode ser usado também com fim lúdico.

Canal olfativo e gustativo

Muitos animais têm glândulas particulares que lhes permitem acentuar o cheiro da urina ou dos excrementos para delimitar o próprio território, comunicar a própria disponibilidade sexual, indicar a presença de alimento ou de perigo, etc. Os lêmures, por exemplo, deixam cheiros característicos nas árvores ou na ponta da cauda, que agitam no rosto de outro lêmure com fins sexuais.

Canal acústico

Entre os primatas, os menos evoluídos têm vocalizações bem definidas, enquanto os mais evoluídos têm vocalizações mais elaboradas e complexas. Por exemplo, os lêmures possuem sete tipos de sons, a maior parte das espécies dez-quinze, os cercopitecóideos trinta e seis.

Num estudo de 1976, Marler comparou a comunicação acústica dos gorilas com a dos chimpanzés e observou que se os primeiros têm cerca de dezesseis tipos de vocalizações (por exemplo, são bastante taciturnos; quando estão reunidos em pequenos grupos emitem sons parecidos com arrotos enquanto comem ou se limpam), os segundos têm treze tipos de sons, menos distintos e mais modulados.

Os pássaros são capazes de emitir dois tipos de sons: os tons de chamada e os cantos.

Os tons de chamada são breves e simples: alarmes de perigo, sinais entre pais e filhos, indicações de comida. Os cantos, mais longos e elaborados, são emitidos principalmente pelos machos no período do acasalamento. Para assinalar um perigo, os primatas emitem vocalizações que indicam também o tipo de predador, por exemplo, uma serpente ou uma águia (Passingham, 1982).

2. AS FUNÇÕES

As funções da comunicação animal podem ser subdivididas em três grupos principais: as relativas às emoções e às atitudes interpessoais, aos sinais de identidade, ao mundo exterior.

Emoções, atitudes interpessoais e sexualidade

Marler esclareceu a importância das relações sociais entre os animais e, portanto, das trocas de informações sobre a disponibilidade sexual, ligação mãe-filhotes, comportamento afiliativo, dominância e submissão.

A disponibilidade sexual pode ser assinalada por mudanças no aspecto exterior do corpo: típico é o caso das fêmeas dos primatas, que exibem ao macho um inchaço azul da área genital. Também particulares posturas e gestos são meios para assinalar a disponibilidade sexual. Os pássaros, por exemplo, empenham-se em formas características de corte com cantos e seqüências comportamentais muito longas e complexas.

Ligação mãe-filhotes

Essa ligação manifesta-se principalmente nos primatas mediante expressões faciais, contato físico e vocalizações. As mães abraçam e amamentam naturalmente os filhotes para tranqüilizá-los. Estes últimos quando sentem medo correm para a mãe agarrando-se a ela e chupando o peito.

Comportamentos afiliativos

Os primatas passam muito tempo na "ablução", manipulando-se, limpando-se e alisando-se reciprocamente. Também brincar, perseguir-se, trepar e lutar são expressões de interação social. Freqüentemente dois animais que se encontram trocam saudações tocando-se, beijando-se, cheirando-se.

Dominância, submissão, fuga

A *dominância* de um animal dentro do grupo ao qual pertence depende em parte de seu tamanho, mas também de verdadeiras ostentações de ameaça que se manifestam por sinais não-verbais como mostrar os dentes, franzir as sobrancelhas, contrair a postura, a lentidão dos movimentos, as diversas declinações e entonações da vocalização. Amiúde, o animal passa das ameaças a verdadeiras ações de ataque.

Para a *submissão*, os sinais enviados podem ser, ao contrário, urinar-se e olhar os ombros; a *reconciliação* é evidenciada pelo deitar-se, baixar os olhos, ficar disponível sexualmente, pelo convite à chamada "ablução".

A *fuga* manifesta-se com o afastamento físico, mas também cobrindo o rosto e o corpo com as patas.

Sinais de identidade

Outra função fundamental da comunicação animal é o reconhecimento da espécie, do grupo de origem, do sexo, do *status* social e de outros elementos importantes de reconhecimento da identidade. Em primeiro lugar, é fundamental saber se o outro animal pertence à mesma espécie, se é um predador ou uma presa. Os mamíferos realizam esse reconhecimento principalmente por meio dos elementos do aspecto exterior; os pássaros pelo canto; os insetos com os ferômonios que, como já vimos, são sinais de tipo químico.

Dentro da mesma espécie podem se distinguir modalidades de comunicação específicas de grupos particulares: por exemplo, os tentilhões têm um canto comum a toda a espécie, mas por aprendizado e imitação adquirem matizes diversos com os quais podem se exprimir empregando verdadeiros "dialetos". Os carriças macho e fêmea cantam um dueto – que se exprime no dialeto do grupo ou também naquele específico daquela dupla – graças ao qual conseguem reconhecer-se entre centenas de outros indivíduos.

O mundo exterior

Os animais conseguem comunicar informações não apenas sobre a própria identidade e as próprias emoções, mas também sobre o ambiente externo.

A respeito da comunicação entre as abelhas, os delfins, as baleias, os pássaros e os primatas, falaremos mais detalhadamente nos parágrafos seguintes.

Sinais de alarme

Quando um animal estranho aproxima-se, é dado o alarme aos membros do grupo com diversas mensagens. Por exemplo, quando o perigo ainda está a uma distância segura, os pássaros emitem sinais acústicos particularmente agudos e repetitivos. Se o predador está muito perto, o pássaro esconde-se e emite um gemido contínuo (Thorpe, 1974). Os primatas, ao contrário, utilizam principalmente sinais vocais: latem e gritam.

A dança das abelhas

É um exemplo típico de comunicação animal, estudado atentamente por Von Frisch (1967).

3. A COMUNICAÇÃO DAS ABELHAS

Um dos sistemas de comunicação mais interessantes e estudados do mundo animal é o da abelha de mel européia, que consegue comunicar às outras abelhas da própria colméia a distância e a direção de uma nova fonte de alimento.

Von Frisch (1967) e seus colaboradores afirmaram que no momento em que uma abelha exploradora descobre uma grande quantidade de alimento e volta à colméia, é capaz de comunicar às suas companheiras – utilizando uma verdadeira dança – uma mensagem muito complexa.

Os tipos de dança são:

1) a *dança circular*. É realizada se a comida está a menos de dez metros de distância. A abelha segue uma trajetória circular numa direção, depois vira e desenha de novo a mesma trajetória na direção oposta;
2) a *dança do abdômen*. Realizada se o alimento estiver a uma distância superior a cem metros. A abelha segue duas trajetórias mais ou menos circulares intercaladas por um traço retilíneo, no qual oscila. A orientação da parte retilínea comunica a direção, a duração da parte oscilante e do zumbido característico que emite comunicam a distância.

Se o alimento encontra-se a distâncias intermediárias, a abelha realiza ora uma, ora outra dança.

Os dialetos

Assim como a linguagem humana, também a das abelhas prevê formas dialetais. Os esquemas de dança até agora descritos são próprios da abelha negra austríaca. A abelha italiana, que pertence à mesma espécie, para distâncias entre os dez e os cem metros realiza uma dança levemente diferente, chamada *dança a foice*: o andamento é em forma de oito achatado, dobrado em semicírculo.

Comunicação inata ou adquirida?

Dos estudos de Von Frisch deduz-se que o sistema de comunicação das abelhas é em geral inato, enquanto os particulares mais sofisticados podem ser adquiridos. Para sustentar o caráter inato há as pesquisas efetuadas sobre abelhas híbridas de pais italianos e austríacos. Desses estudos se deduz que a prole híbrida herda não somente os traços genéticos, mas também os esquemas de dança do genitor ao qual mais se assemelha.

4. A COMUNICAÇÃO DOS PÁSSAROS

Os ornitólogos distinguem dois tipos fundamentais de vocalizações: os chamados e os cantos.

Os *chamados* são esquemas de sons compostos de notas individuais ou breves. Diferenciam-se três tipos principais.

1) O *chamado de vôo*.
   O pássaro de bosque, que vive em grupos de mais de cem pássaros, possui três chamados de vôo diferentes:
   a) antes de levantar vôo;
   b) durante o vôo;
   c) para a procura de alimento.

   A função principal desses chamados é a de coordenar os numerosos membros da colônia.

2) O *chamado agressivo*. É quase um tinido improvisado e repentino que os pássaros emitem voando em direção ao predador escondido, por exemplo, numa árvore. As funções principais desse chamado são a de avisar os próprios companheiros de um perigo iminente e de induzir o predador a ir embora.

3) O *chamado comunicando a presença de um predador alado*. Diferentemente da agressiva, esse tipo de chamado começa gradualmente e tem uma freqüência maior. Os pássaros que são advertidos assim voam rente à terra, ficam parados ou procuram um refúgio onde se esconder.

Mas essa forma de comunicação é inata ou adquirida? A opinião predominante entre os estudiosos é que os chamados são, na sua maioria, inatos. Por exemplo, a estarna – que choca seus ovos em saliências rochosas muito próximas entre elas – na volta de um vôo emite um característico chamado, facilmente reconhecível pelas crias. Thielcke (1976) demonstrou que os filhotes de estarna aprendem a reconhecer o chamado quando estão ainda dentro dos ovos e, uma vez abertos, são perfeitamente capazes de responder ao chamado dos próprios pais. Em relação aos chamados, os *cantos* são muito mais complexos e são predominantemente usados pelos machos para definir e defender o próprio território, mas também para chamar a atenção das fêmeas para o acasalamento. Thorpe (1961) estudou os cantos do tentilhão: a estrutura essencial do canto é aprendida nos primeiros quatro meses de vida, enquanto os dialetos aprendem-se durante a primeira estação reprodutiva, quando o pássaro, já com um ano, aprende o canto final.

5. A COMUNICAÇÃO DOS GOLFINHOS E DAS BALEIAS

A idéia difundida de que os golfinhos estão entre os animais mais inteligentes poderia fazer pensar que seu sistema de comunicação é igualmente evoluído e complexo. Na realidade, porém, sua linguagem é simples e muito parecida com a dos pássaros.

Os golfinhos têm dois tipos de vocalizações principais:

1) tons puros, que se distinguem em sibilos e chiados;
2) sons vibrados, que se distinguem em estalos regulares e latidos, ganidos, gemidos (Caldwell e Caldwell, 1977).

Os sibilos podem ter diversos significados. Por exemplo, cada golfinho tem seu *sibilo-firma*, isto é, o sibilo que o distingue dos outros. Com suas pesquisas, Prince (1975) individualizou a existência de um duplo sibilo repetido que corresponde a um verdadeiro pedido de ajuda. Quando um golfinho envia este tipo de mensagem, seus companheiros acodem e se ele estiver em graves dificuldades, doente ou ferido, levam-no à superfície para fazer com que respire.

Entre os sons vibrados, os estalos são usados para a *ecolocação*; os latidos, os ganidos e os gemidos, para comunicar os estados emotivos. Tanto os tons puros quanto os sons vibrados são emitidos pelos golfinhos desde o dia em que nascem e isto faz supor que o sistema de comunicação seja, em grande parte, inato.

O estudo da comunicação das baleias baseia-se, notadamente, nas gravações submarinas de seus cantos. Trata-se de verdadeiras sinfonias que podem durar horas. A estrutura de seus cantos é surpreendente e muito semelhante à dos pássaros: subunidades de cantos, diversas para cada animal, repetidas por horas. A função é a de identificar os indivíduos, ou a de manter unido o grupo durante as migrações oceânicas (Payne e McVay, 1971).

6. A COMUNICAÇÃO DOS PRIMATAS

Os numerosos estudos sobre a comunicação dos primatas confirmam o quanto é importante esse tipo de comportamento para fins da compreensão das dinâmicas evolutivas das espécies e de sua relação com os seres humanos. A grande quantidade de pesquisas, porém, não trouxe resultados satisfatórios. Nos macacos, de fato, a comunicação não é qualitativamente diversa daquela dos outros animais.

Como observou Rowell (1972), há uma diversidade radical entre os seres humanos e os outros primatas: se os primeiros são capazes de comunicar idéias pela linguagem verbal, os segundos conseguem comunicar experiências e eventos próximos somente por outros sistemas de comunicação.

Lancaster (1975) e Rowell (1972), com base em seus estudos sobre os primatas (e em particular sobre o cercopiteco), chegaram à conclusão de que a comunicação entre estranhos é muito rara. O contexto de qualquer ato comunicativo inclui uma rede de relações sociais com uma história relevante nas costas, na qual cada elemento é importante para a mensagem, para o modo em que ele é recebido e por como se reage a ele (Lancaster, 1975). A comunicação entre os primatas, portanto, está relacionada ao contexto em que acontece e é multimodal, pela capacidade de utilizar uma multiplicidade de canais sensoriais (vista, ouvido, olfato).

Para o cercopiteco foram registrados trinta e seis sons diversos, que transmitem vinte e duas mensagens (Struhsaker, 1967). Dentre estes, os três chamados de alarme são os mais particulares:

1) chamado de *chutter* da serpente. Os macacos, unidos entre eles, circundam e fixam a serpente, seguem-na com o olhar e emitem o chamado com os dentes, como se emitissem um sorriso malicioso;
2) chamado que assinala a presença de um predador alado. Trata-se de um trinado de baixa freqüência que tem o fim de avisar os companheiros para abrigar-se nas moitas;
3) chamado que assinala a presença de um predador terrestre. Induz os que o ouvem a subir nas árvores mais altas.

Em que medida a linguagem é o resultado (e a função) da evolução do animal para o homem (evolução de enorme complexidade) é uma questão fundamental e, em muitos aspectos, não resolvida. O dado, porém, que todas as sociedades e todos os grupos humanos, porquanto isolados ou culturalmente atrasados, tenham desenvolvido uma linguagem complexa, esclarece como o desenvolvimento da linguagem deve ser o resultado evolutivo necessário, e talvez geneticamente determinado, da atividade do cérebro humano.

Provas relativas a esses assuntos derivaram das evidências do ensino da linguagem humana aos primatas subumanos. Nesse sentido, se é verdade que entre os primatas é o gorila o que tem, depois do homem, o cérebro mais volumoso, também é verdade que é o chimpanzé o que têm um comportamento social mais parecido com o humano, mais próximo de nós por aspectos biológicos (como o tipo e as características do sangue) e mais parecido por dimensões corporais. Por essas razões foi o animal mais estudado e, no final das contas, parece ter sido uma ótima escolha.

O caso de Viki

Foram feitas muitas tentativas para ensinar um chimpanzé a falar. Dentre elas, a mais relevante foi a de Hayes e Hayes (1952), os quais criaram na própria casa – desde o nascimento até a idade de seis anos – um chimpanzé fêmea, chamada Viki. O casal Hayes tratou Viki como uma filha. Aliás, gastaram muito tempo na tentativa de lhe ensinar a falar, muito mais do que normalmente os pais dedicam aos filhos.

Embora o desenvolvimento emocional e as atitudes sociais de Viki tenham se revelado extraordinariamente parecidos aos de uma criança, a tentativa da fala fracassou. Viki aprendeu a pronunciar somente quatro palavras e também de maneira um pouco confusa. Em realidade Viki fracassou no aprendizado, não na compreensão das palavras. Prova disso é o fato de que aprendeu a comunicar muitas coisas mediante gestos e expressões, dando a impressão de entender muito mais coisas do que conseguia expressar. Acompanhava, ainda, as poucas palavras que era capaz de pronunciar com gestos diferentes e uma constância tal que observadores estranhos, olhando a gravação das imagens, podiam entender o que se dizia mesmo sem ouvir o áudio.

As pesquisas com Viki demonstraram o quanto é difícil ensinar um chimpanzé a falar e levaram a considerar que a linguagem é uma prerrogativa exclusivamente humana. As hipóteses sobre a incapacidade de falar do chimpanzé têm muitas interpretações possíveis. Antes de tudo, é plausível que o aparato vocal periférico seja inadequado para esse fim. Mas tal hipótese é contestada pela constatação de que os chimpanzés, em condições de liberdade, emitem uma grande quantidade de gritos e vocalizações (embora deva ser salientado que o funcionamento correto do aparato vocal não é condição suficiente para a linguagem).

Como já vimos anteriormente, os papagaios podem pronunciar algumas palavras bastante claramente, mesmo sem aprender a linguagem. Isso sugere que é a capacidade cognitiva insuficiente dos chimpanzés que lhes impede a aquisição da linguagem.

O caso de Washoe

Num outro célebre experimento, dois estudiosos da Universidade de Nevada, B.T. Gardner e R.A. Gardner (1969;1971), observaram que embora os chimpanzés fossem capazes de adquirir uma notável capacidade lingüística, o obstáculo maior estava representado pelos limites do comportamento vocal. Os dois estudiosos americanos ensinaram a Washoe, jovem fêmea de chimpanzé, 160 signos da linguagem ASL (acrônimo de *American Sign Language*) utilizado pelos surdos nos Estados Unidos.

Washoe foi capaz de usar os sinais e também de combiná-los entre si, adquirindo, dessa forma, o uso da sintaxe. Os Gardner notaram, além do mais, que os chimpanzés criados em cativeiro emitiam vocalizações muito similares às emitidas pelos chimpanzés no estado selvagem. Deduziram disso, portanto, que seu comportamento "verbal" podia ser específico da espécie – isto é, determinado geneticamente – e dificilmente alterável: portanto, pouco plástico. Todavia, o fato de que os chimpanzés usassem as mãos com grande destreza induziu os Gardner a considerar que fosse possível ensinar-lhes a linguagem dos sinais. E o conseguiram com sucesso.

Embora Washoe não fosse o indivíduo ideal (tinha mais de um ano e fora capturado em estado selvagem), os Gardner a criaram num *trailer* transformado em apartamento com quarto, cozinha, banheiro, sala de estar e um amplo espaço aberto para brincar. Os pesquisadores, alternando-se, ficavam perto dela desde seu despertar até a noite, quando ia dormir sozinha. Desde o começo, para dirigir-se a Washoe, evitaram as palavras e utilizaram somente a linguagem dos sinais. Alem do mais, não tentaram seguir uma forma de adestramento particular, nem se ativeram a uma teoria de aprendizado específica.

Tentaram tudo, inclusive o reforço contingente, a modelação, a demonstração (para estimular o aprendizado imitativo) e o adestramento dirigido pela correção da posição das mãos e dos dedos. Este último, junto com a imitação, foi o método de maior sucesso, diversamente do reforço do comportamento espontâneo; evidência esta que poderá surpreender os teóricos do aprendizado por reforço, mas não os pais.

Com cerca de três anos de idade, o vocabulário de Washoe incluía quase cem palavras e estava constituído por substantivos, verbos e pronomes. O chimpanzé usava os sinais espontaneamente, utilizando-os em situações novas e orientando-os apropriadamente a objetos e fatos similares. Conseguia ainda pronunciar frases de seis palavras e usava sujeitos, verbos, complementos e pronomes numa seqüência correta. Em suma, Washoe havia aprendido a linguagem dos sinais e conseguia até mesmo resistir o confronto com uma criança de três anos surda de nascença.

Provavelmente se discutirá muito sobre qual foi a qualidade e a medida do desenvolvimento da linguagem de Washoe, mas é realmente interessante ler diretamente o trecho do relatório dos Gardner, que transcrevemos a seguir.

> Provoca uma grande satisfação considerar a propriedade das frases aprendidas por Washoe no contexto em que foram pronunciadas. Para brincar com seus companheiros dizia *Roger você cutucar, você Greg jogo cucu* ou, simplesmente, *me pega, me cutuca*. Para indicar um lugar para onde se dirigir usava frases como *ir dentro, ir fora,* ou *pra cama*. Outras frases exprimiam descrições: *beber vermelho* para a sua xícara vermelha, *meu baby* para sua boneca, *ouvir comer* ou *ouvir beber* para a campainha do almoço, e *sujo bom* para o vaso sanitário. Para poder acessar objetos fora da sua vista e de seu alcance colocado além das portas fechadas de seu apartamento, Washoe exprimia-se assim: *chave abrir comer* à geladeira, *abrir chave limpar* ao armário do sabão, e *chave por favor abrir cobertor* ao armário da roupa. Ela associava freqüentemente a palavra "desculpa" a frases com a intenção de pedir perdão e como convite à pacificação: *por favor desculpa, desculpa sujo, desculpa dor, por favor desculpa bom,* e *vem abraço-amor, desculpa desculpa*.
>
> Essas frases, assim apropriadas, não eram absolutamente excepcionais. Havia centenas de outras expressões do tipo, junto com outras frases particulares, que eram repetidas quando se reapresentava a situação relativa. Todos aqueles que participaram desse trabalho puderam observar quão freqüentes eram frases como *ir fora* e *me cutuca*. Washoe, além do mais, era capaz também de fazer

variações que deixavam a frase chave intacta. Por exemplo, a soda, à qual Washoe se referia com a frase *doce beber*, era solicitada com todas as seguintes variantes: *por favor doce beber, mais doce beber, me dá doce beber, logo doce beber, por favor logo doce beber*, e por outras variações do tipo.

Cerca da metade das combinações mais longas era formada pelo acréscimo de sinais de pedido a combinações mais breves do tipo daquelas que falamos, como *por favor cutuca mais, vem Roger cutuca* ou *fora abrir por favor logo*. Nos outros casos, os sinais adicionais introduziam novas informações e novas relações entre os sinais. A maior parte desses sinais adicionais eram nomes próprios ou pronomes. Às vezes, o efeito consistia em especificar que havia mais de um personagem, com em *você eu atrás, você eu fora, você eu Greg ir*, ou *você Naomi jogo cucu* ou *cutuca Washoe eu. Você eu beber ir* e *você eu fora olhar* são exemplos de combinações que especificam os protagonistas, a ação e o destino ou o objeto. Havia também expressões de desculpa, como *abraça amor eu bom*, que indicavam um personagem, um atributo e uma ação. Finalmente, muitas combinações de Washoe especificavam seja o sujeito seja o objeto de uma ação, como em *Roger Washoe cutuca eu Washoe* e *você jogo cucu eu*.

O caso de Sara

Também Premack (1971) tentou ensinar a um chimpanzé de nome Sara a comunicar. Sua técnica consistia em utilizar pequenos moldes de plástico para representar as palavras ("palavra de plástico": um pedaço de plástico magnético diferente para cada forma, cor e estrutura). Um triângulo azul, por exemplo, correspondia a uma maçã. Assim, para obter uma maçã, o chimpanzé devia pôr o triangulo azul sobre a mesa. Com essa técnica, Sara aprendeu mais de cem "palavras de plástico".

O caso de Sara, junto com os outros experimentos até aqui descritos, demonstra que se é verdade, por um lado, que os chimpanzés podem acessar um nível significativo de linguagem, também é verdade que ainda estamos muito longe de propiciar aos animais o desenvolvimento de um sistema de comunicação capaz de exprimir um grande número de pensamentos abstratos, que permanece uma característica fundamental e exclusiva do homem.

Capítulo 9

A comunicação persuasiva

Todos nós estamos rodeados de diferentes formas de comunicação. Grande parte dos sons ou dos gestos – intencionais ou não –, produz comunicação. Sejam os gestos de um jornalista da televisão, das roupas que um indivíduo usa ou do modo como fala, podemos obter dados sobre a personalidade, às vezes, superiores àqueles que muitos discursos nos comunicam.

O elemento essencial do termo *comunicação* – seja ela desenvolvida pelos meios de comunicação, seja entre duas pessoas – é "pôr algo em comum". Quando são dois os indivíduos a comunicar, o locutor A pode obter rapidamente informações sobre a reação do locutor B. Por exemplo: B está realmente prestando atenção às palavras de A? Sua impressão é positiva ou negativa? Está claro que se a reação de B for negativa, A pode adequar ou, até mesmo, mudar totalmente a mensagem. Quando, ao contrário, a comunicação é veiculada pela mídia (tv, rádio, jornais, etc.) o feedback é quase inexistente e para o comunicador torna-se árduo, se não impossível, medir imediatamente essa reação. Isso põe o problema, para aqueles que pretendem utilizar os meios de comunicação, de conduzir pesquisas para avaliar as reações à mensagem.

Na comunicação publicitária, por exemplo, não são todos os fatores em jogo que estão sob o controle do publicitário. Avaliando cuidadosamente esses fatores, ele pode selecionar eficazmente seus objetivos e reconduzir a seu controle o conteúdo, o destinatário, o meio e o efeito.

1. OS FINS DA PUBLICIDADE

Em geral, o objetivo da publicidade é fazer ressaltar as peculiaridades de uma determinada idéia, produto ou serviço. Em certos casos trata-se de um fim "primário", como o de comunicar elementos distintivos de uma categoria inteira de produtos. Em outros, trata-se de objetivos "seletivos", como o de pôr em evidência uma determinada grife em contraposição à dos concorrentes.

Na comunicação publicitária, distingue-se, tradicionalmente, entre *objetivos de comunicação* e *objetivos de marketing* (Colley, 1968). A consecução de *objetivos de comunicação* tem lugar na definição de uma hierarquia de objetivos, que se articula em diversos momentos: a avaliação relativa à informação do provável adquirente sobre a existência daquele determinado produto ou empresa; a verificação, com o público, da compreensibilidade da qualidade, da função e da utilidade do produto; a persuasão do público, por meio da mensagem, sobre a eficácia do produto; o controle das seqüências envolvidas na compra do produto.

Na consecução dos *objetivos do marketing* definem-se as estratégias para a conquista de uma fatia de mercado em um determinado período temporalmente definido (por exemplo, entrar, no prazo de um ano, com o próprio produto num mercado monopolizado por um produto de outras marcas). O público-alvo, obviamente, pode ser alcançado também com outras formas de comunicação e de *marketing*. À publicidade recorre-se quando é necessário conseguir determinados objetivos com tempos e compromissos financeiros menores.

2. A COMUNICAÇÃO PUBLICITÁRIA

A comunicação publicitária pode ser examinada de diferentes modos e em diferentes níveis. Aqui interessa analisar as variáveis em jogo relativas ao locutor A (e ao objeto da comunicação); ao locutor B (público); ao meio utilizado; ao efeito obtido.

O locutor A (o comunicador) é aquele que cria a mensagem e deve estabelecer em que modo é possível conferir-lhe a máxima eficácia. O objeto que deve ser comunicado é a própria mensagem, isto é, o conjunto das palavras, das imagens e dos espaços na página impressa ou, no caso das mensagens radiofônicas ou televisivas, dos impulsos eletrônicos.

O locutor B é o público que deveria selecionar, ouvir e decodificar a mensagem.

O meio (ou, *o canal*) pode ser uma tv, um jornal ou uma rádio, que pode realizar o contato entre o comunicador e o público que se pretende alcançar.

O efeito obtido pode ser avaliado com base no número de pessoas alcançadas pela mensagem, na cota de mensagem gravada mnemônicamente pelo público e no modo em que a mensagem condicionou seu comportamento ao ponto de levá-lo a comprar o produto.

Se todas as passagens acima mencionadas se realizam eficazmente, isto é, se a mensagem alcança o público, ela começa a se difundir pelos mil canais da comunicação interpessoal. Assim, o consumidor, convencido da eficácia de um determinado produto, difunde suas impressões a seu network social, ampliando desse modo a base dos contatos.
Naturalmente, é possível que isso não se realize em absoluto e que a mensagem volte para o próprio comunicador. Evidentemente, isso decretaria, com toda probabilidade, o fracasso da operação publicitária. Todavia, mesmo sua breve difusão entre o público devolve à mensagem um papel no imaginário, na experiência e, mais em geral, na cultura da própria sociedade.

3. INEFICÁCIA DA COMUNICAÇÃO PUBLICITÁRIA

Podem ser muitas as razões de uma comunicação publicitária ineficaz. É útil considerar algumas. Antes de tudo, um grau inadequado da cultura – as idéias, os modelos de pensamento, os valores e o sistema simbólico – do público que se quer alcançar. Quando a mensagem a ser comunicada não está em sintonia com a "sensibilidade cultural" ou com os costumes do destinatário, é bastante provável que ela passe desapercebida ou, se for aceita, que seu significado seja alterado. Outra razão poderia ser o "ruído" de fundo na "transmissão": pegando emprestado esse termo da eletrônica, poderia se definir assim a influência e interferência negativas da mídia e da imprensa.

Mais outra razão é o preconceito do público com qualquer forma de mensagem persuasiva, que leva a considerar aquilo que se ouve, com ceticismo, como se estivesse invariavelmente na frente de montagens publicitárias: isso tem conseqüências relevantes para a eficiência e a eficácia da publicidade. Geralmente esse tipo de público considera a mensagem "falsa", já que quem a veiculou pagou para persuadi-lo de seu ponto de vista.

4. COMUNICAÇÃO E MOTIVAÇÃO

Os estudiosos compartilham a opinião de que na base do comportamento humano há sempre ações e gestos motivados e não casuais. Definir o que é *motivação* é tarefa árdua, seja pelas notáveis implicações psicobiológicas, seja pelas relativas às esferas psicossociais.

Aqui é importante observar que cada publicitário deve, em alguma medida, ser consciente das razões e das motivações do consumidor. O publicitário deveria se perguntar continuamente sobre o que leva um consumidor a comprar um determinado produto; o que induz as pessoas a mudar de comportamento em relação àquele produto; porque o consumidor deixa-se persuadir por determinadas sugestões publicitárias e não por outras.

Está claro que na compra de um determinado produto concorrem razões relativas ao próprio produto (a cor, a composição, a disponibilidade, etc.); mas também elementos psicológicos do consumidor, que podem ser inconscientes mais do que estimulados pela publicidade ou por qualquer outra forma de comunicação. Trata-se de um amplo espectro de necessidades, desejos, aspirações muito complexas – *impulsos* definidos – que agem em modalidades diversas e em tempos variados. Alguns deles podem ser fisiológicos ou primários (como a fome ou a sede), outros secundários ou adquiridos (como os estímulos à solidariedade ou ao domínio).

Alguns publicitários fazem uma distinção conveniente entre impulsos *conscientes* e *inconscientes*. Os cientistas da psique já esclareceram que muitos de nossos comportamentos são influenciados por dinâmicas involuntárias. Apelando aos desejos inconscientes do consumidor (como o desejo de prestígio social, ou de satisfação sexual), mas também a desejos mais evidentes e aceitáveis (como o desejo de economizar), o publicitário aumentará as possibilidades de sucesso da mensagem.

Para outros publicitários ao contrário é útil distinguir entre *abordagens racionais* e *irracionais,* considerando que, embora grande parte dos indivíduos acredite no fundamento racional dos próprios comportamentos, muitas das decisões são tomadas com base em dinâmicas irracionais. De fato, enquanto alguns criam mensagens publicitárias em que sobre a explicação racional das vantagens do produto fazem-se prevalecer associações irracionais (por exemplo, o sexo associado a carros esportivos), outros privilegiam mensagens focalizadas em aspectos racionais (na comunicação industrial, uma empresa tenta vender bens ou serviços à outra empresa, explicando racionalmente a qualidade do próprio produto).

Em definitivo, é opinião amplamente compartilhada que para motivar os consumidores a mudar os próprios gostos e suas escolhas, têm um peso importante os seguintes elementos:

- predisposições;
- fonte da comunicação;
- grupos de referência;
- variáveis demográficas;
- adoção de novas idéias.

Predisposições

As possibilidades de eficácia de uma comunicação persuasiva aumentam quando esta responde a inclinações anteriores do público. Em outras palavras, o publicitário deveria corresponder às exigências e sensibilidades pré-existentes no público. Com base nesse princípio, uma mensagem publicitária tem maiores possibilidades de convencer aqueles que apresentam um comportamento neutro e não aqueles que são hostis à idéia comunicada.

Fonte da comunicação

São muitas as evidências sobre uma maior capacidade de penetração da mensagem publicitária quando, para reforçá-la, recorre-se a *testemunhal* e a modelos de referência. Para explicar essas dinâmicas os estudiosos da comunicação recorrem àquela que definiram como *teoria da credibilidade da fonte*. Tal teoria postula que quanto mais o público considera fidedigna e respeitável a fonte da comunicação, tanto maior é sua propensão a assumi-la.

Isso quer dizer que uma publicidade proveniente de uma fonte prestigiosa será mais sugestiva do que uma publicidade oriunda de uma fonte menos respeitável. Com o passar do tempo, as pessoas tendem a lembrar o conteúdo da publicidade e a esquecer a fonte da informação.

Grupos de referência

É sabido pela psicologia social que um indivíduo realizará uma determinada escolha se ela for compartilhada por uma pessoa (ou um grupo) pelo qual sente estima ou simpatia. É senso comum que a formação de uma nova idéia passa pela verificação da opinião das pessoas e de um grupo de referência. Com base nisso, aos fins de uma programação publicitária é necessário obter informações sobre os comportamentos ou costumes de um grupo alvo para um determinado produto ou serviço.

Os estudiosos concordam que o papel desenvolvido pelo consenso de um grupo de referência, sobre o comportamento de um indivíduo, depende de dois fatores: a estrutura do grupo e a qualidade do comportamento do indivíduo. Está claro que pertencer a uma comunidade homogênea determina maior influência do grupo no indivíduo, muito mais do que a de uma comunidade virtual. Por outro lado, quando estão em jogo escolhas complexas ou arriscadas, os indivíduos dirigem-se com maior probabilidade ao grupo de referência para obter pareceres e avaliações. Desse modo, as classes sociais tornam-se freqüentemente grupos de referência.

Variáveis demográficas

Um papel importante para prever as motivações do público é desenvolvido pelas variáveis demográficas correntes (idade, renda, sexo, lugar de residência, escolaridade). Por exemplo, considerando os desejos de uma classe de idade jovem entre os 16 e 17 anos, pode-se ver não somente que há grande homogeneidade, como também que ela ultrapassa os limites de cada nação.

Adoção de novas idéias

O conhecimento das dinâmicas de afirmação, de difusão e de adoção de novas idéias é essencial para todo o universo publicitário. As comunicações boca a boca, como é sabido, estão entre as mais eficazes.

Pesquisas multicêntricas sobre a difusão de novas idéias, realizadas em diversos países, deixaram claro que ao adotar uma nova idéia um indivíduo atravessa diversas fases:

1) o *conhecimento superficial* (sabe que a idéia existe, mas tem poucas informações sobre ela);
2) o *interesse exploratório* (procura de maiores informações);
3) a *avaliação das vantagens e das desvantagens*;
4) a *verificação cuidadosa*;
5) a *adoção*.

A publicidade feita pela mídia é muito mais incisiva durante as fases do conhecimento superficial e do interesse exploratório. Nessa fase de avaliação são os líderes de opinião que desenvolvem uma função importantíssima na influência das escolhas. Ao contrário, amigos e vendedores ao varejo têm importância especial na fase da experimentação. Pode se afirmar, então, que nos encontramos perante um fluxo "de dois estágios".

5. A PROPAGANDA SUBLIMINAR

Uma das questões mais controversas da comunicação persuasiva refere-se à propaganda subliminar: aquele vasto campo de palavras e imagens – identificadas, no conjunto, com a definição *mensagens subliminares* (visuais e sonoras) – que, embora não percebidas conscientemente, podem influenciar no plano subconsciente os juízos, as atitudes e os comportamentos dos indivíduos.

Apesar de ser difusa a convicção de que essa forma de comunicação tem muita influência nas atitudes, nos comportamentos e nas decisões individuais – isto é, que essas imagens induzem as pessoas a prestar maior atenção ao produto – não há provas de que isso aconteça realmente (Zanot et al., 1983). A grande maioria das pesquisas realizadas no campo da comunicação subliminar não foi realizada mediante o uso de grupos de controle.

Em outras palavras, não há nenhuma prova de que tais mensagens tenham influência no comportamento das pessoas na vida diária (Moore, 1982; Pratkanis, 1992). Alguns estudiosos (Greenwald et al., 1991) mostraram que determinados experimentos para melhorar a memória e a auto-estima de um grupo de pessoas mediante a escuta de fitas não obtinham nenhum dos resultados esperados.

A tal resultado chegaram também pesquisas conduzidas em condições controladas de laboratório (Murphy et al., 1993). Até mesmo no ambiente cuidadosamente predisposto do laboratório não se conseguem obter provas de que as mensagens subliminares podem induzir as pessoas a agir contra sua vontade, valores ou personalidade (Neuberg, 1988). É plausível considerar, portanto, que são escassas ou nulas as possibilidades de controlar a mente ou de ser influenciado por informações que não sabemos que estamos recebendo.

Num paradoxo somente aparente, a comunicação persuasiva é muito mais eficaz quando as mensagens podem ser recebidas conscientemente. Há um amplo acordo sobre o fato de que as publicidades que encontramos na vida diária e que percebemos conscientemente – embora não contenham mensagens subliminares – podem ter efeitos notáveis sobre nosso comportamento. Além do mais, publicidades similares não se limitam a orientar o comportamento consumista: elas veiculam estereótipos culturais mediante as palavras e as imagens, relacionando enganosamente um produto a uma imagem desejada.

Capítulo 16

Falar em público

1. FENOMENOLOGIA DE UM DISCURSO

Acontece sempre algo misterioso e, de alguma forma, imprevisível quando se toma a palavra em público. Nenhuma disciplina pode orgulhar-se de jurisdições ou pertinências exclusivas: nem a semiótica, nem a retórica, e menos ainda a lingüística. Poder-se-ia, talvez, afirmar que falar em público é uma arte: uma arte com ausência de técnica. Ao contrário das afirmações de muitos manuais, falar em público não é uma habilidade que se aprende de uma vez por todas, adquirindo regras-padrão válidas em todo contexto. Enfim: não existe "modo de usar".

É, sem dúvida, verdade que o contínuo exercício pode conduzir a um melhor desempenho oratório. Como também é certo, por outro lado, que observar algumas regras essenciais pode tornar mais adequada e eficaz a própria capacidade expositiva. Não obstante isso, a oratória é uma arte eminentemente individual, que se realiza e define-se mediante uma especificidade e um estilo próprios e que tem a ver somente em parte com a cultura, a língua, as tradições de um país. Em alguma medida e com determinadas condições, todos podem ser capazes de falar em público. Em teoria, não existem propensões naturais que levam uma pessoa a falar melhor do que outra.

No ato de falar em público revela-se não somente e não tanto a capacidade de entrar em sintonia com um "conjunto" impessoal, mas principalmente a capacidade de entrar em contato com partes profundas de si próprio. Um bom orador sempre é capaz de encontrar as razões que o levam a tomar a palavra, mesmo se for perfeitamente claro para ele que não somente não poderá dizer todas as coisas ao mesmo tempo, mas principalmente que muitas coisas estão destinadas a permanecer indizíveis.

Precisa ser capaz de "dar forma", de representar as emoções profundas, os pensamentos passageiros, deixando-se levar pelo inconsciente; expor com humilde sinceridade os pensamentos que vieram à mente; pôr-se em comunicação com as imagens e os objetos da memória, tentando recuperar as sensações submersas.

Tomar a palavra em público requer, enfim, o conhecimento de alguns "movimentos" preliminares. O primeiro consiste em observar atentamente os sinais do público: suas emoções, reações, propensões, estados de ânimo. Esse é o primeiro elemento que o orador deve considerar para alcançar aquela autoconsciência que lhe permitirá, sucessivamente, tornar-se mais consciente das próprias capacidades, do próprio estilo e, ao mesmo tempo, de potencializar, da melhor forma, as suas características.

Como Carnegie (1990) observou esquematicamente, além da autoconsiência, são necessárias quatro características básicas:

1) a *capacidade de representar-se ao futuro*, de auto-representar-se, isto é, tendo perante si a imagem de si próprio falando sobre um cenário;
2) a *paixão pelo objeto da discussão*, isto é, a capacidade de se identificar intensamente com aquilo que se está dizendo, com o fim de tornar "legíveis" as próprias paixões;
3) *despir a mente e o coração ao público*, que é um ponto crucial e difícil de realizar. O orador sabe que deve dirigir-se ao público e estabelecer com ele uma relação intensa de reciprocidade. Mas sabe também que, quando o olhar for devolvido, o medo de ser julgado tornará menos espontâneo o gesto de se revelar abertamente;
4) *o exercício,* que é a estratégia mais eficaz para neutralizar o medo. A falta de exercício é, amiúde, a causa mais relevante do medo que se libera por ocasião de um discurso público. Todos sabem que a primeira experiência nessa área evoca algumas reações – como sudoração, escassa salivação, incapacidade de se mover com desenvoltura – que tornam difícil a correta avaliação dos efeitos do próprio discurso.

Na origem de tal fenômeno há um excesso de energia psíquica livre que impede a naturalidade da comunicação. Para neutralizar as cotas excedentes de energia psíquica (com freqüência) e convertê-la positivamente, é necessário empreender determinadas ações como se levantar, gesticular harmoniosamente, falar em voz alta, olhar para o público.

Ficar em pé

Ficar sentado atrás de uma mesa é mais comum nas conversações do que nos discursos públicos. Aparentemente, isso deveria servir para conter a energia psíquica excedente. Na realidade, produz-se o efeito contrário. Para manter a calma, o orador deverá utilizar energias que não dissiparia levantando-se.

Narrar

Carnegie (1990) defende que "quem escreve e decora seus discursos desperdiça tempo e energia e vai ao encontro de um desastre". À parte os extremos, é certo que ao orador requer principalmente espontaneidade, a única estratégia capaz de chamar a atenção do público. O orador que lê seu discurso tem muitas probabilidades de provocar uma forte queda na atenção do público. Suas frases tenderão, inevitavelmente, a ser mais formais, rígidas e distantes da situação em que se produz o discurso (De Mauro, 1980).

Ao contrário, o discurso oral é mais imediato, menos formal, mais facilmente modificável. A mesma extensão semântica de uma palavra é dilatada e contraída dependendo da necessidade de cobrir novos espaços de sentido (Ferraresi, 1995). Naturalmente, pode-se correr riscos ou também cometer erros. Os mais freqüentes são relativos ao relaxamento ou à perda dos nexos gramaticais de uma frase. Nesse caso bastará que o orador volte, retomando a última palavra, ao ponto em que a frase ainda era gramaticalmente correta e a termine com toda tranqüilidade, sem necessidade de se desculpar.

Os gestos

A espontaneidade é sempre premiada pelo público, que desempenha um papel fundamental. Os gestos não contribuem somente para dissipar a energia nervosa excedente, mas também para dar harmonia e cor ao discurso. Os gestos são instrumentos úteis para aumentar a capacidade de comunicar, são "ícones potentes que sustentam a fala e fornecem asas à comunicação" (Ferraresi,1995).

Existe, todavia, uma série de gestos desengonçados, interrompidos, que o orador não consegue controlar bem porque está fortemente condicionado por um excesso de energia nervosa. Entre estes há:

- o gesto de *descanso do soldado*. Não sabendo onde colocar as mãos e os braços, o orador será induzido a levá-las atrás das costas, com a conseqüência de adotar uma posição parecida com a do soldado em posição de "descansar";
- o gesto da *folha de figo*. Indeciso sobre onde por as mãos, o orador as colocará pudicamente na "frente";
- o gesto das *mãos no bolso*. Poderia parecer uma posição relaxada, mas em realidade deixa transparecer embaraço e deselegância.

Qualquer gesto não natural solicitado por excessos de energia nervosa – tocar o corpo, coçar uma orelha, arrumar os óculos – reduz o nível de atenção do público e o induz a distrair-se.

A voz

Também a voz pode ser condicionada pela energia nervosa em excesso: o tom fica mais baixo, a garganta mais árida, começa a tossir e haverá tendência a tartamudear. A melhor solução é falar em voz alta, olhando para as pessoas que estão mais longe na sala: esse esforço ajudará a conter a energia em excesso. Uma voz clara, sincera, límpida, contribui, em todo caso, na elevação do nível de comunicabilidade.

O olhar

Quando se fala em público, os gestos, o olhar e a voz entram em estreita inter-relação. A sincronização e a harmonização eficazes tornam mais significativa a relação entre orador e público. O modo mais útil para usar o olhar é o de fazer oscilar a cabeça – e portanto o olhar – da esquerda para direita, com movimentos lentos e fluidos, alcançando todo o perímetro da sala e parando alternativamente, por um ou dois segundos, nas várias localizações do público. É importante olhar para as pessoas diretamente nos olhos: cada membro do público sente-se, assim, um participante particular, e não um grupo indiferenciado ou uma massa informe e anônima.

As pausas

Geralmente, propiciam o tempo para organizar o discurso (Argyle, 1992).

Há vários tipos:

– a *pausa de partida* coincide com o início de uma conferência, momento com freqüência caracterizado por diversos ruídos de fundo (sussurros, vozes, chamados) que, de uma forma ou de outra, tornam difícil obter a atenção o público. Nesse caso será útil que o orador levante-se sem dizer uma palavra, olhando para o público de um lado ao outro da sala por ao menos 10-15 segundos. Com certeza, a atenção de todos aumentará rapidamente;

– a *pausa de reflexão/conexão* dura 3-4 segundos, permite que o público respire e que o orador organize as idéias;

– a *pausa enfática*, mais breve do que a anterior, deveria ser usada antes de exprimir um conceito ou de formular uma frase particularmente importante;

– a *pausa que precede as perguntas*. Em geral, encerram-se as conferências com as perguntas do público, normalmente possibilitadas, no final do discurso, pelo orador. Este deverá indagar ao público se tem perguntas, esperando em silêncio e olhando para o auditório por ao menos 10 segundos;

– a *pausa conclusiva*. Terminado o discurso e finalizadas as perguntas do público, o orador – atenuando o tom da voz em sentido descendente e conclusivo – deverá ficar em pé e em silêncio ainda por alguns segundos, olhando para o público e, finalmente, agradecendo com um sorriso.

As pausas requerem do orador a observação de um absoluto silêncio que, todavia, nem sempre será vivido com naturalidade. Freqüentemente, o orador é dominado por um sentimento de medo do vazio provocado pelo silêncio, que tenderá, inadvertidamente, a cobrir mediante caudas sonoras ou rastros verbais como "mmmh", "eeeh", etc., que se agarrarão no final de uma palavra ou de uma frase. Outras vezes as caudas sonoras cedem lugar a palavras inúteis como "isto é", "não é?", "nada", "ok", etc., que exprimem uma tensão interior de fundo e uma energia nervosa excedente.

2. A RELAÇÃO COM O PÚBLICO

Os estudiosos de psicologia da comunicação concordam em considerar que a comunicação é essencialmente uma troca recíproca de mensagens e conteúdos emocionais e de pensamento entre dois ou mais indivíduos. Durante seu discurso, o orador recebe do público contínuos *feedbacks não verbais*, que revelam seu estado de ânimo.

É necessário que o orador tenha sempre bem presente que seus comportamentos e suas reações provocam no público comportamentos e reações iguais e contrárias (Ferraresi, 1995). Em outras palavras, se o orador demonstrar agressividade, por exemplo, o público o retribuirá com a mesma atitude. Seguindo essa regra e perseguindo um nível sempre mais eficaz de comunicação, o orador poderá estabelecer uma boa sintonia com o público, mesmo quando este estiver prevenido.

O orador deverá ainda esforçar-se para assumir *uma atitude não autocentrada*, no sentido que precisará vencer suas resistências interiores para instaurar com seu público uma relação emocionalmente intensa, como um ator em cena, até "acariciar" psicologicamente o público, estimulando-o e seduzindo-o com sua disponibilidade.

3. FORMA E CONTEÚDO

Com certeza é importante preparar um discurso que será dado em público, porém é desaconselhável decorá-lo. Um público atento perceberia o caráter artificial e sua atenção diminuiria rapidamente. Muito mais útil é, ao contrário, confiar-se a um método pessoal, talvez recorrendo sempre a uma frase para as reflexões sucessivas.

Deve-se evitar o tédio provocado pela escuta passiva de um discurso lido (no lugar de contado), em razão do tom de voz baixo demais ou plano demais; pela ausência de gestualidade que ajudaria a reforçar os conceitos; pela forma ambígua e prolixa. Segundo Perelman e Olbrechts-Tyteca (1996), para suscitar uma emoção "é indispensável a especificação, já que as noções gerais, os esquemas abstratos, não agem sobre a imaginação [...]. Quanto mais específicos forem os termos, mais a imagem que eles evocam será viva, quanto mais forem genéricos, mais a imagem será fraca".

Carnegie (1990) ao contrário várias vezes lembrou o quanto é importante humanizar, especificar, dramatizar. O que apaixona o público são as situações concretas, as histórias que podem ser representadas diante dos olhos, as pessoas identificáveis com nome completo. Pintar e colorir emocionalmente o discurso com as palavras é mais natural para os anglo-saxões do que para os italianos: estes têm a tendência a tornar o discurso impessoal e abstrato.

Perelman e Olbrechts-Tyteca (1996) escrevem: "Uma das preocupações do orador será a de tornar presente, somente graças à magia de sua palavra, aquilo que em realidade está ausente e que ele considera importante para sua argumentação". Para esse fim, pode ser útil a inserção de algumas citações. No momento em que o orador recorrer a elas é importante que deixe bem claro a quem ouve, para não criar confusão, que está lendo uma citação.

Nesse caso, o orador terá três possibilidades:

1) usar as palavras, sublinhando várias vezes que se está citando um texto;
2) usar os gestos, por exemplo, no começo da citação, levantando o braço com o indicador e o médio juntos e levemente dobrados (símbolo de aspas), mantendo-os levantados durante toda a citação;
3) recorrer ao gesto de "aspear" o ar com as duas mãos levantadas, tanto no começo como no fim da citação.

Uma parte consistente dos esforços do orador deverá ter por objetivo evocar e manter viva a atenção do público. Para esse fim, é fundamental um bom *incipit*, que capture desde o começo a atenção do público, relacione sucessivamente a observação ao argumento da discussão e, finalmente, envolva o público introduzindo-o no argumento. Superadas as dificuldades do *incipit* é necessário levar em consideração a segunda regra fundamental que é a de declarar aquilo do que se quer falar, apresentá-lo e, finalmente, comentar os trechos fundamentais (Ferraresi, 1995).

Essas regras requerem um grande trabalho por parte do orador: em particular, cuidado, simplicidade, clareza. Falar (e escrever) de modo difícil – com freqüência tornando obscuro o discurso – é paradoxalmente mais fácil, já que evita a analise e o aprofundamento do pensamento. Na maior parte dos casos, isso trai uma falta de clareza do pensamento no orador e sua confusão em dispor numa seqüência clara as argumentações do discurso. Para evitar esses inconvenientes, ele deverá se esforçar para explicar e analisar o próprio pensamento até o fundo.

4. TEMPOS

O modo como falamos depende também do tempo que temos à disposição. Falar em público durante poucos minutos é, obviamente, bem diferente do que falar durante horas. Examinemos, a seguir, as diversas possibilidades.

Falar por um minuto

É necessário ir rapidamente ao âmago da questão, sem perder tempo em explicações particulares. A linguagem deverá ser extremamente clara. Terá sucesso quem, no mais breve tempo possível, comunicar emoções profundas e autênticas ao público.

Falar por cinco minutos

Um discurso de cinco minutos requer uma preparação particularmente atenta. O tempo à disposição é longo demais para uma exposição simples e breve demais para uma exposição complexa. Será útil, portanto, valer-se de três ou quatro argumentações que relacionem os conceitos fundamentais à conclusão.

Falar por trinta-quarenta e cinco minutos

Nesse espaço de tempo, a atenção e o envolvimento emotivo seguem, geralmente, um andamento que inicialmente contempla uma progressiva atenção até um pico máximo, uma diminuição intermediária e, finalmente, um outro pico no final.

Falar por noventa-cento e vinte minutos

Um discurso de cerca de duas horas requer uma notável resistência física e mental. Na metade do discurso, é aconselhável fazer uma pausa ou discutir os conceitos mais simples e mais facilmente compreensíveis no final.

Falar por seis-oito horas

Uma tarefa tão pesada requer, quando for possível, a utilização de freqüentes pausas e o envolvimento do público por meio de debates e perguntas, a projeção de *slides*, de transparências, a leitura de trechos de livros. É necessário ser o mais animado possível, tentar envolver o público utilizando também as próprias lembranças e sensações pessoais.

5. PREPARAÇÃO E CONCLUSÃO

Quando se pretende ler um discurso é útil calcular o tempo total de leitura. Pode-se calcular, por exemplo, o tempo de leitura de cada cartela (cerca de três minutos), considerando, de qualquer forma, que um discurso escrito é geralmente mais extenso do que o necessário e que a obrigatoriedade de encurtá-lo expõe ao risco de introduzir assimetrias na economia total do discurso. Para evitar tudo isso, seria útil, mais do que escrever o discurso completo, elaborar algumas fichas simples, nas quais deve-se indicar com letras grandes (para torná-las facilmente legíveis numa ocaisão em que a tensão psíquica poderia trazer maus momentos) dois ou três conceitos-chave.

Com a ajuda dessas fichas o orador poderá divagar e acrescentar novos conceitos, seguro de poder recorrer a elas se sentir a necessidade. A mesma função terão os retroprojetores e os *slides*. Durante um discurso convém não falar enquanto estão se fazendo outras coisas, como procurar a página da citação que nos interessa, trocar as transparências, virar uma página, colocar um slide, ligar um videoprojetor, etc. (Le Roux, 1988).

É importante, também, colocar-se à esquerda de quem nos olha, respeitando tal disposição mesmo quando tem que se mostrar cartazes ou quando é necessário escrever na lousa. Neste caso é aconselhável apoiar a mão esquerda na borda da lousa, dobrando todo o braço esquerdo e usando o braço direito para escrever. Seria preciso, ainda, não virar as costas ao público e sim dirigir-lhe freqüentemente o olhar.

Também para o retroprojetor é útil colocar-se à esquerda da tela, lendo diretamente a transparência desde o plano luminoso, de modo a poder retomar o contato visual com o público simplesmente levantando o olhar. Convêm não ler totalmente as transparências projetadas, e sim explicá-las e interpretá-las, acrescentando comentários e opiniões.

Como mencionamos antes, os discursos acabam quase sempre com perguntas. É bom olhar nos olhos de quem faz a pergunta, reformulando-a para quem, entre o público, não tiver ouvido, passando por alguns momentos pelo interlocutor. Em alguns casos as perguntas podem conter expressões polêmicas manifestas ou dissimuladas.

Se a explicação for insuficiente, poder-se-á tentar aplanar o "conflito" envolvendo o público com o fim de evitar uma contradição histórica estéril e estabelecer, assim, uma "terceirização" de opinião. Se, enfim, as perguntas forem excessivamente prolixas, é útil manifestar um pouco de inquietude e impaciência (olhar para o relógio, anuir). Se isso não for suficiente, será oportuno avisar da falta de tempo. Se isso também não for suficiente, será necessário interromper o interlocutor, mas nunca de maneira brusca e, principalmente, pedindo desculpas.

Capítulo

A comunicação teatral

> O eu não é algo orgânico [...]; é um efeito dramatúrgico que emerge de uma cena que é representada.
> *Goffman*

1. OS ELEMENTOS CARACTERIZADORES

Um espetáculo teatral pode-se definir como um fenômeno cênico comunicado a um destinatário coletivo – um grupo fisicamente presente à recepção – no mesmo momento de sua produção. O processo semântico-pragmático da comunicação teatral é favorecido por duas condições fundamentais: a presença física do emissor e do destinatário; a simultaneidade de produção e comunicação.

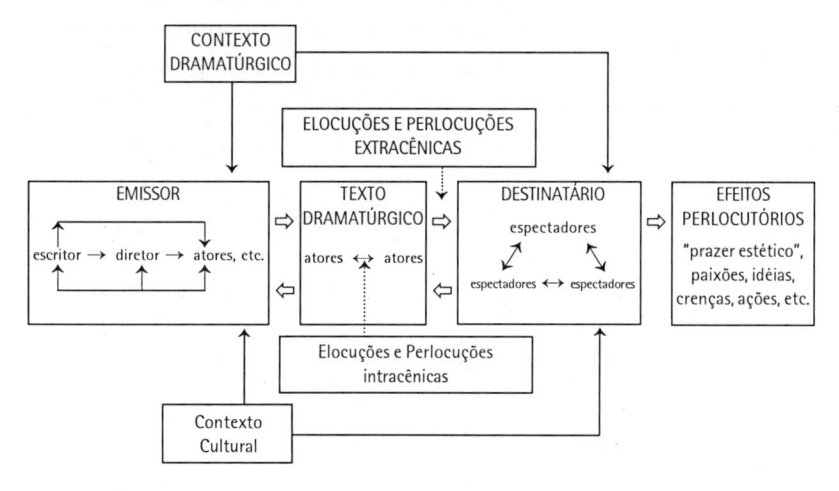

Fig. 6 – Esquema geral da comunicação teatral

A dimensão comunicativa do teatro foi enfaticamente discutida pelo lingüista francês Mounin (1972), o qual pôs em dúvida a definição da união ator-espectador como relação comunicativa *ex ante*. Segundo ele, uma comunicação autêntica depende da capacidade dos sujeitos interagentes de utilizar o mesmo código: "o receptor deve responder ao emissor por meio do mesmo canal e com o mesmo código (ou com um código que pode traduzir integralmente as mensagens do primeiro código)". No espaço cênico, a transmissão das informações é, ao contrário, num sentido único e o papel dos participantes é fixo: "os emissores-atores são sempre os mesmos, assim como os receptores-espectadores".

Segundo Mounin a performance teatral configura-se como um modelo estímulo-resposta, no qual uma série de sinais provoca reflexos automáticos que não comunicam por meio dos mesmos eixos.

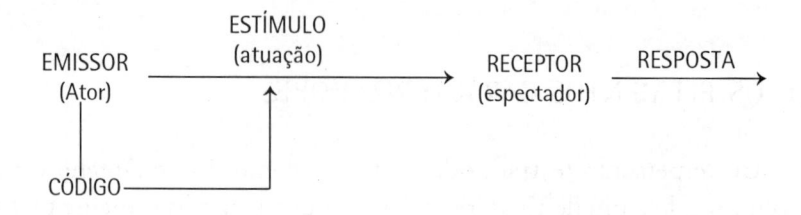

```
                ESTÍMULO
                (atuação)
EMISSOR    ─────────────────▶    RECEPTOR    ─── RESPOSTA ───▶
 (Ator)                ▲          (espectador)
   │                   │
   │                   │
CÓDIGO ────────────────┘
```

Fig. 7 – Esquema da atuação teatral elaborado por Mounin

Esse modelo – que não considera os sinais do espectador essenciais para a recepção do texto do espetáculo – prevê um público passivo, que fornece respostas pré-determinadas e automáticas a uma série previsível de sinais. Mounin interpreta a relação entre o cenário e a platéia em meros termos de um estímulo: "a representação aparece como a constituição de uma rede de relações muito complexas entre cena e platéia, cuja melhor imagem gráfica seria a partitura do maestro de orquestra: a cada momento, em planos diversos (texto, récita, iluminação, jogo de manchas coloridas, figurinos no pano de fundo, transformações, etc.) produzem-se estímulos lingüísticos, visuais, luminosos, gestuais, plásticos, pertencentes cada um a um sistema diferente do qual se poderão talvez explicar as regras fundamentais". Mounin distancia-se das experimentações teatrais de diversos atores e diretores do pós-guerra, como Beck e Schechner, que estenderam os limites da atuação ao incluir também o público.

Alguns estudiosos defenderam que a categoria de comunicação, assim como é comumente entendida, é totalmente inadequada para explicar a complexa rede de ações que o espetáculo teatral aciona em seu funcionamento discursivo. Na relação cena-platéia ou na interação teatral não se encontra nenhum fator que impeça a *priori* o instaurar-se da comunicação.

Segundo Ruffini (1974), é suficiente que o receptor conheça o código do emissor e, portanto, seja capaz de decodificar a mensagem: "se o emissor e o destinatário conhecem o código um do outro, não é necessário, para que haja comunicação, que os dois códigos coincidam". Se o destinatário conhece o código (ou os códigos) do emissor, para que se realize a comunicação não é necessário nenhum tipo de *reversibilidade*: basta que seja ativado o canal (ou os canais) através do qual (ou dos quais) deve passar a mensagem e que haja contato entre os dois terminais da interação. Um espectador suficientemente experiente será capaz de entender a atuação, ao menos aproximadamente, nos termos dos códigos teatrais utilizados pelos atores.

Prieto (1970) considera suficiente a emissão por parte do destinatário de um sinal (no caso da conversação telefônica, por exemplo, o "clik" do auricular quando se levanta) que comunique ao emissor que o destinatário recebeu sua "indicação notificante" e sabe, portanto, que se dispõe a lhe transmitir uma mensagem.

Para Ruffini (1974) "a comunicação de um dos dois terminais pode se limitar à *função fática* (da qual fala Jakobson) que, geralmente, utiliza um código diferente daquele do outro terminal". No teatro, tal função é desenvolvida pelos sinais lingüísticos, paralingüísticos e cinésicos que o público emite antes, durante e depois do espetáculo: aplausos, assobios, risos, cochichos, expressões de desaprovação, silêncios, etc. Esses sinais permitem verificar se e em que medida a comunicação se instaura e se mantêm; se e em que medida o público recebe e compreende; se está atento ou distraído, interessado ou entediado; em definitivo, se aprova ou recusa.

As respostas e as reações do espectador através do canal do *feedback* imediato são capazes de influenciar as atuações dos atores, estimulando-os ou deprimindo-os. A comunicação, portanto, é independente da reversibilidade, isto é, da capacidade do receptor de utilizar adequadamente o código do emissor. Em outras palavras, para que haja comunicação é suficiente que o receptor conheça o/os código/s do emissor.

"Enquanto o saber usar implica o conhecer, o conhecer não implica o saber usar. [...] Claro, para que haja reversibilidade deve haver comunicação, mas o contrário não é verdadeiro: pode haver, sem reversibilidade, comunicação dotada de qualquer fator de rendimento, portanto também comunicação a baixíssimo fator de rendimento" (Ruffini, 1979).

A multiplicidade de códigos que o espetáculo teatral põe em jogo, graças aos efeitos de redundância que inevitavelmente produz, favorece o processo da comunicação (Corvin, 1978). Essa multiplicidade garante que um certo grau de compreensão – e, portanto, de comunicação – realize-se sempre, mesmo para aqueles espectadores aos quais uma escassa competência teatral não permite um conhecimento adequado dos códigos e do texto dramatúrgico. A competência teatral adquirida pelos atores e espectadores está baseada no conjunto de regras que determinam a codificação e a decodificação dos textos.

Em outras palavras, entrando num teatro, o espectador aplica automaticamente os códigos específicos da *atuação* que lhe permitem ler a representação como tal e não como acontecimento espontâneo e ocasional. À posse dos códigos teatrais junta-se o conhecimento dos códigos dramáticos: isto é, das regras relativas ao drama. Além do mais, são aplicados os princípios culturais, ideológicos, éticos e epistemológicos mais gerais.

O grau de compreensão-comunicação oscila entre os níveis nulo e integral. Recorrendo à notação de conjunto, o quadro que se apresenta (no qual Ce está no lugar de "códigos produtivos do emissor" e Cd no lugar de "códigos receptivos do destinatário") é o seguinte:

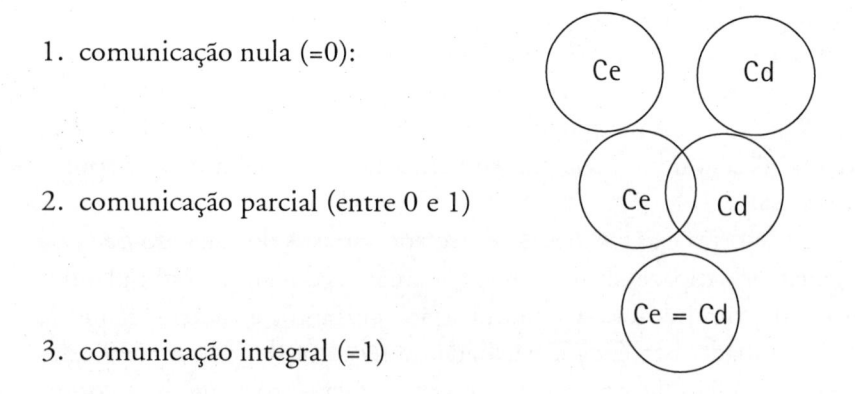

1. comunicação nula (=0):

2. comunicação parcial (entre 0 e 1)

3. comunicação integral (=1)

O ato da comunicação teatral convoca não somente as competências do destinatário, mas também a *intencionalidade comunicativa* do emissor, seu querer-dizer, suas estratégias discursivas, a natureza dinâmica da interação teatral, a mutável relação que une atores e espectadores numa contínua re-definição dos papéis e das posições comunicativas (Lotman, 1981). Na relação extracênica entram em jogo processos de estimulação por meio dos quais o teatro, mais do que a "dizer" ou a comunicar algo, tende a agir no expectador evocando nele respostas comportamentais imediatas.

Apesar disso, não são todos os espectadores que pretendem comunicar da mesma forma ou na mesma medida. Nem, por outro lado, tudo aquilo que há num espetáculo tem como fim a comunicação. No teatro, a comunicação pode estar dotada de "fatores de rendimento" muito diversos entre eles (Ruffini, 1979) e o espetáculo pode também ter como fim atos e escopos predominantemente não comunicativos.

Para sublinhar a necessidade de se livrar da "pressão entre comunicação codificada e estimulação pavloviana", Volli (1979) observou: "agir nos espectadores não quer dizer somente "instaurar um circuito estímulo-resposta". [...] os atores propõem-se a fazer algo a seu público, também com o pretexto de lhes dizer alguma coisa. O espetáculo teatral aciona estratégias de manipulação e sedução complexas. As teorias clássicas do teatro no Ocidente (de Aristóteles até Artaud e Grotowski) e no Oriente (Natya-Sastra, tratados de Zeami), configuram-se principalmente como *teorias das paixões teatrais* com referência às paixões representadas no teatro e àquelas desencadeadas pelo teatro. A catarse aristotélica reflete, justamente, a sedução que o teatro exerce no espectador com certos meios e para certos fins. Para o filósofo sofista Gorgia da Leontini, a arte teatral *hedeia nosos* (doce doença) ou *apate* (engano) é capaz de persuadir e convencer, de manipular as quatro paixões principais da dor (*lype*), da alegria (*chara*), do terror (*phobos*) e da piedade (*eleos*)".

2. O MODELO ELEMENTAR

É útil lembrar que, em termos gerais, o processo de comunicação pode ser descrito como a transmissão de um sinal de uma fonte a um destino numa dinâmica de reciprocidade.

No diagrama seguinte estão representados os fatores envolvidos na comunicação elementar:

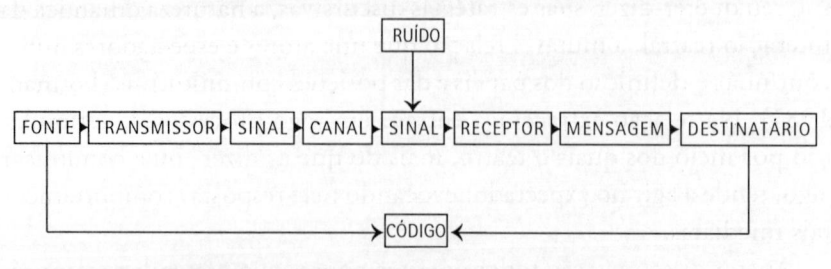

```
                        RUÍDO
                          ↓
 ┌─[FONTE]─[TRANSMISSOR]─[SINAL]─[CANAL]─[SINAL]─[RECEPTOR]─[MENSAGEM]─[DESTINATÁRIO]─┐
 │                                                                                    │
 └──────────────────────────────────→[CÓDIGO]←────────────────────────────────────────┘
```

Fig. 8 – Diagrama da comunicação elementar

A fonte de informação pode ser representada pelas idéias de um falante ou por um evento real. O transmissor ou meio (ativado por uma fonte) pode ser a voz de quem fala, um computador, uma máquina de escrever ou qualquer outro instrumento capaz de enviar um *sinal* através de um canal físico, como um fio elétrico, ondas luminosas ou sonoras.

Na passagem através do *canal*, o sinal pode ser incomodado por um ruído que impeça sua correta recepção. O sinal é recolhido por um receptor e convertido numa *mensagem* compreensível ao *destinatário*. A codificação e decodificação são obtidas por meio de um *código* que representa o conjunto de regras, pertencentes ao transmissor e ao receptor, que atribui um certo conteúdo a um determinado sinal.

Na comunicação teatral, a *atuação* é caracterizada por uma multiplicação de fatores comunicativos. Ela é constituída por "mensagens múltiplas nas quais muitos canais ou seus modos de utilização para a comunicação são utilizados simultaneamente numa síntese estética e perceptiva" (Moles, 1969).

As fontes são representadas pelo dramaturgo, pelo diretor e por algumas figuras auxiliares – como o cenógrafo, o iluminador, o figurinista, o compositor, o diretor de cena, os técnicos e os próprios atores – que promovem idéias e tomam decisões. Os transmissores são os corpos e as vozes dos atores, junto com elementos de cena como refletores, instrumentos musicais, gravadores, projetores, etc.

O espectador decodifica esse conjunto de mensagens de tipo mímico, lingüístico e cênico como texto integrado segundo os códigos culturais, dramáticos e teatrais de que dispõe e, por sua vez, transmite aos atores alguns sinais pelo riso, aplauso, assobios, etc., mediante os canais visuais e acústicos. Os atores, e os próprios membros do público, interpretam a mensagem de modo hostil ou com um sinal de aprovação.

A intercomunicação constitui um dos principais elementos distintivos do espetáculo teatral. Todavia, a comunicação ator-público não acontece diretamente – exceto nos prólogos e nos epílogos – mas é mediada, em âmbito cênico, por um contexto dramático em que um falante fictício dirige-se a um ouvinte fictício.

3. A INFORMAÇÃO NO TEATRO

Todo ato comunicativo está estreitamente relacionado ao valor informativo da mensagem. Por *informação dramática* entende-se o conjunto de dados que o público aprende sobre o mundo e sobre os acontecimentos representados no contexto do espetáculo. Tal conhecimento pode ser transmitido por um ou mais códigos envolvidos. Por exemplo: a informação "o sol nasce" pode ser transmitida por uma mudança de luz, uma expressão verbal ou gestual.

Existem, todavia, vários níveis de informação sobre os quais agem as mensagens teatrais. A informação cênica, veiculada por mensagens gestuais, cênicas e lingüísticas, contribui para a produção do sentido. As características físicas dos sinais não somente são mostradas por si mesmas (os figurinos ou os corpos dos atores podem ser fontes de prazer), mas influenciam a percepção do espectador e a decodificação da mensagem.

Este processo de *semantização* inclui todo aspecto material da *atuação*. O espectador deve, portanto, dar à representação uma constante e vigilante atenção, dado que todo sinal terá seu peso textual. O interesse por um determinado texto dramatúrgico não se esgota com a aquisição de um efetivo conhecimento do texto. Não é por acaso que se continua assistindo à representação de obras clássicas – como *Romeu e Julieta* – embora se conheça perfeitamente o conteúdo dramático delas.

4. ESPAÇO CÊNICO E RELAÇÕES PROXÊMICAS

O texto dramatúrgico é definido e percebido, em primeiro lugar, em termos espaciais. Para Peter Brook (1968), a cena é um "espaço vazio" delimitado por uma plataforma elevada, um pano e uma distância convencional do auditório. A estrutura física do lugar cênico é o primeiro elemento que impacta o espectador quando entra no teatro: as dimensões, a distância cenário-público, a estrutura do espaço, o tamanho e a forma do cenário e a posição dos espectadores em relação aos atores influenciam fortemente a percepção e a recepção da representação.

A organização do espaço arquitetônico, cênico e interpessoal é objeto de estudo da proxêmica. Como observado anteriormente, esta ciência baseia-se na hipótese de que o uso do espaço por parte do homem em suas atividades arquitetônicas, domésticas, urbanas e trabalhistas não seja casual, nem somente funcional. A proxêmica elabora "observações e teorias que concernem o uso do espaço humano entendido como uma elaboração específica da cultura" (Hall, 1968).

Hall distingue entre:

1) o *espaço pré-ordenado*, que compreende as configurações arquitetônicas estáticas, como o lugar teatral, as formas do cenário e as dimensões do auditório;
2) o *espaço semi-determinado*, referente aos objetos móveis, como a cenografia, a iluminação e, nos espaços teatrais informais, a disposição do cenário e do auditório;
3) o *espaço informal*, que se refere as relações, sempre mutáveis, de vizinhança e distância entre os indivíduos e remete à relação ator-ator, ator-espectador, espectador-espectador.

O teatro do século 19 apresenta-se como um espaço pré-ordenado onde cada elemento tem um lugar preciso dentro de uma estrutura arquitetônica imponente, cheia de implicações estéticas e ideológicas. O espaço concedido às variações, ou às violações de divisões estritamente demarcadas é exíguo. O texto dramatúrgico constitui um objeto bem definido, que o espectador observa desde seu permanente ponto de vista.

O teatro moderno tentou transformar a fixidez arquitetônica, por assim dizer, em *informalidade proxêmica*. O teatro informal caracteriza-se por ser uma área de atração social que se distingue dos espaços de fuga social (Osmond, 1975; Hall, 1968): a poltrona não garante ao espectador a relativa imunidade do contato físico com os outros. À resposta pessoal prefere-se a resposta social, confirmando a natureza pública de tal experiência.

5. OS COMPONENTES CINÉSICOS DA *ATUAÇÃO*

O movimento do corpo como meio comunicativo é objeto de estudo da cinésica. Segundo tal disciplina, cada cultura escolhe, entre um vasto repertório, um número limitado de unidades de movimento, definidas como *cinemas* (Birdwhistell, 1970). Por exemplo, considera-se que de cerca de 20 mil expressões faciais possíveis, somente 32 movimentos são utilizados no comportamento cinésico americano.

Os gestos não existem como entidades isoladas, mas são "formas incapazes de ficar sozinhas [...], que para poder alcançar uma identidade requerem outros gestos que se comportem com um infixo, um sufixo, um prefixo e um transfixo" (Birdwhistell, 1970). Entre os fatores cinésicos da *atuação* teatral (movimento, gesto, expressões faciais, posições, etc.), o gesto foi geralmente considerado o elemento inerente do texto dramatúrgico. Antonin Artaud sonhava com uma "linguagem teatral pura" de sinais, gestos e atitudes, livre da tirania do discurso verbal (Artaud, 1968); o teatro brechtiano atribuía um papel prioritário ao *gesto* na criação da ação cênica.

Segundo Pavis (1981), no espaço teatral, o gesto desenvolve a função essencial de designar a situação de enunciação, sendo um deítico, isto é, o sinal que designa a presença do ator e as orientações espaciais do corpo. O gesto "não-dissociável do ator que o produz, está sempre ancorado à cena por inúmeros deíticos corporais, começando da atitude, do olhar ou somente da presença física". O movimento gestual materializa o sujeito dramático e seu mundo, afirmando sua identidade corporal e o espaço no qual se move.

O repertório gestual coopera junto com a linguagem para a produção do discurso teatral. Os sinais relacionados à linguagem incluem o *marcador* cinésico, um movimento que sistematicamente acompanha uma determinada categoria gramatical. Por exemplo, os marcadores *pronominais* ou *deíticos* acompanham os pronomes pessoais e demonstrativos ("eu", "nós", "você", "isto", "aquilo", etc.) e os deíticos adverbiais ("aqui", "agora", "depois", "lá"), indicando os objetos do simultâneo discurso verbal (Birdwhistell, 1970).

Sem os marcadores cinésicos simultâneos, a linguagem no teatro seria uma série de proposições virtuais não-orientadas.

Um papel fundamental do gesto é o de indicar a intencionalidade de um determinado enunciado. Um movimento simultâneo servirá para acentuar ou definir o tipo de ato lingüístico realizado pelo falante, distinguindo uma expressão séria de uma irônica, acentuando a intensidade de um pedido, tornando uma pergunta real ao invés de retórica. Esses sinais são definidos marcadores *elocutórios*, sendo ligados à força *elocutória* da linguagem, isto é, ao *status* intencional do enunciado.

Em algumas circunstâncias é possível cumprir um *ato elocutório* (o ato realizado quando se diz algo a alguém) somente com os meios cinésicos. Austin (1962) demonstrou que "podemos avisar, mandar, indicar, doar, desculpar-nos sem recorrer às palavras e estes são todos atos *elocutórios*". Os marcadores de *atitude* são indicativos da orientação psicológica, ideológica, etc. adotada por quem fala. Os sinais com a cabeça ou com um dedo, os movimentos dos cílios equivalem a "quero", "devo", "posso", "impossível".

6. O TRABALHO DO ATOR: DO "OFÍCIO" AO "MÉTODO"

O diretor e ator Konstantin Sergievitch Stanislavski (1863-1938), fundador do Teatro de Arte de Moscou em 1898, propôs um "método" para a formação do ator baseado no aprofundamento psicológico da personagem e na pesquisa de possíveis identidades entre seu mundo interior e o do ator.

Esse método revolucionou o teatro europeu, modernizando as técnicas de escritura e de recitação dos textos teatrais.

O trabalho do ator sobre a personagem articula-se em três fases:

1) conhecimento;
2) revivescência;
3) personificação.

Segundo Stanislavski o estudo dos fatos, dos acontecimentos e da trama permite alcançar a esfera das sensações pessoais. O conhecimento favorece a percepção. Essa estratégia metodológica consiste no aprendizado e transmissão de técnicas de atuação direcionadas à consecução da verdade. O diretor russo contrapõe o "ofício" do ator (repetitivo e improdutivo no plano artístico) à criatividade, único estímulo capaz de justificar o trabalho teatral.

A aplicação do "método Stanislavski" requer algumas condições indispensáveis: liberdade corporal, ausência de qualquer tensão muscular, completa submissão do corpo à vontade do ator, focalização de todos os aparatos físico-psíquicos na personagem a ser representada. São fundamentais, para tal fim, a preparação interior antes do espetáculo e a apropriação de "eus" criativos que permitam acreditar na verdade fictícia da cena com a mesma sinceridade com que se crê na verdade autêntica. A correspondência das duas verdades permite ao ator criar. O sentimento da verdade deve ser desenvolvido pela imaginação deste último com ingenuidade e credulidade infantis, ao ponto de vencer a mentira cênica.

Essa tensão em direção à verdade está na base do *American Laboratory Theatre*, onde se forma Lee Strasberg. Diretor e professor de interpretação, trabalha como assistente de diretor para a *Theatre Guild* e funda, em 1931, o *Group Theatre*. Em 1951, torna-se diretor artístico do Actors Studio. Durante essa experiência, adota uma versão pessoal do "método Stanislavski": uma visão fundada principalmente no trabalho do ator sobre si mesmo. Strasberg organiza uma série de exercícios que tendem a colocar em evidência a verdade das emoções.

Suas aulas no Actors Studio estão centradas na "memória emotiva" como parte do treinamento do ator. A expressão é utilizada pelo psicólogo francês Theodule Ribot em *A psicologia das emoções*, obra em que observa que as emoções podem deixar lembranças atrás de si e se pergunta se essas "emoções anteriormente experimentadas podem ser revividas na consciência de maneira espontânea ou a comando, independentemente de qualquer acontecimento real capaz de provocá-las".

Ribot tem certeza da existência da memória emotiva, mas está em dúvida sobre o modo em que as emoções podem ser reevocadas a comando. Suas descobertas têm um papel notável na elaboração teórica e prática de Stanislavski, em particular porquanto se refere aos procedimentos inconscientes do ator no processo criativo. A memória emotiva assume uma importância decisiva na criação de uma experiência real na cena. Nas várias representações, o ator não repete somente as palavras e os movimentos que treinou durante os ensaios, mas também a emoção provocada pela lembrança do pensamento e da sensação.

O trabalho de Strasberg no Actor's Studio tem como objetivo induzir no ator uma intensa experiência emotiva. A seqüência para recriar tal condição passa pelos sentidos: o ator deve reevocar o frescor sensorial dos lugares e dos objetos relacionados às próprias emoções.

Para tal fim é necessário que lembre o lugar onde se encontrava no momento daquele determinado estado emocional. Focalizar a atenção no "lugar da emoção" ajuda não somente a reconstruir uma lembrança, mas principalmente a reviver um momento preciso da própria experiência emocional.

O ator deve lembrar o que vestia naquela circunstância: o aspecto, a consistência, a sensação do tecido no corpo. Além do mais, o evento que causou a emoção deve ser reevocado por meio das várias sensações que suscitou. É necessário que o ator considere que se aproximar da reação emotiva provoca resistências no corpo. É necessário, portanto, para não ser arrastado pela emoção, que mantenha a máxima concentração. O objetivo do exercício de memória emotiva é justamente estabelecer um controle sobre a expressão emotiva.

A aplicação do "método" induz o ator a trabalhar com as mesmas zonas emotivas que utiliza na vida real. Perfila-se, portanto, um procedimento mediante o qual é possível usar a própria memória emotiva para criar uma realidade na cena.

7. OS SINAIS DO ESPECTADOR

O papel do espectador não se limita à decodificação do texto do espetáculo. É ele, com uma série de ações práticas e simbólicas – como a compra do ingresso –, quem começa o processo de comunicação teatral. Com essa ação, de natureza claramente econômica, inicia-se uma transação de valor simbólico: em troca do ingresso, o público pede aos atores um produto autêntico.

O público "delega" a iniciativa comunicativa ao ator em cena, estipulando um contrato pelo qual aos atores é concedido um grau superior de articulação" (Dodd, 1979). Se pensa que estão abusando da iniciativa concedida, tem sempre a faculdade de rescindir o contrato. A relativa passividade do público destinatário da *atuação* constitui uma escolha ativa, que impõe algumas obrigações aos atores.

No espaço teatral, a presença dos espectadores representa o sinal mais significativo. Quem ativa o circuito comunicativo é o espectador, quando chega e senta: os sinais preliminares que induzem os atores à ação. Os outros sinais – que podem ser transmitidos pelos canais acústicos e visuais – estão sujeitos às regras de gênero. Por exemplo, aquilo que é julgado como reação apropriada no caso da tragédia (como uma silenciosa atenção), não é considerado adequado à comédia burlesca.

A reação do público exerce uma dupla influência, relativa não somente aos acontecimentos cênicos, mas também à sua recepção. A comunicação espectador-espectador tem três efeitos principais que incidem na homogeneidade das reações: *estímulo* (a risada de uma parte do auditório provoca uma reação análoga da outra), *confirmação* (os espectadores percebem suas reações reforçadas pelas dos outros), *integração* (o indivíduo é encorajado a renunciar a suas funções individuais a favor de uma unidade maior).

8. O PSICODRAMA: TEORIA E TÉCNICA

Tratamento psicoterapêutico proposto pelo psiquiatra Moreno em 1923, o psicodrama está baseado na *representação*, numa situação controlada, das dinâmicas conflituosas dos pacientes.

Embora atraído desde o começo pela metapsicologia freudiana, Moreno dirigiu algumas críticas à psicanálise clássica, relativas tanto à artificialidade da situação terapêutica dual, quanto à restrição de sentido determinada pela exclusiva troca verbal entre paciente e analista.

Profundo conhecedor da arte teatral, assim como animador de círculos teatrais de vanguarda, inspirados na pesquisa de Stanislavski, Moreno concebeu o teatro como um "lugar vivente onde espectadores e atores participam de uma emoção coletiva". Em 1921, fundou em Viena o Teatro da Espontaneidade (Stegreiftheater), do qual extraiu uma enorme quantidade de observações sobre as potencialidades terapêuticas da "interpretação espontânea", que o levaram a elaborar um verdadeiro método psicoterapêutico.

Nos Estados Unidos, o psicodrama teve um grande desenvolvimento seja no plano da teoria seja no plano da prática. Na verdade, foi nesse país que se deu maior difusão em sua forma original. Na Europa, especialmente na França, foi utilizado num quadro de referência conceitual de elaboração psicanalítica.

No plano estrutural, o psicodrama – que está baseado nas "representações cênicas imaginárias" pelo paciente (relativas à sua problemática pessoal) – realiza-se mediante a récita diante de um público (coro) constituído por outros pacientes, sob a direção do diretor de cena (psicodramista), que promove e direciona a ação cênica.

Os conceitos fundamentais que subentendem o método de Moreno são:

1) a *espontaneidade*, isto é, o aspecto constitutivo de cada indivíduo que tende a diminuir com a integração social. No psicodrama, a espontaneidade pode se exprimir em todas as formas possíveis: expressivas, verbais, corporais, interativas. A situação psicodramática favoreceria a recuperação da espontaneidade reprimida, modificando, em última análise, os conflitos do paciente;

2) os *papéis*, que são entendidos como "formas de funcionamento" relacionais e estão em relação estreita com as experiências pessoais dos pacientes e os modelos culturais da sociedade. Para Moreno, o papel é muito mais próximo ao comportamento real observável de quanto não o são os conceitos metapsicológicos do Eu ou do Si. Em tal sentido, a personalidade se constituiria por intermédio do conjunto desses papéis – freqüentemente em contraste entre eles – que obstaculizam as possibilidades de auto-realização. No confronto psicodramático, a espontaneidade pode favorecer uma renovação de papéis.

No psicodrama, têm grande importância os papéis dos animadores, que funcionam como "eus auxiliares" do paciente e entram em jogo em técnicas como a da *troca de papéis* (a repetição de algumas cenas com a inversão das partes, por exemplo em situações diádicas como mãe-filho, marido-mulher, etc.); na *técnica do duplo* (o paciente representa a si mesmo e um dos "eus auxiliares" também representa o paciente); na técnica do *duplo múltiplo* (o paciente está na cena junto com diversos animadores, que representam individualmente um aspecto do paciente); na *técnica do espelho*, à qual se recorre quando o paciente não consegue representar a si próprio nem no plano verbal nem no expressivo (um animador tenta exprimir os sentimentos do paciente mostrando como os outros o refletem, distorcendo, freqüentemente de modo intencional, seu comportamento, com a finalidade de envolvê-lo na ação cênica). Mesmo defendendo muitas categorias e conceitualizações psicodinâmicas, Moreno sempre enfatizou a primariedade terapêutica da própria ação. Segundo ele, aquilo que o paciente precisa não é uma análise da situação, mas uma possibilidade de *identificação emotiva*. O efeito terapêutico deve ser procurado, portanto, na transformação que se obtém com a reevocação e a repetição (na ação) de acontecimentos traumáticos e na *ab-reação* dos efeitos patogênicos a eles relacionados. Sobre essas bases é plausível afirmar que o psicodrama de Moreno exprime uma concepção terapêutica muito próxima aos inícios da psicanálise (justamente, o "método catártico").

Bibliografia

AA.VV., (1979) *La funzione simbolica*. Saggi di antropologia. Palermo: Sellerio, 1988.
ACREDOLO, L., GOODWYN, S. *Symbolic Gesturing in Normal Infants*. Child Development, 59, págs. 450-466, s.l., s.ed.,1988.
ALTMANN, S.A. *Social Communication among Primates*. Chicago: University of Chicago Press, 1967.
AMBROSE, J.A. "The Development of the Smiling Response in Early Infancy." Em *Foss B.M., Determinants of Infant Behaviour*. London: Methuen, 1961.
ANOLLI, L. CICERI, R. *Elementi di psicologia della comunicazione. Processi cognitivi e aspetti strategici*. Milano: LED, 1995.
ANTINUCCI, F., PARISI, D. "Early Language Acquisition: a Model and Some Data." Em FERGUSON, C., SLOBIN, D. *Studies of Child Language Development*. New York: Holt, Rinehart and Winston, 1976.
APPELBAUM, S.A. *Psychological-Mindedness: Word, Concept And Essence*. Journal of Psychoanalysis, 54, págs. 35-45, s.l., s.ed.,1973.
APPLE, W., HECHT, K. *Speaking Emotionally: The Relation between Verbal and Vocal Communication of Affect*. Journal of Personality and Social Psychology, 42, págs. 864-875, s.l., s.ed.,1982.
ARGYLE, M. *Il comportamento sociale*. Bologna: Il Mulino, 1974.
_____, FURNHAM, A., GRAHAM, J.A. *Social Situations*. Cambridge: CUP, 1981.
_____, COOK, M. *Gaze and Mutual Gaze*. Cambridge: Cambridge University Press 1976.
_____, DEAN, J. *Eye-contact, Distance and Affiliation*. Sociometry, XXVIII, págs. 289-304, s.l., s.ed.,1965.
_____, KENDON, A. "The Experimental Analysis of Social Performance." Em BERKOWITZ, L. *Advances in Experimental Social Psychology*. Vol. 3, New York: Academic Press, 1967.
_____, ALKEMA, F., GILMOUR, R. *The Communication of Friendly and Hostile Attitudes by Verbal and Nonverbal Signals*. European Journal of Social Psychology, 1, págs. 385-402, s.l., s.ed.,1972.
_____, FURNHAM, A., GRAHAM, J.A. *Social Situations*. Cambridge: CUP, 1981.
ARGYLE, M. *Il corpo e il suo linguaggio*. Bologna: Zanichelli, 1992.
ARTAUD, A. *Il teatro e il suo doppio*. Torino: Einaudi, 1968.

ASLIN, R.N. "Visual and Auditory Development in Infancy." Em OSOFSKY, J.D. *Handbook of Infant Development.* New York: Wiley, 1986.
AUSTIN, J.L. *How to do Things with Words.* London: Oxford University Press, 1962.
BACHTIN, M. *L'autore e l'eroe.* Torino: Einaudi, 1988.
_____. *Dostoevskij; Poetica e stilistica.* Torino: Einaudi, 1979.
BARLETT, J.C., SANTROCK, J.W. *Affect-Dependent Episodic Memory in Young Children.* Child Development, 50, págs. 513-518. s.l., s.ed., 1979.
BARNES, S., GUTFREUND, M., SATTERLY, D. *Characteristics of Adult Speech which Predict Children's Language Development.* Journal of Child Language, 10, págs. 65-84, s.l., s.ed., 1983.
BAR-ON, R. *Bar-On Emotional Quotient Inventory. Technical Manual.* Toronto: Multi-Health Systems, 1997.
BARTHES, R. (1964). *Elementi di semiologia.* Torino: Einaudi, 1966.
BARTSCH, K., WELLMAN, H.M. *Children Talk about the Mind.* New York: Oxford University Press, 1995.
BATES, E., O'CONNELL, B., SHORE, C. "Language and Communication in Infancy." Em OSOFSKY, J.D., *Handbook of Infant Development.* New York: Wiley, 1987.
_____, BENIGNI, L., BRETHERTON, I., CAMAIONI, L., VOLTERRA, V. *The Emergence of Symbols: Cognition and Communication in Infancy.* New York: Academic Press, 1979.
BATESON, G. "Afterword." Em BROCKMAN, J. *About Bateson.* New York: E.P. Dutton, 1977.
_____. *Verso un'ecologia della mente.* Milano: Adelphi, 1976.
BEAL, C.R., FLAVELL, J.H. *The Effects of Increasing the Salience of Message Ambiguities on Kindergartners' Evaluations of Communicative Success and Message Adeguacy.* Developmental Psychology, 18, págs. 43-48, s.l., s.ed., 1982.
BENVENISTE, E. *Remarques sur la fonction du language dans la dècouverte freudienne.* La psychanalyse, I, págs. 3-16, s.l., s.ed., 1956.
BERGER, P.L., LUCKMANN, T. *The Social Construction of Reality.* New York: Doubleday, 1966.
BERKO-GLEASON, J. "Code Switching in Children's Language." Em MOORE, T.E. *Cognitive Development and the Acquisition of Language.* New York: Academic Press, 1973.
BIRDWHISTELL, R.L. *Kinesics and Context: Essay on Body-motion Communication.* Philadelphia: Pennsylvania University Press, 1970.
_____. *Kinesics and Context: Essays in Body Communication.* Harmonndsworth: Penguin, 1971.
BONFANTINI, M.A. *La semiosi e l'abduzione.* Milano: Bompiani, 1987.
_____, M. A., PONZIO, A. *Semiotica ai media.* Bari: Adriatica, 1984.
BOWLBY, J. *Attachment and Loss, I: Attachment.* London: Hogart Press, 1969.
BRATMAN, M.E. "Davidson's Theory of Intention." Em VERZAMER, B., HINTIKKA, M.B., *Essays on Davidson: Actions and Events.* New York: Oxford University Press, 1985.

BRATMAN, M.E. *Intention, Plans and Pratical Reason*. Cambridge: Harward University Press, 1987.

_____ . *Two Faces of Intention*. The Philosophical Review, 93, págs. 375-405, s.l., s.ed.,1984.

_____ . "What is Intention?" Em COHEN, P.R., MORGAN, J., POLLACK, M.E. *Intentions in Communication*. Cambridge: MIT Press, 1990.

BRATMAN, M. "Castañeda Theory of Thought and Action." Em TOMBERLIN, J.E. *Agent, Language, and the Structure of the World: Essays presented to Hector-Neri Castañeda with his Replies*. Indianapolis: Hackett, 1983.

BREND, R. "Male-famale Intonation Patternsin American English." Em THORNE, B., HENLEY, N. *Language and Sex: Difference and Dominance*. Rowley, Mass.: Newbury House, 1975.

BRETHERTON, I., McNEW, S., BEEGHLY-SMITH, M. "Early Person Knowledge as Expressed in Gestural and Verbal Communication: When Do Infants Acquire a 'Theory Of Mind'." Em LAMB, M.A., SHERROD, L.R. *Infant Social Cognition: Empirical and Theoretical Considerations*. Hillsdale: Erlbaum, 1981.

BROOK, P. *Il teatro e il suo spazio*. Milano: Feltrinelli, 1968.

BROWN, R., BELLUGI, V. "Three Processes in the Child's Acquisition of Syntax." Em LENNEBERG, E.M. *New Directions in the Study of Language*. Cambridge: MIT Press, 1964.

BRUNEAU, T.J. *Communicative Silences: Forms and Functions*. Em Journal of Communication, 23, págs. 17-46, s.l., s.ed.,1973.

BRUNER, J.S. *Child's Talk: Learning to Use Language*. New York: Norton, 1983.

_____ . *The Ontogenesis of Speech Acts*. Journal of Child Language, 2, págs. 1-19, s.l., s.ed.,1975.

_____ . *On Knowing: Essay for Left Hand*. Cambridge: Harvard University Press, 1962.

BRUNORI, P. LADAVAS E., RICCI BITTI P.E., *Differential Aspects in Recognition of Facial Expression of Emotions*. Italian Journal of Psychology, 6, págs. 265-272, s.l., s.ed., 1979.

BUCK, R. *The Communication of Emotion*. New York: Guilford, 1984.

BÜHLER, K. *Sprachtheorie*. Stuttgart: Fisher, 1934.

BUIUM, N., RYDERS, J., TURNURE, J. *Early Linguistic Enviroment of Normal and Down Syndrome Language Learning Children*." American Journal of Mental Deficiency, 79, págs. 52-58, s.l., s.ed.,1974.

BULL, P. *Posture and Gesture*. Oxford: Pergamon, 1987.

BUNCE, B.H. *Using a Barrier Game Format to Improve Children's Referential Communication Skills*. Journal of Speech and Hearing Disorders, 54, págs. 33-43, s.l., s.ed.,1989.

BURGOON, J.K., BULLER, D.B., HALE, J.L., DE TUREK, M.A. *Relational Messages Associated with Nonverbal Behavior*. Human Communication Research, 10, págs. 351-378, s.l., s.ed.,1984.

BUTTERWORTH. G., GROVER, L. "Joint Visual Attention, Manual Pointing and Preverbal Communication in Human Infancy." Em JEANNEROD, M. *Attention and Performance*. Vol. XIII. Hillsdale: Erlbaum, 1990.

BUTTERWORTH, G., JARRETT, N. *What Minds Have in Common is Space: Spatial Mechanisms Serving Joint Attention in Infancy*. British Journal of Developmental Psycology, 9, págs. 55-72, s.l., s.ed.,1991.

CALDWELL, D.K., CALDWELL, M.C. "Cetacesns." Em SEBEOK, T. *Come comunicano gli animali*. Bloomington e London: Indiana University Press, 1977.

CALLIERI, B. *Lineamenti di Psicopatologia fenomenologica*. Roma: Il Pensiero Scientifico, 1972.

CALLIERI, B. *Quando vince l'ombra*. Roma: Città Nuova, 1982.

CAMAIONI, L. Ercolani A.P., *The Role of Comparison Activity on the Development of Referential Communication*. International Journal of Behavioural Development, 11, págs. 403-413, s.l., s.ed.,1988.

_____, LAICARDI, C. *Early Social Games and the Acquisition of Language*. British Journal of Developmental Psycology, 3, págs. 31-39, s.l., s.ed., 1985.

_____, CASELLI, M.C., LONGOBARDI, E., VOLTERRA, V. *A Parent Report Instrument for Early Language Assessment*. First Language, 11, págs. 345-359, s.l., s.ed.,1991.

_____, ERCOLANI, A.P., LOYD, P. *Prova di comunicazione referenziale*. Firenze: Organizzazioni Speciali, 1995a.

_____, ERCOLANI, A.P., LOYD, P. *Prova di comunicazione referenziale. Manuale*. Firenze: Organizzazioni Speciali, 1995b.

_____. "Lo sviluppo del linguaggio e della comunicazione." Em CAMAIONI, L. *Manuale di psicologia dello sviluppo*. Bologna: Il Mulino, 1993.

_____, PERUCCHINI, P., MURATORI, F., MILONE, A. *Brief Report: A Longitudinal Examination of the Communicative Gestures Deficit in Young Children with Autism*. Journal of Autism and Developmental Disorders, 27, 6, págs. 715-725, s.l., s.ed.,1997.

_____. *Sviluppo del linguaggio e interazione sociale*. Bologna: Il Mulino, 1978.

_____. "The development of Intentional Communication. A Reanalysis." Em NADEL, J., CAMAIONI, L. *New Perspectives in Early Communicative Development*. London: Routledge, 1993.

_____, VOLTERRA, V., BATES, E. *La comunicazione nel primo anno di vita*. Torino: Bollati Boringhieri, 1986.

CAMARATA, S., GANDOUR, J. "Rule Invention in the Acquisition of Morphology by a Language-Impaired Child." *Journal of Speech and Hearing Disorders*, 50, págs. 40-45, s.l., s.ed., 1985.

CAMIONI, L., LONGOBARDI, E. "Referenze a stati interni nella produzione linguistica spontanea a venti mesi." *Età evolutiva*, 56, págs. 16-25, s.l., s.ed., 1997.

CANNON, W., *The James Lange Theory of Emotion: A Critical Examination and Alternative Theory*. American Journal of Psychology, 39, págs. 106-124, s.l., s.ed.,1927.

CARDOSO-MARTINS, C., MERVIS, C.B., "Maternal Speech to Prelinguistic Children with Down Syndrome." *American Journal of Mental Deficiency*, 89, págs. 451-458, s.l., s.ed., 1984.

CARNEGIE, D. *Come parlare in pubblico e convincere gli altri*. Milano: Bompiani, 1990.

CASELLI, M.C. *Gesti comunicativi e prime parole*. Età evolutiva, 16, págs. 36-51, s.l., s.ed.,1983.

_____, LONGOBARDI, E., PISANESCHI, R. *Gesti e parole in bambini con sindrome di Down*. Psicologia clinica dello sviluppo, 1, págs. 45-63, s.l., s.ed.,1997.

CASELLI, M.C. VICARI, S., LONGOBARDI, E., LAMI, L., PIZZOLI, C., STELLA, G. *Gestures and Words in Early Development of Children with Down Syndrome*. Journal of Speech, Language, and Hearing Research, 41, págs. 1125-1135, s.l., s.ed.,1998.

CASSIRER, E. (1910). *Sostanza e funzione*. Firenze: La Nuova Italia, 1973.

CHARNY, E.J. *Psychosomatic Manifestations of Rapport in Psychotherapy*. Em Psychosomatic Medicine, 28, págs. 305-315, s.l., s.ed., 1966.

CHEVALIER-SKOLNIKOFF, S. "Facial Expression of Emotion in Nonhuman Primates." Em EKMAN, P., *Darwin and Facial Expression*. New York: Academic Press, 1973.

CHOMSKY, N. *Essays on Form and Interpretation*. New York, 1977. Trad. it. *Forma e interpretazione*. Milano: Il Saggiatore, 1980.

_____. *A Review of 'Verbal Behaviour'*. Language, 35, págs. 26-58, s.l., s.ed.,1959.

_____. *Aspects of the Theory of Sintax*. Cambridge: MIT Press, 1965. Trad. it. *Aspetti della teoria della sintassi*. Em Saggi linguistici. Vol. II. Torino: Boringhieri, 1970.

_____. *Mente e linguaggio*. Em Saggi linguistici. Vol. III. Torino: Boringhieri, 1969.

_____. *Rules and Representations*. Oxford: Blackwell, 1980.

_____. *Syntactic Structures*. The Hague: Mouton, 1957.

COLLETT, P. "Meetings and Misunderstandings." Em BOCHNER, S. *Cultures in Contact*. Oxford, Pergamon, 1982.

_____. *Mossi Salutations*. Semiotica, 45, págs. 191-248, s.l., s.ed.,1983.

_____. *On Training Englishmen in the Nonverbal Behaviour of Arabs: an Experiment in Intercultural Communication*. International Journal of Psychology, 6, págs. 209-215, s.l., s.ed.,1971.

COLLEY, R.H. *Gli obiettivi della pubblicità*. Milano: Etas Kompass, 1968.

COMPTON, N. *Personal Attributes of Color and Design Preferences in Clothing Fabrics*. Journal of Psychology, 54, págs. 191-195, s.l., s.ed.,1962.

CONTE, A. et al. *Psicologia dell'inteligenza*. Teramo: EIT, 1973.

CORNOLDI, C. *Le difficoltà di apprendimento a scuola*. Bologna: Il Mulino, 1999.

CORVIN, M. *La Redondance du Signe dans le Fonctionnement Théâtral*. Degrés, 13, cl-c17, s.l., s.ed., 1978.

CROSS, T. "Mother's Speech Adjustments: the Contributions of Selected Child Listener Variables". Em SNOW, C.E., FERGUSON, C. *Talking to Children. Language Input and Acquisition*. Cambridge: Cambridge University Press, 1977.

_____. "Mother's Speech and its Association with Rate of Linguistic Development in Young Children." Em WATERSON, N., SNOW, C.E. *The Development of Communication,* págs. 199-216, New York: Wiley, 1978.

CUNNINGHAM, M. *Measuring the Psyical in Psyical Attractiveness: Quasi-experiments on the Sociobiology of Female Facial Beauty*. Journal of Pesonality and Social Psychology, 50, págs. 925-935, s.l., s.ed.,1986.

CURCIO, F. *Sensomotor Functioning and Communication in Mute Autistic Children*. Journal of Autism and Childhood Schizophrenia, 8, 3, págs. 281-292, s.l., s.ed., 1978.

D'ODORICO, L.D., FRANCO, F. *The Determinants of Baby Talk: Relationship to Context*. Journal of Child Language, 12, págs. 567-586, s.l., s.ed.,1985.

DARWIN, C. *The Expression of Emotions in Man and Animals*. London: Murray, 1872. Trad. it. *L'espressione delle emozioni nell'uomo e negli animali*. Torino: Boringhieri,1982.

DAVIS, M., WEITZ, S. "Sex Differences in Nonverbal Communication: a Laban Analysis." Em WEITZ, S. *Nonverbal Communication*. New York: Oxford University Press, 1979.

DAVITZ, J. *The communication of Emotional Meaning*. New York: McGraw-Hill, 1964.

DE CASPER, A.J., FIFER, W.P. *On Human Bonding: Newborns Prefer Their Mother's Voice*. Science, 208, s.l., s.ed.,1980.

DE JORIO, A. *La mimica degli antichi investigata nel gestire napoletano*. Bologna: Forni, 1832.

DE MAURO, T. *Guida all'uso delle parole*. Roma: Editori Riuniti, 1980.

DE SAUSSURE, F. *Cours de Linguistique Générale*. Paris: Payot, 1916.

DELLA CORTE, M., BENEDICT, H., KLEIN, D. *The Relationship of Pragmatic Dimensions of Mother's Speech to the Referential Expressive Distinction*. Journal of Child Language, 10, págs. 35-43, s.l., s.ed.,1983.

DESROCHERS, S., MORISSETTE, P., RICARD, M. "Two Perspectives on Pointing in Infancy." Em MOORE, C., DUHAM, P.J., *Joint Attention. Its Origins and Role in Development*. Hillsdale: Erlbaum, 1998.

DODD, W. *Metalanguage and Character in Drama*. Lingua e stile, XIV, 1, págs. 135-150, s.l., s.ed.,1979.

DORE, J., FRANKLIN, M.B., MILLER, R.R., RAMER, A.L.H. *Transitional Phenomena in Early Language Acquisition*. Journal of Child Language, 3 págs. 13-29, s.l., s.ed.,1976.

DUNN, J., KENDRICK, C. *The Speech of 2 and 3 Years Old to Infant Siblings: Baby Talk and the Context of Communication*. Journal of Child Language, 9, págs. 579-595, s.l., s.ed.,1982.

DUNN, J., BRETHERTON, I., MUNN, P. "Conversations about Feeling States Between Mothers and Their Young Children." Em *Developmental Psychology*, 23, 1, págs. 132-139, s.l., s.ed.,1987.

ECO, U. (1975). *Trattato di semiotica generale*. Milano: Bompiani, 1993.

_____ . *Le forme del contenuto*. Milano: Bompiani, 1971.

_____ . *I limiti dell'interpretazione*. Milano: Bompiani, 1990.

EFRON, D. *Gesto, razza e cultura*. Milano: Bompiani, 1974.

EIBL-EIBESFELDT, I. *Ethology: the Biology of Behaviour Holt Rinehart and Winston*. New York, s.ed.,1970.

EIBL-EIBESFELDT, I. *fondamenti dell'etologia*. Milano: Adelphi, 1976.

_____. "Somiglianze e differenze interculturali tra movimenti espressivi." Em HINDE, R.A. *La comunicazione nonverbale*. Roma-Bari: Laterza, 1974.

_____. *Zur ethology Menschlichen Grussuerhaltens*. Zeitschrift für Tierpsychologie, 25, págs. 727-744, s.l., s.ed.,1968.

EKMAN, P. *Emotion in the Human Face*. Cambridge: Cambridge University Press, 1982.

_____. FRIESEN, W.V. *Manual for Facial Action Coding System*. Palo Alto: Consulting Psychology Press, 1978.

_____. FRIESEN, W.V. *Nonverbal Leakage and Clues to Deception*. Psychiatry, 32, págs. 88-106, s.l., s.ed.,1969.

_____. FRIESEN, W.V. *The Repertoire of Nonverbal Behavior: Categories, Origins, Usage and Coding*. Semiotica, 1, págs. 49-67, s.l., s.ed.,1969.

_____, FRIESEN, W.V. *Unmasking the Face*. Englewood Cliffs: Prentice-Hall, 1975.

_____, FRIESEN, W.V. *Manual for the Facial Action Coding System*. Palo Alto: Consulting Psychologists Press, 1978.

_____. "Biological and Cultural Contribution to Body and Facial Movement." Em BLACKING, J., *Anthropology of the body*. New York: Academic Press, 1977.

_____, HAGER, J.C., FRIESEN, W.F. *The Symmetry of Emotional and Deliberate Facial Actions*. Psychophysiology, 18, págs.101-106, s.l., s.ed., 1981.

_____. *The Face of Man*. New York: Garland, 1980.

_____. "Universals and Cultural Differences in Facial Expressions of Emotion." Em COLE, J., *Nebraska Symposium on Motivation 1971*. Lincoln: Nebraska University Press, 1972.

ELIAS, N. *The Civilizing Process*. New York: Urizen, 1977.

EMDE, R.N., GAENSBAUER, T.J., HARMON, R.J., *Emotional Expression in Infancy*. Psychological Issue, 10, 1, s.l., s.ed.,1976.

EHRENFELS, C. "Über Gestaltqualitäten." Em *Vierteljahresschrift für wissenschafliche Philosophie*, XIV, págs. 249-292, s.l., s.ed., 1890.

ERICKSON, M.K., SIRGY, M.J. "Achievement Motivation and Clothing Preference of White-Collar Working Women." Em SOLOMON, M.R. *The Psychology of Fashion*. Lexington: Heath, 1985.

EXLINE, R.V., YELLIN, A. *Eye Contact as a Sign between Man and Monkey*. London: Proceedings 19th International Congress of Psychology, 1971.

_____. *An Exploratory Study of Request for Help in a Public Place*. Oxford: Atti della Conferenza NATO sulla Comunicazione Non Verbale, 1969.

_____. "Visual Interaction: the Glances of Power and Preference." Em COLE, J., *Nebraska Symposium Motivation 1971*. Lincoln: University of Nebraska Press, 1972.

FABBRETTI, D., PIZZUTO, E., VICARI, S., VOLTERRA, V. *A Story Description Task in Children with Down Syndrome: Lexical and Morphosyntactic Abilities*. Journal of Intellectual Disability Research, 41, págs. 165-179, s.l., s.ed.,1997.

FEAGANS, L., SHORT, E.J. *Referential Communication and Reading Performance in Learning Disabled Children over a 3-Year Period*. Developmental Psychology, 22, págs. 177-183, s.l., s.ed.1986.

FERGUSON, C.A. *Baby Talk in Six Languages*. Supplement to *American Anthropologist*, 66, págs. 103-114, s.l., s.ed.,1964.

_____. "Baby Talk as a Simplified Register." Em SNOW, C.E., FERGUSON, C. *Talking to Children. Language Input and Acquisition*. Cambridge: Cambridge University Press, 1977.

FERNALD, A., SIMON, T. *Expanded Intonation Contours in Mother's Speech to Newborns*. Developmental Psychology, 20, págs. 104-113, s.l., s.ed.,1984.

_____. *Intonation and Communicative Intent in Mother's Speech to Infants: is the Melody the Message?* Child Development, 90, págs. 1497-1510, s.l., s.ed.,1989.

_____, TAESCHNER, T., DUNN, J., PAPOUSEK, M., DE BOYSSON-BARDIES, B., FUKUI, I. *A Cross-Language Study of Prosodic Modifications in Mother's and Father's Speech to Preverbal Infants*. Journal of Child Language, 16, págs. 477-501, s.l., s.ed.,1989.

FERRARESI, M. *L'arte della parola. Come parlare in pubblico*. Napoli: Edizioni Scientifiche Italiane, 1995.

FIVUSH, R. *Exploring Sex Differences in the Emotional Content of Mother-child Conversations about the Past*. Sex Roles, 20, 11-12, págs. 675-691, s.l., s.ed.,1989.

FLAVELL, J.H., SPEER, J.R., GREEN, F.L., AUGUST, D.L. *The Development of Comprehension Monitoring and Knowledge about Communication*. Monographs of the Society for Research in Child Development, 46, 192, s.l., s.ed.,1981.

FODOR, J.A., *The Modularity of Mind*. Cambridge: MIT Press, 1983.

FONAGY, P., TARGET, M. *Attachment and Reflective Function: Their Role in Self Organization*. Developmental Psychopathology, 9, págs. 679-700, s.l., s.ed.,1997.

FONAGY, P., STEELE, M., STEELE, H., MORAN, G.S., HIGGIT, A.C. *The capacity for understanding mental states: The reflective self in parent and child and its significance for security of attachment*. Infant Mental Health Journal, 12, págs. 201-218, s.l., s.ed., 1991.

FORNARI. F. *Simbolo e codice*. Milano: Feltrinelli, 1976.

FRANCES, S.J. *Sex Differences in Nonverbal Behavior*. Sex Rules, 5, págs. 519-535, s.l., s.ed., 1979.

FRANCO, F., BUTTERWORTH, G. *Pointing and Social Awareness: Declaring and Requesting in the Second Year*. Journal of Child Language, 23, 2, págs. 307-336, s.l., s.ed., 1996.

_____, WISHART, J. *The Use of Pointing and Other Gestures by Young with Down Syndrome*. American Journal of Mental Retardation, 100, 2, págs. 160-182, s.l., s.ed., 1995.

FREEDMAN, N., HOFFMAN, S.P. "Kinetic Behavior in Altered Clinical States." Em *Perceptual and Motor Skills*, 24, págs. 527-539, s.l., s.ed.,1967.

FREUD, S. (1888). "Ipnotismo e suggestione." Em *Opere*, vol. I. Torino: Boringhieri, 1977.

_____. (1900). "L'interpretazione dei sogni." Em *Opere*, vol. III. Torino: Boringhieri, 1977.

FREUD, S. (1920). "Al di là del principio di piacere." Em *Opere*, vol. IX. Torino: Boringhieri, 1977.

FREUD, S. (1922). "L'Io e l'Es." Em *Opere*, vol. IX. Torino: Boringhieri, 1977.

_____. (1969). *Teoria del sogno*. Torino: Boringhieri, 1988.

_____. (1970). *Metapsicologia, angoscia e altri argomenti*. Torino: Boringhieri, 1990.

_____. "Inibizione, sintomo e angoscia." Em *Opere*, vol. VII. Torino: Boringhieri, 1980.

FURROW, D., NELSON, K. *Enviromental Correlates of Individual Differences in Language Acquisition*. Journal of Child Language, 11, págs. 523-534, s.l., s. ed., 1984.

FURROW, D., NELSON, K., BENEDICT, H. *Mothers' Speech to Children and Syntactic Development: Some Simple Relationships*. Journal of Child Language, 6, págs. 423-442, s.l., s.ed., 1979.

GADAMER, H.G. *Verità e Metodo*. Milano: Bompiani, 1965.

GALIMBERTI, U. *Parole nomadi*. Milano: Feltrinelli, 1994.

GARDNER, H. *Frames of Mind: the Theory of Multiple Intelligence*. New York: Basic Books, 1983.

GARDNER, R.A., GARDNER, B.T. "Two Way Communication with an Infant Chimpanzee." Em SCHRIER, A.M., STOLLNITZ, F. *Behaviour of Nonhuman Primates*. Vol. 3. New York: Academic Press, 1971.

_____. "Teaching Sign Language to a Chimpanzee." Em *Science*, CLXV, págs. 664-672, s.l., s.ed., 1969.

GARGANI, A. *Il coraggio di essere*. Roma-Bari: Laterza, 1992.

GARNICA, O. "Some Prosodic and Paralinguistic Features of Speech to Young Children." Em SNOW, C.E., FERGUSON, C., *Talking to Children. Language Input and Acquisition*. Cambridge: Cambridge University Press, 1977.

GELMAN, R., SHATZ, M. "Appropriate Speech Adjustments: the Operation of Conversational Constraints on Talk to Two-Year-Old." Em LEWIS, M., ROSENBLUM, L.A. *Interaction, Conversation and the Development of Language*. New York: Wiley, 1977.

GILES, M., POWESLAND, P.F. *Speech Style and Social Evaluation*. London: Academic Press, 1975.

GOFFMAN, E. *Behavior in Public Place*. Glencoe: Free Press, 1963.

_____. *La vita quotidiana come rappresentazione*. Bologna: Il Mulino, 1969.

_____. *Strategic Interaction*. Philadelphia: University of Pennsylvania, 1969.

GOLDERBERG, S., LEWIS, M. *Play Behavior in the Year-old Infant*. Child Development, 40, págs. 21-31, s.l., s.ed.,1969.

GOLDFIELD, B.A., REZNICK, J.S. *Early Lexical Acquisition: Rate, Content, and the Vocabulary Spurt*. Journal of Child Language, 17, págs. 171-183, s.l., s.ed.,1990.

GOLINKOFF, R.M. *The Transition from Prelinguistic to Linguistic Communication*. New York: Erlbaum, 1983.

GOODALL, van Lawick J. *The Behavior of Free-Living Chimpanzees in the Gombe Stream Reserve*. Animal Behavior Monographs, 1, págs. 161-311, s.l., s.ed.,1968.

GOODHART, F., BARON-COHEN, S. *How Many Ways can the Point be Made? Evidence from Children with and without Autism*. First Language, 13, págs. 225-233, s.l., s.ed.,1993.

GOPNIK, A., MELTZOFF, A.N. *Words, Thoughts and Theories*. Cambridge: MIT Press, 1997.
GRAHAM, J.A., JOURHAR, A.J. *Cosmetics Considered in the Context of Physical Attractiveness: a Review*. International Journal of Cosmetic Science, 2, págs. 77-101, s.l., s.ed., 1980.
GRAHAM, J.A., RICCI BITTI, P.E., ARGYLE, M. *A Cross-Cultural Study of the Communication of Emotion by Facial and Gestural Cues*. Journal of Human Movement Studies, 1, págs. 68-77, s.l., s.ed.,1975.
GREENBAUM, P.F., ROSENFELD, H.M. *Varieties of Touching in Greeting: Sequential Structure and Sex-Related Differences*. Journal of Nonverbal Behavior, 5, págs. 13-25, s.l., s.ed., 1980.
GREENWALD, A.G. et al. *Double-bind tests of subliminal self-help audiotapes*. Psychological Science, 2, págs. 119-122, s.l., s.ed., s.d.
GREIMAS, A.J. *Semantica strutturale*. Milano: Rizzoli, 1969.
GREEN, A. *Il discorso vivente*. Roma: Astrolabio, 1996.
GRICE, H.P. *Gli atti linguistici*. Milano: Feltrinelli, 1978.
GRODDECK, G. (1961). *Il libro dell'Es*. Milano: Adelphi,1966.
HALEY, J. *Cambiare gli individui;* Conversazione con Milton H. Erickson. Roma: Astrolabio, 1987.
_____. *Fondamenti di terapia familiare*. Milano: Feltrinelli, 1980.
_____. *Il distacco dalla famiglia*. Roma: Astrolabio, 1987.
_____. *La terapia del problem solving*. Roma: La Nuova Italia Scientifica, 1983.
_____. *Strategie della psicoterapia*. Firenze: Sansoni, 1974.
_____. *Terapie non comuni*. Roma: Astrolabio, 1976.
_____. *The Family of the Schizophrenic: a Model System*. Journal of Nervous and Mental Disease, 129, págs. 357-374, s.l., s.ed., 1959.
HALL, E.T. *La dimensione nascosta*. Milano: Bompiani, 1968.
HALL, J.A. *Nonverbal Sex Differences*. Baltimore: Johns Hopkins University Press, 1984.
HALL, K.R.L., DEVORE, I. *Baboon Social Bahavior*. DeVore I. New York: Primate Behavior Holt, Rinehart & Wiston, 1965.
_____. *The Sexual, Agonistic and Derived Social Behaviour Patterns of the Wild Chacma Baboon, Papio Ursinus*. [London] Proceedings of the Zoological Society of London 139, págs. 283-327, s.ed., 1962.
HALLIDAY, M.A.K. *Learning How to Mean: Exploration in the Development of Language*. London: Edward Arnolds, 1975.
HALLPIKE, C.R. *Social Hair*, Man, 4, págs. 256-264, s.l., s.ed.,1969.
HAMPSON, J., NELSON, K., *The Relation of Maternal Language to Variation in Rate and Style of Language Acquisition*. Journal of Child Language, 2, págs. 313-342, s.l., s.ed., 1993.
HARDING, C.G., GOLINKOFF, R.M. *The Origins of Intentional Vocalizations in Prelinguistic Infants*. Child Development, 2, 50, págs. 33-40, s.l., s.ed., 1979.
HARRIS, M., JONES, D., BROOKES, S., GRANT, J. *Relations between the Non-Verbal Context of Maternal Speech and Rate of Language Development*. British Journal of developmental Psychology, 4, págs. 261-268, s.l., s.ed.,1986.

HAYDUK, L.A. *The Permeability of Personal Space*. Canadian Journal of Behavioural Science, 13, págs. 274-287, s.l., s.ed., 1983.

HAYES, K.J., HAYES, C. *Imitation in a Home-raised Chimpanzee*. J. Comp. Physiol. Psychol., 45, págs. 450-459, s.l., s.ed., 1952.

HEBB, D.O. *The Organization of Behavior*. New York: Wiley, 1949.

HEIDEGGER, M. *Essere e Tempo*. Milano: Longanesi, 1976.

HENLEY, M.M. *Status and Sex: Some Touching Observations*. Bulletin of the Psychonomic Society, 2, págs. 91-93, s.l. s.ed., 1973.

HESLIN, R., ALPER, T. "Touch: a Bonding Gesture." Em WIEMANN, J.M., HARRISON, R.P. *Nonverbal Interaction*. Beverly Hills: Sage, 1983.

_____. *Steps toward a Taxonomy of Touching*. Chicago: Relazione presentata al Convegno della Westerns Psychological Association, 1974.

HINDE, R., *Biological Bases of Human Social Behavior*. London: McGraw Hill, 1974.

HJEMSLEV, L. (1943). *I fondamenti della teoria del linguaggio*. Torino: Einaudi, 1968.

HUSSERL, E. *Idee per una fenomenologia pura*. Torino: Einaudi, 1960.

INGHAM, R.J. *Cross-Cultural Differences in Social Behaviour D. Phil.* Thesis, University of Oxford, 1973.

IVERSON, J.M., CAPIRCI, O., "Caselli M.C., *From Communication to Language in two Modalities*. Cognitive Development, 9, págs. 23-43, s.l., s.ed., 1994.

_____, CAPIRCI, O., LONGOBARDI, E., CASELLI, N.C. *Gesturing in Mother-Child Interactions*. Cognitive Development, 14, págs. 57-75, s.l., s.ed., 1999.

IZARD, C.E. *Human Emotions*. New York: Plenum Press, 1977.

JACKSON, D.D. "The Study of the Family." *Family Process*, 4, págs. 1-20, s.l., s.ed., 1965.

JACOBSON, J.G. "Signal Affects and our Psychoanalytic Confusion of Tongues." *Journal of the American Psychoanalytic Association*, 42, págs. 15-42, s.l., s.ed., 1994.

JAKOBSON, R. *Saggi di linguistica generale*. Milano: Feltrinelli, 1966.

_____. *Autoritratto di un linguista*. Bologna: Il Mulino, 1987.

JANCOVIC, M., DEVOE, S., WIENER, M. *Age-Related Changes in Hand and Arm Movements as Noverbal Communication*; some conceptualization and an empirical exploration. Child Development, 46, págs. 922-928, s.l., s.ed., 1975.

JOHNSON, M.H., MORTON, J. *Biology and Cognitive Development: the Case of Face Recognition*. Oxford: Blackwell, 1991.

JONES, E. (1916). *Teoria del simbolismo ed altri saggi*. Roma: Astrolabio, 1972.

JONES, J.M. *Affects as Process: An Inquiry into the Centrality of Affect in Psychological Life*. Hillsdale: Analytic Press, 1995.

JOURARD, S.M. *An Exploratory Study of Body Accessibility*. British Journal of Social and Clinical Psychology, V, págs. 221-231, s.l., s.ed., 1966.

JUNG, C.G. (1928). *Considerazioni sulla psicologia del sogno*. Opere, vol. VIII. Torino: Boringhieri, 1969.

_____. (1936). "Simboli onirici dei processo di individuazione." Em *Psicologia e alchimia*. Torino: Boringhieri, 1972.

JUNG, C.G. (1921). Tipi psicologici. *Opere*, vol. VI. Torino: Boringhieri, 1969.

KAYE, K. "Primi modelli di comunicazione genitore-bambino e costruzione dei processi simbolici." Em CAMAIONI L. *Origine e sviluppo della competenza sociale*. Milano: Franco Angeli, 1987.

KEATING, C.F. et al. *Culture and the Perception of Social Dominance from Facial Expression*. Journal of Personality and Social Psychology, 40, págs. 615-621, s.l., s.ed.,1981.

KLINEBERG, O. *Emotional Expression in Chinese Literature*. Journal of Abnormal and Social Psychology, 33, págs. 517-520, s.l., s.ed., 1938.

KROUT, M.H. *Introduction to Social Philosophy*. New York: Harper & Row, 1942.

KONNER, M. *The tangled wing:* biological constraints on the human spirit. New York: Times Book, Henry Holt and Company, 2002.

KRYSTAL,H. *Integration and Self-healing: Affect, Trauma, and Alexithymia*. Hillsdale: Analytic Press, 1988.

KUDOCH, T., MATSUMOTO, D. *Cross-Cultural Examination of the Semantic Dimensions of Body Postures*. Journal of Personality and Social Psychology, 48, págs. 440-446, s.l., s.ed.,1985.

KUHN, T. *La struttura delle rivoluzioni scientifiche*. Torino: Einaudi, 1969.

LA BARRE, W. *The Cultural Basis of Emotions and Gestures*. Journal of Personality, XVI, págs. 49-68, s.l., s.ed., 1947.

LACAN, J. (1957). *La psicanalisi*, 10, s.l., s.ed., 1991.

_____ . *Scritti*. Torino: Einaudi, 1974.

LAIRD, J.D. *Facial Response and Emotion*. Journal of Personality and Social Psychology, 47, págs. 909-937, s.l., s.ed., 1984.

LANCASTER, J. *Primate Behavior and the Emergence of Human Culture*. New York: Macmillan, 1975.

LANDRY, S., LOVELAND, K. *Communication Behaviours in Autism and Developmental Language Delay*. Journal of Child Psychology and Psychiatry, 29, págs. 621-634, s.l., s.ed., 1989.

LANE, R.D., Schwartz G.E. *Levels of Emotional Awareness*; a cognitive-developmental theory and its application to psychopathology. American Journal of Psychiatry, 144, págs. 133-143, s.l., s.ed., 1987.

LANZETTA, J.T., ORR, S.P. *Excitatory Strength of Expressive Faces*: effects of happy and fear expressions and context on the extinction of a conditioned fear response. Journal of Personality and Social Psychology, 50, págs. 190-194, s.l., s.ed.,1986.

_____ , CARTWRIGHT-SMITH, J., KLECK, R.E. *Effects of Nonverbal Dissimulation on Emotional Experience and Autonomic Arousal*. Journal of Personality and Social Psychology, 33, págs. 354-370, s.l., s.ed., 1976.

LAVER, J., TRUDGILL, P. "Phonetic and Linguistic Markers in Speech." Em SCHERER, K.R., GILES, H. *Social Markers in Speech*. Cambridge: Cambridge University Press, 1982.

LAZARUS, R.S., AVERILL, J.R. "Opton E.M., Towards a Cognitive Theory of Emotion." Em ARNOLD, M.B. *Feelings and Emotion*. New York: Academic Press, 1970.

LE ROUX, P. *Presentare per convincere*. Milano: Lupetti, 1988.

LEMPERS, J.D. *Young Children's Production and Comprehension of Nonverbal Deictic Behaviors*. Journal of Genetic Psycology, 135, págs. 93-102, s.l., s.ed., 1979.

LEUNG, H.L., RHEINGOLD, H.L. *Development of Pointing as a Social Gesture*. Developmental Psycology, 17, págs. 215-220, s.l., s.ed., 1981.

LEVENTHAL, H., TOMARKEN, A.J. *Emotion: Today's Problems*. Annual Review of Psychology, 37, págs. 565-610, s.l., s.ed., 1986.

LÉVINAS, E. *Totalità e Infinito*. Milano: Jaca Book, 1982.

_____ . *Tra Noi. Saggi sul pensare all'Altro*. Milano: Jaca Book, 1998.

LIEVEN, E.V.M. "Conversations between Mothers and their Young Children: Individual Differences and their Possible Implications for the Study of Language Learning." Em WATERSON, N., SNOW, C.E. *The Development of Communication: Social and Pragmatic Factors in Language Acquisition*. Chichester: Wiley, 1978.

LOCK, A. "Acts not Sentences." Em VON RAFFLER-ENGELS, W., LEBRUN, Y. *Baby Talk and Infant Speech*. Amsterdam: Swets and Zeitlinger, 1976.

LOCK, A., YOUNG, A., SERVICE, V., CHANDLER, P., "Some Observations on the Origins of the Pointing Gesture." Em VOLTERRA, V., ERTING, C. *From Gesture to Language in Hearing and Deaf Children*. Berlin: Springer-Verlag, 1990.

LONGOBARDI, E., CASELLI, M.C., COLOMBINI, M.G. *Stile comunicativo materno nell'interazione con il bambino con sindrome di Down*. Psichiatria dell'infanzia e dell' adolescenza, 65, págs. 407-418, s.l., s.ed., 1998.

LORD, C., SCHOPLER, E. *The Role of Age at Assessment, Developmental Level, and Test in the Stability of Intelligence Scores in Young Autistic Children from Preschool Years Through Early School Age*. Journal of Autism and Developmental Disorders, 18, págs. 302-314, s.l., s.ed., 1989.

LORENZER, A. (1971). *Crisi del linguaggio e psicanalisi*. Roma-Bari: Laterza, 1975.

LOTMAN, J.M. *La struttura del testo poetico*. Milano: Mursia, 1972.

_____ . *Semiotica della scena*. Strumenti critici, XV, 1, págs. 1-29, s.l., s.ed.,1981.

MACKAY, D.M. "Formal Analysis of Communicative Processes." Em HINDE, R. *La comunicazione non verbale*. Roma-Bari: Laterza; 1974.

MAHL, G.F. "Gestures and Body Movements in Interviews." Em SHLIEN, J. *Research in Psychotheraphy*. Vol. III, Washington: APA, 1968.

MALCOVATI, F. *Stanislavskij Vita, opere e metodo*. Roma-Bari: Laterza, 1988.

MALDONATO, M. *Dal Sinai alia rivoluzione cibernetica*. Napoli: Guida, 2002.

_____ . *Competizione. Voce dell'Enciclopedia del Corpo*. Treccani, 1999.

_____ . *Ciò che non so dire a parole*. Napoli: Guida, 1988.

MARLER, P. "Communication in Monkeys and Apes." Em DEVORE, I. *Primate Behavior*. New York: Holt, Rinehart & Wiston, 1965.

_____ . "Social Organization, Communication and Graded Signals: the Chimpanzee and the Gorilla." Em BATESON, P.P.G., HINDE, R.A. *Growing Points in Ethology*. Cambridge: Cambridge University Press, 1976.

MASULLO, A. *Il tempo e la grazia. Per un'etica attiva della salvezza*. Roma: Donzelli, 1995.

MATHINOS, D.A. *Conversational Engagement of Children with Learning Disabilities*. Journal of Speech and Hearing Disorders, 20, págs. 529-542, s.l., s.ed., 1991.

MAYER, J.D., SALOVEY, P. "What is Emotional Intelligence?" Em SALOVEY, P., SLUYTER, D.J. *Emotional Development and Emotional Intelligence: Educational Implications*. New York: Basic Books, 1997.

MEHRABIAN, A. *Inference of Attitudes from Nonverbal Communication in two Channels*. Journal of Consulting Psycology, 31, págs. 248-252, s.l., s.ed., 1972.

MEHRABIAN, A. "Nonverbal Communication." Em COLE, J. *Nebraska Symposium on Motivation 1971*. Lincoln: Nebraska University Press, 1972.

MERVIS, C., BERTRAND, J. *Acquisition of the Novel Namenameless Category Principle*. Child Development, 65, págs. 1646-1662, s.l., s.ed., 1994.

MINUCHIN, S., FISHMAN, H.C. *Guida alle tecniche di terapia della famiglia*. Roma: Astrolabio, 1981.

_____. *Famiglie e terapie della famiglia*. Roma: Astrolabio, 1974.

MOLES, A. *Teoria dell'informazione e percezione estetica*. Roma: Lerici, 1969.

MOORE, T.E. *Subliminal Advertising: What you see il what you get*. Journal of Marketing, 46, págs. 273-281, s.l., s.ed., s.d.

MORIN, E. *L'industria culturale;* saggio sulla cultura di massa. Bologna: Il Mulino, 1983.

_____. *Terra-Patria*. Milano: Cortina, 1994.

_____. *Il paradigma perduto;* che cos'è la natura umana. Milano: Feltrinelli, 1994.

_____. *La natura della natura*. Milano: Cortina, 2001.

_____. *L'identità umana*. Milano: Cortina, 2002.

MORRIS, C. "Foundation of the Theory of Signs." Em NEURATH, O., CARNAP, R., MORRIS, C. *International Encyclopedia of Unified Science*. Chicago: University of Chicago Press, 1938:

MOUNIN, G. "La Comunicazione teatrale." Em *Introduzione alla semiologia*. Roma: Ubaldini, 1972.

MUNDY, P., SIGMAN, M., KASARI, C. *A Longitudinal Study of Joint Attention and Language Development in Autistic Children*. Journal of Autism and Developmental Disorders, 20, págs. 115-123, s.l., s.ed.,1990.

_____, SIGMAN, M., KASARI, C., YIRMIYA, N. *Nonverbal Communication Skills in Down Syndrome Children*. Child Development, 59, págs. 235-249, s.l., s.ed., 1988.

_____, SIGMAN, M., UNGERER, J.A., SHERMAN, T. *Definig the Social Deficits in Autism: the Contribution of Nonverbal Communication Measures*. Journal of Autism and Developmental Disorders, 17, págs. 349-364, s.l., s.ed., 1986.

MURPHY, C.M., MESSER, D.J. "Mothers, Infant, and Pointing: a Study of Gesture." Em SHAFFERS, H.R. *Studies in Mother-Infant Interaction*. London: Academic Press, 1977.

MURPHY, S.T., ZAJONC, R.B. *Affect, cognition, and awareness: Affective priming with optimal and suboptimal stimulus exposures*. Journal of Personality and Social Psychology, 64, págs. 723-739, s.l., s.ed., 1993.

NAGERA, H. (1969). *I concetti fondamentali della psicanalisi. Pulsioni e teoria della libido*. Torino: Boringhieri, 1991.

NASIO, J.D. *Le silence en psycanalyse*. Paris: Rivage, 1987.

NELSON, K.E., WELSH, J., CAMARATA, S.M., BUTKOVSKY, L., CAMARATA, M. *Available Input for Language-Impaired Children and Younger Children of Matched Language Levels.* First Language, 15, págs. 353-369, s.l., s.ed., 1995.

NELSON, K.E., WELSH, J., CAMARATA, S.M., BUTKOVSKY, L., *Making Sense;* development of meaning in early childhood. New York: Academic Press, 1985.

NELSON, K.E. *Structure and Strategy in Learning to Talk.* Monographs of the Society for Research in Child Development, 38, 149, s.l., s.ed., 1973.

NEUBERG, S.L. *Behavioral implications of information presented outside of awareness: The effect of subliminal presentation of trait information in behavior in the Prisoner's Dilemma game.* Social Cognition, 6, págs. 207-230, s.l., s.ed., 1988.

NEWPORT, E.L., GLEITMAN, H., GLEITMAN, L.R. "Mother, I'd Rather do it Myself: Some Effects and Non-Effects of Maternal Style." Em SNOW, C.E., FERGUSON, C. *Talking to Children. Language Input and Acquisition.* Cambridge: Cambridge University Press, 1977.

NEWPORT, E.L. "Motherese: the Speech of Mother to Young Children." Em CASTELLAN, N.J., PISONI, D.B. e POTTS, G.R. *Cognitive Theory.* Hillsdale: Lawrence Erlbaum Ass., 1976.

OLIVERIO, A. *Biologia e comportamento.* Bologna: Zanichelli, 1982.

OLSON, D.R., TORRANCE, N.G. "Alfabetizzazione e sviluppo cognitivo: una trasformazione concettuale nei primi anni di scuola." Em MEADOWS, S., *Pensiero e linguaggio. Differenti approcci allo sviluppo cognitivo.* Milano: Unicopli, 1986.

ONG, W.J. *Oralità e scrittura. Le tecnologie della parola.* Bologna: Il Mulino, 1986.

OSMOND, H. *Function as the Basis of Psychiatric Ward Design.* Mental Hospitals, págs. 23-29, s.l., s.ed., 1975.

OSTER, H. "Measuring Facial Movement in Infants." Em EKMAN, P., FRIESEN, W.V. *Analyzing Facial Action.* New York: Plen Press, 1982.

PASSINGHAM, R.A. *The Human Primate.* Oxford: W.H. Freeman, 1982.

PAVIS, P. *Languages of the Stage.* New York: Performing Arts Journal Publication, 1981.

PAYNE, R.S., MCVAY, S. *Songs of Humpback Males.* Science, 173, págs. 585-597, s.l., s.ed., 1971.

PEIRCE, C.S. *Semiotica. A cura di Massimo Bonfantini.* Torino: Einaudi, 1980.

PERELMAN, C. OLBRECHTS-TYTECA, L. *Trattato dell'argomentazione. La nuoua retorica.* Torino: Einaudi, 1996.

PEREZ, B. *The First Year of Childhood.* Chicago: Marquis, 1885.

PREMACK, D. *Language in Chimpanzee.* Science, CLXXII, págs. 251-264, s.l., s.ed., 1971.

PERUCCHINI, P., CAMAIONI, L. *Le intenzioni comunicative del gesto di indicare.* Età evolutiva, 64, págs. 43-54, s.l., s.ed., 1999.

PETITTO, L. " 'Language' in Prelinguistic Child." Em KESSEL, F. *Development of Language Researchers.* Hillsdale: Erlbaum, págs. 187-222, 1988.

PHILLIPS, J.R. *Syntax and Vocabulary of Mothers' Speech to Young Children.* Child Development, 44, págs. 182-185, s.l., s.ed., 1973.

PIAGET, J. *Le langage et la pensée chez l'enfant.* Neuchâtel: Delachaux et Niestlé, 1923.

PIAGET, J. *Genetic Epistemology*. New York: Columbia University Press, 1970.

_____ . *La formation du symbole chez l'enfant: imitation, jeu et rêve, image et représentation*. Neuchâtel: Delachaux et Niestlé, 1945.

PLUTCHIK, R. *Emotion: a Psichoevolutionary Synthesis*. New York: Harper and Row, 1980.

_____ . *Un linguaggio per le emozioni*. Psicologia contemporanea, 48, págs. 29-36, s.l., s.ed., 1981.

POLI, M. *Psicologia animale ed etologia*. Bologna: Il Mulino, 1981.

POLL, W. *La suggestione*. Roma: EP, 1969.

PONZIO, A. *Responsabilità alterità e dialogo in Michail Bachtin*. Lecce: Piero Manni, 1998.

PRATKANIS, A.R. *The cargo-cult science of subliminal persuasion*. Skeptical Inquirer, 16, págs. 260-272, s.l., s.ed., s.d.

PRIBRAM, H.K. *I linguaggi del cervello*: introduzione alla neuropsicologia. Milano: Franco Angeli, 1980.

PRIETO, L. J. *Sull'art e sul soggetto*; con un colloqui con Tullio De Mauro sulle prospettive della semiologia. Parma: Pratiche, 1991.

QUINTAVALLE, G. *La comunicazioni intrapsichica*: saggio di semiotica psicoanalítica; introduzione di Franco Fornari. Milano: Feltrinelli, 1978.

RELLA, F., *Il silenzio e le parole. Il pensiero nel tempo della crisi*. Milano: Feltrinelli, 1981.

RESNIK, S. *Spazio mentale. Sette lezioni alla Sorbona*. Torino: Boringhieri, 1990.

RICCI BITTI, P.E., ARGYLE, M., GIOVANNINI, D. *Emotional Arousal and Gestures*. Italian Journal of Psycology, 1, págs. 59-67, s.l., s.ed., 1979.

_____ , GIOVANNINI, D., ARGYLE, M., GRAHAM, J. *La comunicazione di due dimensioni delle emozioni attraverso indici facciali e corporei*. Giornale italiano di psicologia, 6, págs. 341-350, s.l., s.ed., 1979.

_____ , GIOVANNINI, D., ARGYLE, M., GRAHAM, J. *La comunicazione delle emozioni attraverso indici facciali e corporei*. Giornale italiano di psicologia, 7, págs. 85-94, s.l., s.ed., 1980.

_____ , GIOVANNINI, D., POLMONARI, A. *A Study of the Interviewer Effect in Two-Person Interaction*. Italian Journal of Psycology, 3, págs. 305-315, s.l., s.ed., 1974.

RICOEUR, P. (1965). *Della interpretazione;* saggio su Freud. Genova: Il melangolo, 1991.

RISKIND, J.H., GOTAY, C. C. *Physical Posture: Could it Have Regulating or Feedback Effects on Motivation and Emotion*. Motivation and Emotion, 6, págs. 273-298, s.l., s.ed., 1982.

ROACH, M.E., RICHER, J.B., *Dress, Adornment and the Social Order*. New York: Wiley, 1965.

ROBERTS, K. *Leisure*. London: Longman, 1983.

ROBINSON, E.G., ROBINSON, W.P. *Children's Uncertainty about the Interpretation of Ambiguous Messages*. Journal of Experimental Child Psychology, 36, págs. 305-320, s.l., s.ed., 1983.

ROBINSON, E.G., ROBINSON, W.P. *Ways of Reacting to Communication Failure in Relation to the Development of the Child's Understanding about Verbal Communication*. European Journal of Social Psycology, 11, págs. 189-208, s.l., s.ed.,1981.

RONDAL, J. "Down's Syndrome." Em BISHOP, C., MOGFORD, K. *Language Development in Exceptional Circumstance*. Edinburg: Churchill Livingstone, 1988.

RONDAL, J. *Fathers' and Mothers' Speech in Early Language Development*. Journal of Child Language, 7, págs. 353-369, s.l., s.ed., 1980.

ROSENFELD, H.M. *Approval-Seekinking and Approval-Inducing Functions of Verbal and Nonverbal Responses*. Journal of Personality and Social Psychology, 4, págs. 597-605, s.l., s.ed., 1966.

_____ . *Instrumental Affiliative Functions of Facial and Gestural Expressions*. Journal of Personality and Social Psychology, 4, págs. 65-72, s.l., s.ed., 1966.

ROSENTHAL, R., DE PAULO, B. *Sex Differences in Eavesdropping on Nonverbal Behavior*. Journal of Personality and Social Psychology, 37, págs. 273-285, s.l., s.ed., 1979.

_____ , HALL, J.A., DI MATTEO, M.R., ROGER, P.L., ARCHER, D. *Sensitivity to Nonverbal Communication;* the Pons Test. Baltimore: The Johns Hopkins Press, 1979.

ROSENTHAL, R., *Skill in Nonverbal Communication: Individual Differences*. Cambridge: Oelgeschlager, Gunn & Hain, 1979.

ROVATTI, P.A. *Abitare la distanza. Per un'etica del linguaggio*. Milano: Feltrinelli, 1994.

ROWELL, T., HINDE, R. *Vocal Bahavior of Monkeys*. Baltimore: Penguin Books, 1972.

RUFFINI, F. *Semiotica del teatro: la stabilizzazione del senso*; un approccio informazionale. Biblioteca teatrale, 10/11, págs. 205-239, s.l., s.ed., 1974.

_____ . *Semiotica del teatro: ricognizione degli studi*. Biblioteca teatrale, 9, págs. 34-81, s.l., s.ed., 1974.

_____ . *Spettacolo comunicante/spettacolo significante;* l'in-comunicazione spettacolare. Relazione al Convegno 'Testo, spettacolo e comunicazione/il doppio teatrale'. Cosenza: 13-16 settembre, 1979.

RYAN, J. "Early Language Development." Em RICHARDS, M.P.M. *The Integration of the Child into a Social World*. Cambridge: Cambridge Univ. Press, 1974.

SACKS, H., SCHEGLOFF, E., JEFFERSON, G. *The Preference for Self-correction in the Organization of Repair in Conversation*. Language, 53, págs. 361-382, s.l., s.ed., 1977.

SAFER, M.A., *Sex and Hemisphere Differences in Accesto Codes for Processing Emotional Expressions and Faces*. Journal of Experimental Psychology, 110, págs. 86-100, s.l., s.ed., 1981.

SALOVEY, P., MAYER, J.D. *Emotional Intelligence*. Imag., Cognit., Personal., 9, págs. 185-21, s.l., s.ed., 1989/1990.

_____ , HSEE, C.K., MAYER, J.D. "Emotional Intelligence and the Self-Regulation of Affect." Em WEGNER, D.M., PENNEBAKER, J.W., *Handbook of Mental Control*. Englewood Cliffs: Prentice Hall, 1993.

SCHACHTER. *Emotions, obesity and crime*. New York: Academic Press, 1971.
SCHAFFER, H.R. *The Growth of Sociability*. Penguin: Harmondsworth, 1971.
SCHEFLEN, A.E. *The Significance of Posture in Communicative Systems*. Psychiatry, XXVII, págs. 316-321, s.l., s.ed., 1964.
SCHEFLEN, A.E. *Human Communication: Behavioral Programs and their Integration*. Behavioral Science, 13, págs. 44-55, s.l., s.ed., 1968.
SCHERER, K.R. *Emotion as a Process*; function, origin and regulation. Social Science Information, 21, págs. 555-570, s.l., s.ed., 1982.
_____ . "Personality Markers in Speech." Em SCHERER, K.R. GILES, H. *Social Markers in Speech*. Cambridge: Cambridge University Press, 1979.
_____ . "Voice and Speech Correlates of Perceived Social Influence in Simulated Juries." Em GILES H., ST CLAIR, R.N. *Language and Social Psychology*. Oxford: Blackwell, 1979.
_____ . "La comunicazione non verbale delle emozioni." Em ATTILI, G., RICCI BITTI, P.E. *Comunicare senza parole*. Roma: Bulzoni, 1983.
SCHETLER, J.P. "Le silence: de la psychanalyse à la meditation". Em AA.VV. Paris: s.ed., 1985.
SCHLOSBERG, H. *The Description of Facial Expressions in Terms of two Dimensions*. Journal of Experimental Psychology, 44, págs. 229-237, s.l., s.ed., 1952.
SEARLE, J.R. "Indirect Speech Acts." Em COLE, P., MORGAN, J. L. *Syntax and Semantic;* speech acts. New York: Academic Press, 1975.
_____ . *Speech Acts*. London: Cambridge University Press, 1969.
SEBEOK, T. *Zoosemiotica*. Milano: Bompiani, 1972.
_____ . *Penso di essere un verbo*. Palermo: Sellerio, 1990.
SHANNON, C.E. WEAVER, W. *The Mathematical Theory of Communication*. Urbana: Illinois University Press, 1949.
SHAPIRO, D. *La personalità nevrotica*. Torino: Boringhieri, 1991.
SHINN, M.W. *The Biography of a Baby*. New York: Houghton Mifflin, 1900.
SHIRLEY, M.M. *The First Two Years: a Study of Twentyfive Babies*. Mineapolis: University of Minnesota Press, 1933.
SIGMAN, M., KASARI, C., KNOW, J.H., YIRMIYA, N. *Responses to the Negative Emotions of Others in Autism, Mentally Retarded, and Normal Children*. Child Development, 63, págs. 796-807, s.l., s.ed., 1992.
SINGER, Harris N., BELLUGI, U., BATES, E., JONES, W., ROSSEN, M. *Contrasting Profiles of Language Development in Children with William and Down syndrome*. Developmental Neuropsycology, 13, págs. 345-370, s.l., s.ed., 1997.
SISSON, M. "The Psychology of Social Class." Em *Money, Wealth and Class*. KEYNES, M. s.l., Open University Press, 1971.
SKINNER, B.F., *Verbal Behaviour*. New York: Appleton-Century-Crofts, 1957.
SNOW, C.E. *Mothers' Speech to Children Learning Language*. Child Development, 43, págs. 549-565, s.l., s.ed., 1972.
_____ . "Mothers' Speech Research." Em SNOW-FERGUSON, *Talking to Children. Language Input and Acquisition*. Cambridge: Cambridge University Press, 1986.

SNOW, C.E. *Mothers' Speech to Children Learning Language.* Child Development, 43, págs. 549-565, s.l., s.ed., 1977.

SONNENSCHEIN, S. *Development of Referential Communication Skills: Deciding that a Message is Uninformative.* Developmental Psychology, 22, págs. 164-168, s.l., s.ed., 1986.

SPEZZANO, C. *Affect in Psychoanalysis.* Hillsdale: Analytic Press, 1993.

SPIEGERLBERG, H. *The phenomenological movement: an historical introduction.* Nijhoff: L'Aja, 1965.

STANISLAVSKIJ, K.S., *Il lavoro dell'attore su se stesso.* Roma-Bari: Laterza, 1996.

STARK, R.E. "Perspeech Segmental Feature Development." Em FLETCHER, P., GARMAN, M. *Language Acquisition.* Cambridge: Cambridge University Press, 1979.

STERN, D.N., SPIEKER, S., BARNETT, R.K., MACKAIN, K. *The Prosody of Maternal Speech: Infant Age and Context Related Changes.* Journal of Child Language, 10, págs.1-15, s.l., s.ed., 1983.

STERNER, R. *Il processo di simbolizzazione nell'opera di Melanie Klein.* Torino: Boringhieri, 1975.

STIER, D.S., HALL, J.A. *Gender Differences in Touch: an Empirical and Theoretical Review.* Journal of Personality and Social Psychology, 47, págs. 440-459, s.l., s.ed., 1984.

STONE, G.P. "Appearance and the Self." Em STONE, G.P., FARBERMAN, H.A. *Social Psychology throughth Symbolic Psychology.* Mass.: Ginn-Blaisdell, Waltham, 1970.

STRASBERG, L. *Il sogno di una passione;* lo sviluppo del metodo. Milano: Ubulibri, 1990.

STRUHSAKER, T. "Auditory Communication among Vervet Monkeys." Em ALTMANN, S. *Social Communication among Primates.* Chicago: University of Chicago Press, 1967.

SUGARMAN, S. "Some Organizational Aspects of Preverbal Communication." Em MARKOVA, I. *The Social Context of Language.* New York: Wiley, 1978.

TAYLOR, G.J., BAGBY, R.M., PARKER, J.D.A. *Disorders of Affect Regulation: Alexithymia in Medical and Psychiatric Illness.* Cambridge: Cambridge University Press, 1997.

THIBAUT, J.W., KELLEY, H.H. *Psicologia sociale del gruppi.* Bologna: Il Mulino, 1974.

THIELCKE, G. *Bird Sounds.* Ann Arbor: University of Michigan Press, 1976.

THORPE, W. *Bird-Song.* Cambridge: Cambridge University Press, 1961.

_____ . "La comunicazione vocale negli uccelli." Em HINDE, R. *La comunicazione non verbale.* Roma-Bari: Laterza, 1974.

TRAGER, GL. *Paralanguage;* a first approximation. Studies in Linguistics, 13, págs. 1-12, s.l., s.ed., 1958.

TREVARTHEN, C. "Descriptive Studies in Infant Behaviour." Em SCHAFFER, H.R. *Studies in Mother-Infant Interaction.* London: Academic Press, 1977.

TREVI, M., *Saggi di critica neojunghiana.* Milano: Feltrinelli, 1993.

VATTIMO, G., (a cura di) *Filosofia' 92.* Roma-Bari: Laterza, 1993.

VINE, I. "Communication by Facial-Visual Signals: a Review and Analysis of Their Role in Face-To-Face Encounters." Em CROOK, J.H. *Social Behavior in Birds and Mammals*. London: Academic Press, 1970.

VIOLI, P., MANETTI, G. *L'analisi dei discorso*. Milano: L'Espresso Strumenti, 1979.

VOLLI, U. *Il teatro e i suoi segni*. Alfabeta, 3-4, págs. 15-16, s.l., s.ed.,1979.

VOLTERRA, V., LONGOBARDI, E., CASELLI, M.C., CAMAIONI, L. *Sviluppo gestuale e vocale nei primi due anni di vita*. Psicologia italiana, 13, 1, págs. 62-67, s.l., s.ed., 1993.

VON BERTALANFFY, L. *An Outline of General System Theory*. British Journal of the Philosophy of Science, 1, págs. 134-165, s.l., s.ed.,1950.

_____. *Modern Theories of Development*. London: Oxford University Press, 1933.

_____. *Teoria generale dei sistemi*. Milano: Ili, 1971.

VON FRISCH, K. *The Dance Language and Orientation of Bees*. Cambridge, Mass.: Harvard University Press, 1967.

VON WEIZSÄCKER, V. *Filosofia della medicina*. Milano: Guerini e Associati, 1990.

VYGOTSKIJ, L.S. *Myslenie i rec'*. Moskwa: Accademia di Scienze Pedagogiche dell'URSS, 1934.

WATSON, M.M., GREENBERG, B.R. *Referential Communication Abilities of Learning-Disabled, Language-Learning-Disabled, and Normal School-Age Children*. Perceptual and Motor Skills, 66, págs. 11-18, s.l., s.ed., 1988.

WATSON, O.M., GRAVES, T.D. *Quantitative Research in Proxemic Behavior*. American Anthropologist, 18, págs. 971-985, s.l., s.ed., 1966.

_____, *Il comportamento prossemico*. Milano: Bompiani, 1972.

WATZLAWICK, J.H., WEAKLAND, J.H. *La prospettiva relazionale*. Roma: Astrolabio, 1978.

WATZLAWICK, P., BEAVIN, J.H., JACKSON, D.D. *Pragmatica della comunicazione umana*. Roma: Astrolabio, 1971.

WAYNBAUM, I. *La Phisionomie Humaine;* son méchanisme et son role sociale. Paris: Alcan, 1907.

WELLS, C.G., ROBINSON, W.P. "The Role of Adult Speech in Language Development." Em FRASER, C., SCHERER, K.R. *Advances in the Social Psychology of Language*. Cambridge: Cambridge University Press, 1982.

WERNER, H., KAPLAN, B. *Symbol Formation*; an organismic developmental approach to language and expression of thought. New York: Wiley, 1963.

WIENER, N. *Cybernetics or Control and Communication in the Animal and The Machine*. Paris: Librairie Hermann er Cie, 1948.

WIENER, N. *The Human Use of Human Beings*. Boston: Houghton Mifflin Company, 1950.

WILLS, D.D. "Participant Deixis in English and Baby Talk." Em SNOW-FERGUSON, *Talking to Children;* language input and acquisition. Cambridge: Cambridge University Press, 1977.

WILSON, G., NIAS, D. *Love's Mysteries: the Psychology of Sexual Attraction*. London: Open Books, 1976.

WINTON, W.M. *The Role of Facial Responses in Self-Reports of Emotion*; a critique of laird. Journal of Personality and Social Psychology, 50, págs. 808-812, s.l., s.ed., 1986.
WITTGENSTEIN, L. *Ricerche filosofiche*. Torino: Einaudi, 1967.
WOLFF, P.H. *The Development of Behavioral States and the Expression of Emotions in Early Infancy*. Chicago: University of Chicago Press, 1987.
WOLFF, P.H. "The Natural History of Crying and Other Vocalizations in Early Infancy." Em FOSS, B.M., *Determinants of Infant Behaviour*, vol. IV. London: Methuen, 1969.
WOLFF, C. *A Psychology of Gesture*. London: Methuen, 1945.
WOODSWORTH, R.S. *Experimental Psycology*. London: Holt, Rinehart and Winston, 1938.
YODER, P.J., KAISER, A.P. *Alternative Explanations for the Relationship beetween Maternal Verbal Interaction Style and Child Language Development*. Journal of Child Language, 16, págs. 141-160, s.l., s.ed.,1989.
ZANOT, E.J., et al. *Pubblic perceptions of subliminal advertising*. Journal of Advertising, 12, págs. 39-45, s.l., s.ed., s.d.
ZAJONC, R.B. *Emotion and Facial Efference*; a theory reclaimed. Science, 228, págs. 15-21, s.l., s.ed., 1985.
ZINOBER, B., MARTLEW, M. "The Development of Communication Gestures." Em BARRETT, M.D. *Children's Single-Word Speech*. New York: Wiley, 1985.
ZOLLA, E. "Simbologia". Em *Enciclopedia del Novecento*. Milano: Treccani, 1982.
ZUCKERMAN, M., AMIDON, M.D., BISHOP, S.E., POMERANZ, S.D. *Face and Tone of Voice in the Communication of Deception*. Journal of Personality and Social Psychology, 43, págs. 347-357, s.l., s.ed.,1982.
_____ , DE PAULO, B., ROSENTHAL, R. *Verbal and Nonverbal Communication of Deception*. Advances in Experimental Social Psychology, 43, págs. 347-357, s.l., s.ed.,1981.

Outras obras da Editora

A ACEITAÇÃO DE SI MESMO E AS IDADES DA VIDA, *Romano Guardini*

A ÁRVORE DO CONHECIMENTO - AS BASES BIOLÓGICAS DA COMPREENSÃO HUMANA, *Humberto R. Maturana e Francisco J. Varela*

A CONQUISTA PSICOLÓGICA DO MAL, *Heinrich Zimmer*

A GRINALDA PRECIOSA, *Nagarjuna*

AMAR E BRINCAR - FUNDAMENTOS ESQUECIDOS DO HUMANO, *Humberto R. Maturana e Gerda Verden-Zöller*

AMKOULLEL, O MENINO FULA, *Amadou Hampâté Bâ*

ANAIS DE UM SIMPÓSIO IMAGINÁRIO, *Beto Hoisel*

ANATOMIA DA CULTURA, *Aldo Bizzocchi*

ARIANO SUASSUNA - O CABREIRO TRESMALHADO, *Maria Aparecida L. Nogueira*

A ROCA E O CALMO PENSAR, *Mahatma Gandhi*

AS MÁSCARAS DE DEUS - MITOLOGIA PRIMITIVA – VOL. 1 e MITOLOGIA ORIENTAL - VOL. 2, *Joseph Campbell*

AS PAIXÕES DO EGO - COMPLEXIDADE, POLÍTICA E SOLIDARIEDADE, *Humberto Mariotti*

AUTOBIOGRAFIA - MINHA VIDA E MINHAS EXPERIÊNCIAS COM A VERDADE, *Mohandas K. Gandhi*

BOAS MISTURAS, *Morgana Masetti*

BUTOH, DANÇA VEREDAS D'ALMA, *Maura Baiocchi*

CARTA A UM AMIGO, *Nagarjuna*

CULTIVANDO A MENTE DE AMOR, *Thich Nhat Hanh*

DEUSES DO MÉXICO INDÍGENA, *Eduardo Natalino dos Santos*

DHAMMAPADA, *Trad.: Nissim Cohen*

ÉTICA, SOLIDARIEDADE E COMPLEXIDADE, *Edgar Morin et al.*

FALSAFA: A FILOSOFIA ENTRE OS ÁRABES, *Miguel Attie Filho*

FILOSOFIAS DA ÍNDIA, *Heinrich Zimmer*

FORJADORES ESPIRITUAIS DA HISTÓRIA, *Ignacio da Silva Telles*
GANDHI: PODER, PARCERIA E RESISTÊNCIA, *Ravindra Varma*
HÉRACLES, DE EURÍPIDES, *Cristina Rodrigues Franciscato*
MENTE ZEN, MENTE DE PRINCIPIANTE, *Shunryu Suzuki*
MINHA TERRA E MEU POVO, *Tenzin Gyatso, XIV Dalai Lama*
MITOS E SÍMBOLOS NA ARTE E CIVILIZAÇÃO DA ÍNDIA, *Heinrich Zimmer*
MUITO PRAZER, SÃO PAULO! GUIA DE MUSEUS E INSTITUIÇÕES CULTURAIS DE SÃO PAULO, *Simona Misan e Thereza C. Vasques*
O CAMINHO É A META: GANDHI HOJE, *Johan Galtung*
O CORAÇÃO DA FILOSOFIA, *Jacob Needleman*
O LIVRO TIBETANO DO VIVER E DO MORRER, *Sogyal Rinpoche*
O PODER DO MITO, *Joseph Campbell e Bill Moyers*
O VALOR DAS EMOÇÕES, *M. Stocker e E. Hegeman*
ORAÇÃO CENTRANTE, *M. Basil Pennington*
OS ANIMAIS E A PSIQUE, *Denise Ramos et al.*
OS OLHOS DO CORAÇÃO, *Laurence Freeman*
PÁGINAS DE UMA VIDA, *Ignacio da Silva Telles*
PARA UMA PESSOA BONITA, *Shundo Aoyama Rôshi*
SAN JUAN DE LA CRUZ, O POETA DE DEUS, *Patrício Sciadini, OCD*
SOLUÇÕES DE PALHAÇOS, *Morgana Masetti*
TRANSDISCIPLINARIDADE, *Ubiratan D'Ambrosio*
VESTÍGIOS - ESCRITOS DE FILOSOFIA E CRÍTICA SOCIAL, *Olgária Matos*
YOGA - IMORTALIDADE E LIBERDADE, *Mircea Eliade*
THOT, *Publicação de ensaios*

CO-EDIÇÃO – PALAS ATHENA/EDUSP:
DIÁLOGOS DOS MORTOS, LUCIANO, Henrique G. Murachco

Prezado leitor da obra
O desafio da comunicação - caminhos e perspectivas

Para que possamos mantê-lo informado sobre as novidades editoriais e as atividades culturais da Associação Palas Athena, solicitamos o preenchimento dos campos abaixo, remetendo o cupom para a Editora Palas Athena, Rua Serra de Paracaina, 240 - São Paulo, SP - CEP 01522-020 ou pelo FAX (11) 3277.8137.

Nome ....
Profissão ....
Endereço ....
Cidade............................ Estado ....
CEP .... Fone ( ) ....
Fax ( )................ Celular ( )...............
E-Mail ....

Áreas de interesse:

❑ Mitologia   ❑ Filosofia   ❑ Religiões

❑ Antropologia   ❑ Educação   ❑ Psicologia

❑ Cultura de Paz   ❑ Outras áreas:

*Impresso nas oficinas da
Gráfica Palas Athena*